本书出版得到了海南医学院重点学科——劳动与社会保障专业建设项目、海南省哲学社会科学规划课题［HNSK（YB）16－29］资助

海南社会保险30年

陈　林　著

中国财富出版社

图书在版编目（CIP）数据

海南社会保险30年/陈林著．—北京：中国财富出版社，2019.1
ISBN 978－7－5047－6830－8

Ⅰ.①海…　Ⅱ.①陈…　Ⅲ.①社会保险—经济史—研究—海南—现代
Ⅳ.①F842.61

中国版本图书馆CIP数据核字（2018）第286513号

策划编辑	王　靖	**责任编辑**	邢有涛　王新月		
责任印制	尚立业	**责任校对**	杨小静	**责任发行**	敬　东

出版发行	中国财富出版社		
社　　址	北京市丰台区南四环西路188号5区20楼	**邮政编码**	100070
电　　话	010－52227588转2098（发行部）		010－52227588转321（总编室）
	010－52227566（24小时读者服务）		010－52227588转305（质检部）
网　　址	http://www.cfpress.com.cn		
经　　销	新华书店		
印　　刷	北京九州迅驰传媒文化有限公司		
书　　号	ISBN 978－7－5047－6830－8/F·3029		
开　　本	710mm×1000mm　1/16	**版　　次**	2019年1月第1版
印　　张	13.75	**印　　次**	2019年1月第1次印刷
字　　数	254千字	**定　　价**	68.00元

序

《海南社会保险30年》一书在海南医学院陈林副教授的努力下付梓出版。本书的出版对加快建立健全海南省社会保险体系具有重大的理论研究价值与实践指导意义。

自1988年海南建省办经济特区以来，在省委、省政府的高度重视和正确领导下，海南省社会保险制度与体系建设不断完善，越来越多的城乡居民享受到了社会保险的福利，一个公平、广覆盖、多层次的新型社会保险体系基本建成，在维护社会和谐稳定、促进经济发展方面发挥了重要作用。30年来，海南省社会保险事业在发展过程中，经历了三次重大变革。一是海南建省办经济特区伊始，国务院把海南作为全国社会保障制度综合改革试点省份。海南省充分利用地方立法权的有利条件，按照市场经济一般规律和现代社会发展需求，先后对养老保险、工伤保险、失业保险、医疗保险、生育保险5项基本社会保险实行地方立法，海南省成为全国第一个对社会保险制度实行地方立法的省份。在此基础上，海南省又逐步建立起城镇居民基本医疗保险、新型农村社会养老保险、城镇居民社会养老保险、被征地农民基本养老保险、企业年金等社会保险制度。二是《中华人民共和国社会保险法》颁布实施。2010年，全国人大常委会通过《中华人民共和国社会保险法》，海南省随之对5项基本社会保险的地方性法规和实施细则进行了修改完善，并对5项基本社会保险全部实行省级统筹，成为全国第一个实现5项基本社会保险省级统筹的省份。之后，通过大力推进实施全民参保计划，整合城乡居民基本养老保险制度，改革机关事业单位养老保险制度，建立机关事业单位职业年金制度，阶段性降低社会保险缴费率，坚持“全覆盖、保基本、多层次、可持续”方针，全面推进覆盖城乡居民的社会保险体系建设。三是海南全岛建设自由贸易试验区（简称自贸区）。2018年，中共中央决定支持海南全岛建设自由贸易试验区，支持海南逐步探索、稳步推进中国特色自由贸易港建设，分步骤、分阶段建立自由贸易港政策和制度体系。海南自贸区建设为海南社会保险体系建设提供了千载难逢的新战略起点，也为发展海南社会保险事业提供丰富的理论基础。

《海南社会保险30年》是在这样的时代背景下开展的一项重要的基础性研究工作和政策理论的归纳集成探索，其从海南省养老保险、工伤保险、失业保险、医疗保险、生育保险5项保险制度的发展过程入手，在全面掌握基本数据的基础上，运用现代统计学方法，直观展现了各项社会保险覆盖情况和基金运行走势，总结取得的历史经验；透彻分析了制度的历史脉络及政策走向，涵盖了海南省社会保险制度建设及未来发展的各个领域，对海南省社会保险制度建设和长远发展具有重要的决策参考价值，为海南省社会保险制度及相关政策的制定提供了重要的理论背景。

在此，对陈林副教授及其课题组取得的丰硕成果表示祝贺。

是为序。

2018年8月18日

（林存斌，海南省人力资源和社会保障厅党组成员、副厅长）

目　录

第一章　海南省基本养老保险制度

我国养老思想源远流长。家庭宗族、血缘关系的明确成为我国养老思想最早的来源。随着夏商周的“礼制”“孝文化”的建立与发展，敬老、养老逐渐成为人们对先人崇拜的礼仪制度。而魏晋隋唐时期开设的“孤独园”“悲田坊”则被视为中国社会养老最古老的形式之一。宋朝受唐朝养老思想影响，开设“福田院”“安济坊”等官办济贫养老机构，并延续至明清时期。民国时期开设的“救济院”仍然没有摆脱“济贫”思想的束缚，但是受西方思潮的影响，民国政府已经开始在公务员、军人、教师、邮政等职业和部门实行养老保险制度，但由于制度不健全、筹资不科学、缺乏监督，养老保险制度并未被广泛地推行。中华人民共和国成立后，开始探索与社会主义初级阶段相适应的养老保险制度，并经过不断完善，最终建立起了覆盖城乡的多层次社会养老保险体系。

海南建省办经济特区 30 多年来，通过创新管理体制、进一步解放思想，海南的社会养老保险事业取得较大发展，基本实现了养老保险参保人群的“应保尽保”。截至 2017 年年底，全省参加城镇职工基本养老保险人数 240. 86 万人（其中，在职人员 172 万人、离退休人员 68. 86 万人）；城乡居民养老保险参保人数 285. 89 万人，参保率持续保持在 90% 以上，高于全国平均水平约 7 个百分点①。

---

① 全国养老保险参保率估算公式：全国养老保险参保率 = 参保人数/［（16 ~ 59 周岁劳动年龄人口 + 60 周岁及以上人口） - 在校高中生人数 - 在校大学生人数 - 在校研究生人数］ ×100%。根据各类统计资料显示，将公式换算为全国养老保险参保率 = 9. 15/（9. 0199 + 2. 409 - 0. 2367 - 0. 2696 - 0. 0191） ×100% = 9. 15/10. 9035 = 83. 92%。

第一节　海南省城镇从业人员基本养老保险

一、海南省城镇从业人员基本养老保险制度的发展

1. 改革探索期（1988—1998 年）

1989 年，国务院把海南省列为全国社会保障制度综合改革试点省份。1988—1991 年，海南省相关部门、原中华人民共和国国家经济体制改革委员会（简称“国家体改委”）以及一些欧洲学者等对海南的社会保障改革进行了广泛而深入的讨论，包括覆盖范围、筹资模式及标准、待遇给付等（马燕，1991）；其间海南省也出台了一系列针对养老保险改革的有关规定，如海南省人事劳动厅颁布的《关于实行临时工养老保险基金征集制度的通知》《关于调整省直企、事业单位固定职工退休费用征集比例的通知》等，不断完善海南省养老保险制度。

1991 年 11 月 6 日，海南省人民政府颁布了《海南省职工养老保险暂行规定》（见表 1－1），成为海南建省办经济特区以来第一部综合性养老保险规范法律文件。该规定的出台，无论是在广度还是在深度上，都创造了多个全国第一。例如，在覆盖对象上，海南省在职职工养老保险基本实现了“应保尽保”，从全民所有制企业职工到私营企业用工，再到国家机关和事业单位及军队的合同制工人和临时工人，都被纳入了养老保险的体系和框架之中，可谓范围之广；统一了职工养老保险的筹资标准和筹资模式，正式确立了统账结合模式，即企业缴纳 18% 计入社会统筹账户，个人缴纳 3% 计入个人账户；同时也明确了待遇享受条件和待遇调整机制等。

表 1－1　1991 年《海南省职工养老保险暂行规定》的基本内容

覆盖对象	全民所有制企业、实行企业管理的事业单位、城镇集体所有制企业、内联企业的职工（含固定工、合同制工人、临时工和企业管理人员及技术人员），外商投资企业的中方职工（含企业管理人员和技术人员），私营企业招用的职工；国家行政机关和事业单位招用的合同制工人和临时工；军队中没有军籍的固定工、合同制工人和临时工；在本省的中央国家机关所属企业的职工（国家另有规定者除外）

续 表

筹资标准	职工养老保险费用由用人单位和职工合理负担。基本养老保险费由用人单位缴纳，为职工本人月工资总额的18%；补充养老保险费由职工个人缴纳，为职工本人月工资总额的3%
基金管理模式	基本养老保险费计入社会共济金账户，其所有权属于全体参加养老保险的职工；职工个人缴纳的补充养老保险费以强制储蓄形式计入职工的个人养老金账户，其所有权属于职工个人
享受条件	凡缴纳养老保险费满15周年者，在退休后可逐月按本人在职期间指数化月平均工资总额的45%，从社会共济金账户领取基础养老金。缴费年限超过15周年者，每超1年增加1%；缴纳年限不足15周年者，每少1年减发1%
计发方式	养老金由基础养老金和补充养老金组成

1992年，海南省开展实施养老保险的社会化发放，即由社会保险经办机构直接向离退休人员发放养老金，此举一方面保证了退休养老金不被截留，另一方面保证了养老金及时、足额发放到离退休人员手中。

经过两年的实践，海南省职工养老保险体系的完善工作推进迅速。为了进一步加快完善职工养老保险体系，1993年12月31日，海南省对1991年的文件进行了修订，并颁布了《海南经济特区城镇从业人员养老保险条例》。该条例进一步明确了养老保险的覆盖范围、筹资标准及待遇给付等众多条款。如基本养老保险实行用人单位和职工个人共同缴费；费率为用人单位缴纳从业人员月工资总额的18%，职工本人缴纳3%（个体经济组织的雇用人员缴费相同），个体经营者按本人月收入的21%缴纳。用人单位和从业人员缴纳基本养老保险费满10年的，自从业人员正式办理退休手续的下一个月起，按月发放基本养老金，直至死亡。该条例还对养老金发放方式中的指数化月平均缴费工资比例调整进行了细化，如缴纳基本养老保险费满15年的，缴费每满1年，发给从业人员本人指数化月平均缴费工资的1.3%；缴纳基本养老保险费10年以上不满15年的，缴费每满1年，发给从业人员本人指数化月平均缴费工资的1.1%。此条例的颁布与实施极大地细化了海南省城镇从业人员养老保险的规定，同时为全国改革提供了必要的经验。

为了提高养老保险基金的使用效率和基金互助共济能力，1995年12月14日，海南省人民政府常务会议审议通过《海南经济特区城镇从业人员养老保险基金省级调剂办法》，要求“城镇从业人员养老保险建立省级调剂基金，实行统一提取、统一管理、统一调剂使用的原则”，并指定海南省社会保障机构负责基金筹集、管理与使用。

2. 制度确立期（1998—2007年）

在城镇从业人员基本养老保险制度得到初步确立之后，工作的重心转为实施和落实。1998年，海南省将保障下岗职工的基本生活和保证离退休人员养老金按时足额发放作为养老保险发展的重点工作。海南省人民政府办公厅、省人事劳动保障厅、省社会保障局分别颁发了《关于加强养老保险工作确保按时足额发放养老金的通知》《关于保证按时足额支付养老金的紧急通知》《关于做好企业离退休人员养老金发放工作的紧急通知》等文件，重点是要求各级社会保障部门必须按时足额发放离退休人员的养老金。

为了适应1997年国务院下发的《国务院关于建立统一的企业职工基本养老保险制度的决定》(国发〔1997〕26号）的统一要求，海南省积极调整养老保险制度，以不断适应经济社会发展的要求。1999年9月24日，海南省第二届人民代表大会常务委员会第9次会议通过了《海南经济特区城镇从业人员养老保险条例》的修订。此次修订主要调整海南省规定与国家要求之间不协调、不统一的地方，主要的变化是将职工养老保险所涉及的大政方针统一到全国的体系和框架中来，新修订的条例主要有以下几个方面的变化。①调整了养老保险费缴费率，用人单位按本单位从业人员月工资总额的18%缴纳基本养老保险费；国家机关、非企业化管理的事业单位和社会团体的从业人员，职工个人按本人月工资总额的3%缴纳基本养老保险费。②基本养老保险基金实行“收支两条线”管理，纳入单独的社会保险基金财政专户，专款专用。③计发办法采用基础养老金和个人账户养老金两种方式。基础养老金月标准为退休时上年度从业人员月平均工资的20%，从社会共济账户支付；个人账户养老金月标准为退休时职工个人账户储存额（本金加利息）除以120。

根据《海南经济特区城镇从业人员养老保险条例》的变化，1999年1月18日海南省人民政府第20次常务会议对《海南经济特区城镇从业人员养老保险条例实施细则》进行了修订，以不断适应新制度的要求。细则主要的变化体现在覆盖人群上，文件要求省内各类企业、个体经济组织及其从业人员，都应当参加规定的基本养老保险。其中，在海南省域内设立的外国机构和中国港澳台地区机构及其所雇用的中方从业人员，也应当参加规定的基本养老保险。这也是海南省首次明确外籍和境外人员参加海南省城镇从业人员养老保险的情况。

2000 年 9 月 29 日，海南省人民代表大会常务委员会颁布《海南省人民代表大会常务委员会关于社会保险制度改革若干事项的决定》规定：国家公务员（含参照国家公务员制度管理的工作人员）实行国家现行的退休制度，暂停执行《海南经济特区城镇从业人员养老保险条例》的规定，退休的国家公务员按照国家有关规定办理。2000 年 11 月 24 日，海南省人民政府颁布了《海南省城镇个人参加养老保险办法》，主要是针对未纳入职工养老保险体系中的城镇居民，具体实施对象包括：①在依法登记的城镇个体工商户及其他城镇个体经济组织中就业的人员；②参加城镇基本养老保险后，与原用人单位解除劳动关系、尚未在城镇用人单位中再就业的人员；③在确无能力按时足额缴纳养老保险费的城镇用人单位中就业或保留劳动人事关系的人员；④从未参加养老保险、未在城镇用人单位中就业，但有合法劳动收入的本省城镇户籍人员。同时，该办法对城镇个人的缴费方式也进行了明确，可供参保的城镇居民自由选择：一是按企业及其从业人员相同费率缴纳；二是按本人工资收入的 18% 缴纳；三是按本人工资收入的 11% 缴纳。缴费方式一经选定，不可随意更改。至此，海南省养老保险制度基本实现了城镇从业人员的全覆盖，极大地保障了城镇从业人员的退休生活。

为了不断整合分散的养老保险制度，保证制度的公平性，2001 年 1 月，海南省再次调整部分行业、企业统筹的养老保险费率，如铁道运输、邮电行业费率调整为 20%，民航、建设银行、中国银行、交通银行、中保、煤炭等行业、企业费率调整为 16%，有色行业、工商银行和农业银行费率分别调整为 19%、18.4% 和 18%；除铁道运输行业原个人缴费费率达 5% 不需调整外，其余行业、企业个人缴费费率均统一调高至 5%。同年 7 月，海南省人民政府办公厅转发省人事劳动保障厅《关于解决离退休人员生活待遇若干问题的意见》，进一步明确离退休人员相关待遇；9 月，兴隆华侨农场职工养老保险纳入省直属管理，实行全额缴拨；10 月，省人事劳动保障厅、省财政厅联合下发《关于企业离休人员死亡待遇有关问题的补充通知》规定：从 2001 年 1 月起，企业离休人员死亡后，如没有供养直系亲属的，其他亲属也可领取一次性抚恤金。通过不断完善制度建设，海南省职工养老保险制度得到较快发展。

从计划经济时代的企业办社会保险到改革开放后的社会保险制度，在转型过程中，部分企业因无法缴纳社会保险费用而无法享受养老保险待遇。2003 年，海南省人事劳动保障厅出台相应规定，明确将本省未参加养老保险且已停产多年、无力缴费的国有困难企业退休人员纳入养老保险统筹范围；同时规定：从2003 年 7 月 1 日起，1991 年 12 月 31 日前已达到法定退休年龄的退休人员，可享受养老保险待遇，基本养老金低于当地城镇居民最低生活保障标准的退休人员，按最低生活保障标准发放。1992 年 1 月 1 日后达到法定退休年龄的退休人员，补缴 1992 年 1 月 1 日以后至达到法定退休年龄期间的养老保险费（本金及利息），即可享受养老保险待遇。对于尚未达到退休年龄的原国有困难企业职工，可以个人身份按《海南省城镇个人参加养老保险办法》参加养老保险。通过将国有困难企业退休职工纳入养老保险范畴，使海南省养老保险制度进一步完善。

海南省人事劳动保障厅根据经济社会发展、养老保险基金收支变化，决定从2003 年 10 月 1 日起调整基本养老保险费率。基本养老保险费率从原来的 25% 调整为 26%，其中单位缴费费率仍为 20% 不变，个人缴费费率调高 1 个百分点，上调至 6%。调整费率后养老保险个人账户保持原规模不变。

2004 年 5 月 19 日，为加快省级统筹步伐，减轻市县养老保险基金支付压力，确保企业离退休人员基本养老金按时足额发放，省社保局按照《关于驻市县省属单位基本养老保险纳入省级管理的实施意见》要求，继续做好驻市县省属单位养老保险移交省本级的接收工作。2006 年 3 月 14 日，海南省人民政府出台《海南省人民政府关于完善企业职工基本养老保险制度的实施意见》（琼府〔2006〕11 号），要求完善企业职工基本养老保险制度，推进社会保障体系建设，实现养老保险可持续发展。2006 年 11 月 17 日，海南省人事劳动保障厅根据《海南省人民政府关于 2005 年和 2006 年调整海南省企业退休人员基本养老金的通知》精神，决定自 2005 年起，将连续 3 年提高企业退休人员基本养老金水平；规定在 2004 年 12 月 31 日前已按规定办理退休（职）手续的企业退休（职）人员，从 2005 年 7 月 1 日起按下列标准调整基本养老金：退休人员每人每月增加 50 元、退职人员每人每月增加 30 元退职生活费。在普调的基础上，新中国成立前参加工作的退休老工人每人每月再增加 60 元；企业中具有高级专业技术职务的退休人员每人每月再增加 50 元；1953 年 12 月 31 日前参加工作的退休人员，每人每月再增加 40 元。上述退休人员如身份重复的，按最高待遇标准增加养老金。本次养老金待遇调整，为日后持续提高养老金待遇打下了坚实的基础。

2006 年，为实现全省离退休人员基本养老金社会化发放率 100% 的目标，海南省社会保险事业局深入农垦集团，就“农垦基本养老金如何全面实现社会化发放”问题开展多次座谈和调研，并就农垦集团推进和实现养老金社会化发放工作提出了建设性的指导意见。随后，海南农垦社保局（现海南农村社会保险管理处）下发《关于进一步做好垦区离退休人员养老金社会化发放工作的通知》，就进一步完善基层社区劳动保险机构、垦区职工养老保险发放方式等进行了规定。该通知要求，垦区系统采取设立基本养老金社会化发放银行账户和单位基本养老金专门账户的方法，委托邮政部门或银行代发养老金。针对一些边远垦区单位所在地无邮政部门或银行，以及有特殊困难的退休人员难以领取养老金的情况，采取由社保经办机构直接发放养老金等措施。通过多措并举，农垦系统离退休职工的基本养老金基本实现了社会化发放。

3. 制度完善时期（2008 年至今）

为了继续推进海南省社会保障制度改革，完善社会保障体系，扩大社会保险覆盖面，提高社会保障整体水平，2008 年 5 月 26 日，海南省再次对《海南经济特区城镇从业人员养老保险条例实施细则》进行修订，集中体现在对城镇从业人员的养老金计发办法上，文件规定 2008 年 1 月 1 日后退休的从业人员，其基本养老金计发实行 6 年过渡。在过渡期内，基本养老金低于 2007 年 12 月 31 日前规定计算的基本养老金的，差额部分应当予以补齐；高于 2007 年 12 月 31 日前规定计算的基本养老金的，2008 年退休的发给增加额的 20%，2009 年退休的发给增加额的 35%，2010 年退休的发给增加额的 50%，2011 年退休的发给增加额的 65%，2012 年退休的发给增加额的 80%，2013 年退休的发给增加额的 90%。这些变化主要体现了“老人老办法、新人新办法、中人逐步过渡”的过渡期养老金的计发办法改革精神。

为了解决城镇职工流动性问题，国务院在 2009 年年底出台了养老保险转移接续的相关办法，海南省人民政府根据海南省养老保险制度发展实际，于 2010 年 7 月 29 日发布了《海南省城镇从业人员基本养老保险关系转移接续实施暂行办法的通知》（琼府〔2010〕51 号），以解决长期因养老保险关系转移接续不畅而影响劳动者流动就业的难题。

2013 年 5 月 30 日，海南省第五届人民代表大会常务委员会第 2 次会议通过了《海南省城镇从业人员基本养老保险条例》修订案，旨在降低参保缴费门槛，进一步扩大养老保险的覆盖面。

2015 年，海南省人民政府发布了《海南省人民政府印发贯彻落实国务院关于机关事业单位工作人员养老保险制度改革决定实施办法的通知》（琼府〔2015〕65 号），并指出：在海南省按照公务员法管理的单位、参照公务员法管理的机关

（单位）、公益一类和公益二类机关事业单位，纳入海南省机关事业单位基本养老保险参保范围，并从当年7月起预扣养老保险费和职业年金，以提高机关事业单位养老保险待遇。其中，2014年9月30日前已经成立的单位及已在本单位工作的编制内人员，按本规定进行参保登记和缴费；其他单位及编制内工作人员，按照《海南省机关事业单位工作人员基本养老保险经办规程（试行）》有关规定进行参保登记和缴费；驻琼中央国家机关事业单位参照本规定执行。之后，海南省人力资源和社会保障厅（前身为海南省人事劳动保障厅）、海南省财政厅联合下发了《关于我省机关事业单位养老保险制度改革若干问题的处理意见》（琼人社发〔2015〕245号），以解决政策实施中遇到的具体问题。为了进一步解决机关事业单位养老保险问题，2016年7月海南省委组织部、省人力资源和社会保障厅、省财政厅下发的《关于机关事业单位养老保险待遇发放及保险费征收有关问题的通知》（琼人社发〔2016〕162号）再次规范和明确了机关事业单位养老保险的一系列问题。

2016年5月26日，海南省第五届人民代表大会常务委员会第21次会议通过《海南省人民代表大会常务委员会关于修改〈海南省城镇从业人员基本养老保险条例〉的决定》（第五次修正），修订后的条例突出了四大特点。①公益一类、公益二类机关事业单位编制内人员退出社会养老保险参保范围，纳入机关事业单位养老保险范围，养老保险待遇由机关事业单位养老保险基金支付，防止机关事业单位退休人员挤占社会养老保险基金，出现机关事业单位“缴少拿多”现象。②选择终止养老保险关系，增发政策叫停。根据社会保险法及国家有关政策规定，参保人自愿选择终止养老保险关系，不再为参保人增发相应补助金。本次修订与国家政策高度一致，确实要终止养老保险关系的，只退还个人账户的储存余额。③赋予社保经办机构更大的监督权力。社保经办机构的监督权力不足，无法对社保违法单位和个人形成足够的威慑作用。因此，本次条例修订通过法规赋予社保经办机构部分必要的稽查权、处罚权和提请法院强制执行的职责，社保经办机构不需要人力资源社会保障行政部门委托，就可以直接对违法违规行为进行调查、检查并依法处理。④谋划搭建全省统一的信息化平台。长期以来，海南省养老保险分为四个信息系统平台运行，即省本级、海口、三亚、其他市县，严重地影响了海南省养老保险信息化建设。本次条例修改，首次提出要“建立全省统一的基本养老保险信息管理系统，实行社会保险信息的共享和交换机制，实现省级集中管理数据资源”。通过此平台的建设，可以内化、固化养老保险制度，提高经办管理效率，方便参保人办理养老保险相关手续。

海南省城镇从业人员基本养老保险相关政策从 1991 年颁布以来，历经数次修正（见表 1－2），不断完善，目前制度执行良好、运行稳定。根据 2016 年海南省人力资源和社会保障厅公布的数据：截至 2016 年年末，全省参加城镇职工基本养老保险人数为 224.93 万人。其中，参保职工 158.46 万人，参保退休人员 66.47 万人。全省城镇职工基本养老保险基金收入 198.01 亿元，其中征缴收入 137.94 亿元，基金支出 177.85 亿元，年末基金累计结存 173.19 亿元。全省跨省转移基本养老保险关系 12395 人次。2016 年全省企业参保退休人员月人均基本养老金达到 2216.29 元。

表 1－2　1991—2016 年海南省城镇从业人员基本养老保险主要政策文件

发文年份	文件名称
1991	《海南省职工养老保险暂行规定》（海南省人民政府令第 17 号）
1993	《海南经济特区城镇从业人员养老保险条例》（海南省人民代表大会常务委员会公告第 7 号）
1999	《海南经济特区城镇从业人员养老保险条例》（修正）
2001	《海南经济特区城镇从业人员养老保险条例》（第一次修正）
2007	《海南省城镇从业人员基本养老保险条例》（第二次修正）
2011	《海南省城镇从业人员基本养老保险条例》（第三次修正）
2013	《海南省城镇从业人员基本养老保险条例》（第四次修正）
2016	《海南省城镇从业人员基本养老保险条例》（第五次修正）

二、海南省城镇从业人员基本养老保险情况分析

1. 参保情况分析

1988 年海南建省办经济特区，参加职工养老保险的以全民所有制企业、集体企业等为主，各类参保人员约 16.6 万人；1991 年启动职工养老保险改革后，参保人数快速增加，达到 78.9 万人；2016 年参保总人数达 224.93 万人，是 1991 年的近 3 倍（见表 1－3）。

表1-3　1991—2016年海南省城镇从业人员基本养老保险参保人数　单位：人

年份	在职	退休	合计	年份	在职	退休	合计
1991	647419	141584	789003	2004	848323	351782	1200105
1992	719436	167309	886745	2005	843700	365486	1209186
1993	732171	189964	922135	2006	940012	380456	1320468
1994	780527	209854	990381	2007	1019916	397454	1417370
1995	821249	228375	1049624	2008	1142419	419524	1561943
1996	814820	241522	1056342	2009	1248647	432179	1680826
1997	801752	254477	1056229	2010	1354197	453874	1808071
1998	807763	277078	1084841	2011	1520876	477674	1998550
1999	819815	295115	1114930	2012	1616332	525297	2141629
2000	991416	299184	1290600	2013	1744307	570674	2314981
2001	776593	305129	1081722	2014	1823859	599383	2423242
2002	793480	318754	1112234	2015	1878649	619830	2498479
2003	831338	336012	1167350	2016	1584622	664683	2249305

注：数据来自历年《海南统计年鉴》《海南年鉴》。

从参保人数来看，1991—2000年基本上处于持续上升期，在2001年参保人数出现较大幅度的下降，此后参保人数又开始上升，在2015年达到最高峰，约249.85万人（见图1-1）。增长率最高为1999年约16%，这可能与实行允许城镇个人参加养老保险的养老保险新政有关；2000年出现较大的负增长，约为-16%，出现负增长的原因可能与个人参保选择、费率变动等有关。

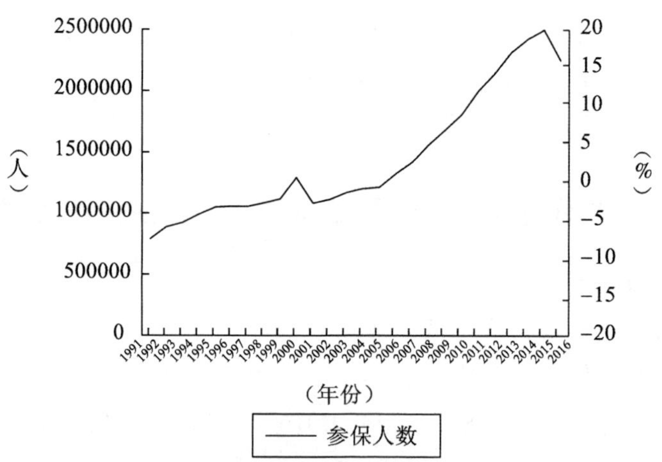

图1-1　1991—2016年海南省城镇从业人员基本养老保险参保情况

注：数据来自历年《海南统计年鉴》《海南年鉴》。

从参加城镇从业人员基本养老保险人员的所在地区来看（见表1－4），2016年参保人数最多的是省本级，约为53.07万人，其次是海口市和三亚市。因洋浦经济开发区户籍总人口约8.5万人，与其他市县无可比性，因此，从总人口的角度来看，参保人数比较少的为五指山市和昌江县，这与两地的产业结构和经济类型有关。

表1－4　2016年海南省城镇从业人员基本养老保险参保人数　单位：人

地区	在职	退休	合计	地区	在职	退休	合计
省本级	411973	118708	530681	临高县	25555	21514	47069
海口市	415791	108001	523792	儋州市	71273	59262	130535
三亚市	185214	36438	221652	洋浦经济开发区	22072	716	22788
五指山市	13353	6841	20194	东方市	31215	14381	45596
文昌市	46703	32446	79149	乐东县	30057	21847	51904
琼海市	53011	30281	83292	琼中县	25976	26981	52957
万宁市	44967	35169	80136	保亭县	22201	19255	41456
定安县	22487	23499	45986	陵水县	29070	15307	44377
屯昌县	21878	24099	45977	白沙县	21521	18749	40270
澄迈县	66489	39067	105556	昌江县	23816	12122	35938

注：数据来自《海南省社会保险统计年鉴（2016）》，不含三沙市。

2. 基本养老保险费率变动情况分析

养老保险费率是养老保险基金收入的重要保障，同时也是确保基金安全稳定的重要手段。在我国，一般采用用人单位与职工共同缴费的方式，缴费标准均以职工工资总额为基础。1992—2018年，海南省城镇从业人员基本养老保险费率经过6次变动，筹资总费率从21%逐步调整到28%，然后又下调到27%（见表1－5）。费率的变动一方面体现了国家政策的变动，如2015年年底，国务院常务会议明确指出要阶段性降低社会保险的费率；另一方面体现了养老保险制度安全可持续发展的需要，不断减轻用人单位的负担。

表 1－5　1992—2018 年海南省城镇从业人员基本养老保险费率变动情况　单位：%

起止年月	用人单位	职工个人	总费率
1992.01—1999.09	18	3	21
1999.10—2000.10	18	4	22
2000.11—2003.09	20	5	25
2003.10—2005.12	20	6	26
2006.01—2016.04	20	8	28
2016.05—2018.04	19	8	27

注：数据根据历年政策变动整理。

3. 养老保险的收缴率分析

经济发展进入新常态，海南省城镇从业人员参保人数不稳定导致收缴率不稳定，收缴率从 1999 年的 98.55% 下降到 2016 年的 67.52%，虽然其间出现波动，但总体而言呈现下降趋势（见表 1－6）。实际收缴率下降，反映了海南省城镇从业人员基本养老保险的断保、弃保现象，这可能与用人单位养老保险费率负担过重、用人单位不愿为职工缴费或用人数量减少有关；还可能与人员流动过快，账户随人走及职工（尤其是进城务工人员）不愿缴费有关。社会平均工资快速增长导致缴费增加、政策理解的偏差等也是造成收缴率下降的因素。

表 1－6　1999—2016 年海南省城镇从业人员基本养老保险收缴率

年份	参保职工数（人）	缴费人数（人）	收缴率（%）
1999	819815	807942	98.55
2000	991416	756252	76.28
2001	776593	705445	90.84
2002	793480	703821	88.70
2003	831338	702653	84.52
2004	848323	697015	82.16
2005	843700	695215	82.40
2006	940012	698133	74.27
2007	1019916	752677	73.80
2008	1142419	831567	72.79

续 表

年份	参保职工数（人）	缴费人数（人）	收缴率（%）
2009	1248647	857767	68.70
2010	1354197	917142	67.73
2011	1520876	1017719	66.92
2012	1616332	1193092	73.81
2013	1744307	1217870	69.82
2014	1823859	1170259	64.16
2015	1878649	1180570	62.84
2016	158.46 万	107 万	67.52

注：数据来自历年《海南年鉴》《海南统计年鉴》及《中国社会保险发展年度报告2016》。

而从不同经济类型来看，2016 年机关、事业单位收缴率较高，分别为 83.8%、87.2%，中国港、澳、台及外资企业收缴率最低，为 48.4%（见图 1 -2）。这可能与企业人员稳定性差、企业缴费负担过重等因素有关。

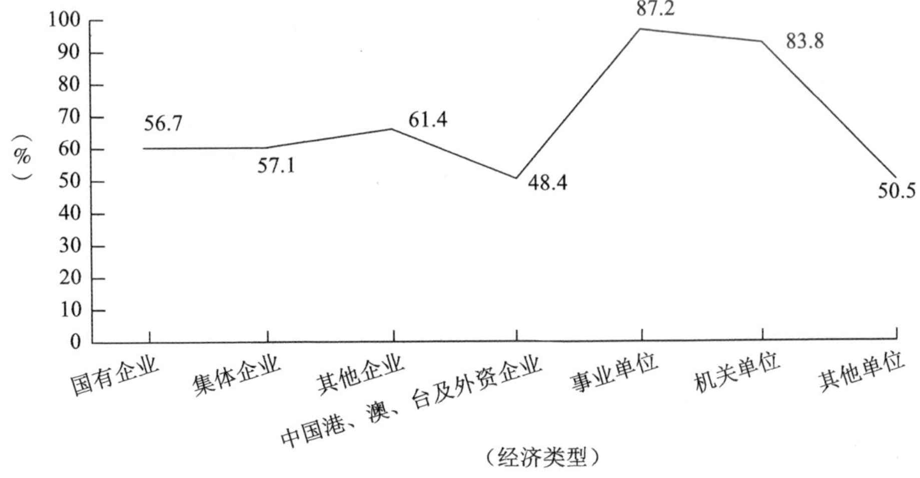

图 1 -2　2016 年海南省城镇从业人员基本养老保险各类单位收缴率

注：数据来自《海南省社会保险统计年鉴（2016）》，不含三沙市。

4. 养老保险的负担系数分析

养老保险的负担系数是指离退休人数占缴费人数的比例，系数越高说明在职的参保职工需要供养的离退休人员越多。从 2015 年海南省各地城镇从业人员基本养老保险负担系数来看，2015 年负担系数较低的是洋浦经济开发区（0.030），其次是三亚市（0.224）和省本级（0.333），较高的为定安县（1.489）、屯昌县（1.468）、琼中县（1.271）（见图 1－3）。这说明洋浦经济开发区每 100 个在职参保人员供养 3 个离退休人员，这主要与洋浦经济开发区离退休人员较少、企业用人较多有关；而三亚市和省本级约为每 10 个在职参保人分别供养 2 人、3 人；而定安县、屯昌县、琼中县则约为每 10 个在职参保人分别供养 15 人、15 人、13 人。通过蛛网图来观察，离蛛网中心越近说明负担越小，越远说明负担越重。

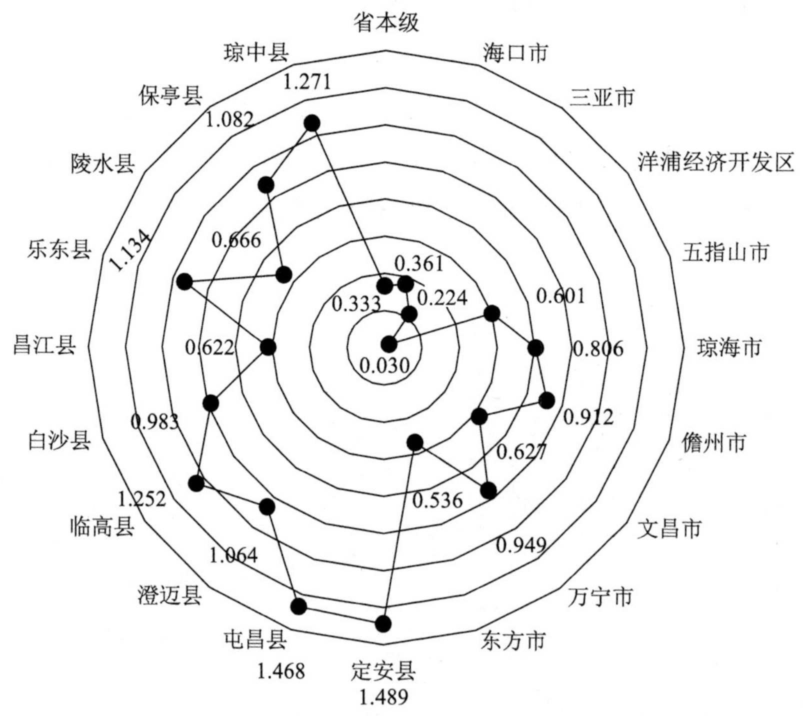

图 1－3　2015 年海南省各地城镇从业人员基本养老保险负担系数

注：数据来自《海南省社会保险统计年鉴（2016）》，不含三沙市。

5. 养老保险基金运行情况分析

从1992—2016年部分年份海南省城镇从业人员基本养老保险基金收支情况来看（见表1-7），基本遵循了"收支平衡、略有结余"的原则，基金累计结余足够支付养老金。2016年全省城镇从业人员基本养老保险基金累计结余约173.19亿元，按当年养老金支出标准测算，可以支付11.7个月。

表1-7　1992—2016年部分年份海南省城镇从业人员基本养老保险基金收支情况

年份	收入（万元）	支出（万元）	当期结余（万元）	累计结余（万元）	累计结余基金可支付月数（个）
1992	27202	21728	5474	15095	8.3
1995	62793	55626	7167	37234	8.0
2000	108510	101961	6549	42228	5.0
2005	240515	203333	37182	174640	10.3
2010	837699	764446	73253	650082	10.2
2011	1138241	925971	212270	862351	11.2
2012	1310286	1220612	89674	952026	9.4
2013	1510101	1437816	72285	1024311	8.5
2014	1671681	1670718	963	1025274	7.4
2015	2079519	2021503	58016	1083290	6.4
2016	1980124	1778449	201675	1731878	11.7

注：数据根据历年《海南年鉴》《海南统计年鉴》整理。

从收支及累计结余情况来看（见图1-4），当期收入与支出基本同步上升或下降，基金累计结余较多。虽然2014年基金收支基本相同，但仍然有少量结余，加之历年的结余较多，基金运行安全平稳。

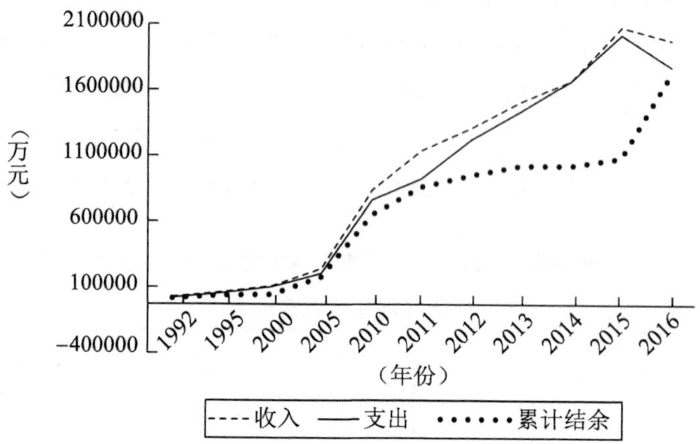

图1-4　1992—2016年部分年份海南省城镇从业人员基本养老保险基金收支情况

注：数据根据历年《海南年鉴》《海南统计年鉴》整理。

为了确保基金安全，社会保险经办机构加大了对基金的稽查力度，防止基金滥用和“跑冒滴漏”等违法违规现象发生，2004—2015年共核查310.73万人，查出欺诈冒领人数8667人、冒领金额3867万元，其中追回金额3799万元，平均追回率98.24%（见表1-8）。

表1-8　2004—2015年海南省城镇职工基本养老保险欺诈冒领社保待遇稽核情况

年份	核查享受待遇人数（人）	查出欺诈冒领人数（人）	冒领金额（万元）	追回金额（万元）	追回率（%）
2004	215961	269	64	49	76.6
2005	110692	714	101	101	100.0
2006	129999	438	54	52	96.3
2007	163358	128	34	31	91.2
2008	141040	110	34	34	100.0
2009	232809	252	54	54	100.0
2010	276585	276	81	74	91.4
2011	248718	462	166	166	100.0
2012	235955	843	305	305	100.0
2013	362874	1618	769	742	96.5

续 表

年份	核查享受待遇人数（人）	查出欺诈冒领人数（人）	冒领金额（万元）	追回金额（万元）	追回率（%）
2014	396983	1876	1209	1209	100.0
2015	592307	1681	996	982	98.6

注：数据来自《海南省社会保险统计年鉴（2016）》，不含三沙市。

第二节　海南省城乡居民基本养老保险制度

我国城乡居民基本养老保险制度按参保人群分别经历了农村社会养老保险制度、新型农村社会养老保险制度、城镇居民社会养老保险制度、城乡居民基本养老保险制度四个时期。而海南省城乡居民基本养老保险制度按参保人群、制度形成则经历了城镇个人参加养老保险制度、农村社会养老保险制度、新型农村社会养老保险制度、城镇居民社会养老保险制度、城乡居民基本养老保险制度时期。2014 年 5 月 13 日，海南省人民政府审议通过《海南省城乡居民基本养老保险暂行办法》，标志着海南省城乡居民基本养老保险制度的形成，以及分类参保时代的结束，最终形成缴费标准统一、待遇水平统一的城乡居民基本养老保险制度。

据《2016 年海南省社会保险情况》统计，截至 2016 年年底，全省参加城乡居民基本养老保险人数为 283.99 万人，其中缴费人数为 185.84 万人，待遇领取人数 75.68 万人；基金收入 29.05 亿元，基金支出 13.03 亿元，年末基金累计结余 50.96 亿元；城乡居民月人均养老金达 152.28 元，其中月人均基础养老金达 146.11 元。

一、海南省农村社会养老保险制度

1. 试点时期（1991—2008 年）

在国家政策统一推进下，1991 年海南省开始在琼海等市县实行农村社会养老保险的试点工作。同年 9 月，海南省民政厅受海南省人民政府的委托，组织工作队深入琼山县大万村进行试点工作，海南省民政厅总结这次试点工作经验，于 12 月编印了《农村社会养老保险资料》和《琼山县农村社会养老保险基本方案》，以加快推进琼山县的农村社会养老保险制度建设。1991 年年底，国家民政部又批准琼海、海口、定安、临高、东方、乐东、白沙、文昌等 10 个市县为全国农村社会养老保险试点市县。截至1992年年底，全省成立农村社会养老保险办公室111个（其中市县13个、乡镇98个）、管区821个，4672个村启动投保工作，投保人数约7万人，收缴保险费500多万元，试点工作成效显著。1993年4月29日，海南省人民政府召开全省农村社会养老保险工作会议，决定将农村社会养老保险工作在全省铺开。1994年11月，全省农村社会养老保险工作会议召开，研究并讨论《海南省农村社会养老保险暂行办法（初稿）》，会议提出要加快农村社会养老保险工作的步伐。

1995年9月11日，海南省人民政府第86次常务会议通过《海南省农村社会养老保险规定》，非城镇户籍未满60周岁的农村人口、外出务工者和经商者应当在户籍所在地参加农村社会养老保险，但已参加城镇从业人员养老保险的除外，城镇居民可自愿参加农村社会养老保险。农村社会养老保险坚持自愿参加的原则，实行养老保险基金筹集，以个人缴费为主、集体补助为辅，国家给予政策扶持。基本内容如表1－9所示。

表1－9　《海南省农村社会养老保险规定》基本内容

覆盖人群	非城镇户籍未满60周岁的农村人口、外出务工者和经商者，应当在户籍所在地参加农村社会养老保险，但已参加城镇从业人员养老保险的除外；城镇居民可以自愿参加农村社会养老保险
筹资原则	以个人缴费为主、集体补助为辅，国家给予政策扶持
缴纳方式	按月缴纳；按季度或年度缴纳；一次性趸缴
待遇领取条件	投保人自年满60周岁月份的次月起，依照本规定享受农村社会养老保险待遇

根据国家的统一部署和海南省经济社会及城镇化发展的需要，2007年海南省人民政府办公厅发布了《海南省人民政府办公厅关于做好被征地农民就业培训和社会保障工作的通知》（琼府办〔2007〕20号），加强被征地农民的养老保障工作。文件规定：被征地时已达到供养年龄段的人员（男满60周岁、女满55周岁），应一次性缴足养老保险费后按月享受养老保险待遇；被征地时还处于劳动年龄段（男16～59周岁、女16～54周岁）的，应一次性缴足养老保险费，待进入供养年龄段后按月享受养老保险待遇；对征地时未达到劳动年龄段（16周岁以下）的，按征地补偿规定一次性发给征地安置补助费，愿意参加农村社会养老保险的，可积极组织引导其参保缴费。为了推动海南经济发展，解决针对东环铁

路建设中所出现的征地问题，又专门出台了《海南省人民政府办公厅关于印发海南东环铁路被征地农民养老保险暂行办法的通知》（琼府办〔2007〕108号），加快推进了东环铁路建设，以解决被征地农民的养老问题。

2009年6月，在总结前两项政策经验的基础上，海南省人民政府出台了《海南省被征地农民基本养老保险暂行办法》，办法规定被征地农民的基本养老保险费由政府、农村集体经济组织和个人分别按50%、20%、30%承担，具体标准如下。①失去90%及以上农用地：属城市规划区内的，按当地城镇居民最低生活保障标准200%的档次缴费；属城市规划区外的，按当地农村最低生活保障标准200%的档次缴费。②失去70%及以上不足90%农用地：属城市规划区内的，按当地城镇居民最低生活保障标准160%的档次缴费；属城市规划区外的，按当地农村最低生活保障标准160%的档次缴费。③失去50%及以上不足70%农用地：属城市规划区内的，按当地城镇居民最低生活保障标准120%的档次缴费；属城市规划区外的，按当地农村最低生活保障标准120%的档次缴费。

2. 制度确立与发展时期（2009—2014年）

在国务院出台新型农村养老保险的背景下，2009年12月26日，海南省人民政府发布了《海南省人民政府关于印发海南省新型农村社会养老保险试点办法的通知》（琼府〔2009〕81号），文件就试点的覆盖对象、筹资标准、享受条件、待遇标准进行了明确的规定（见表1-10），以指导全省新型农村养老保险制度建设。

表1-10 《海南省新型农村社会养老保险试点办法》基本内容

覆盖对象	农业户口，年满16周岁（不含在校学生）且不满60周岁，未参加城镇从业人员基本养老保险的人员
筹资标准	个人缴费：100元/人·年、200元/人·年、300元/人·年、400元/人·年、500元/人·年 政府补贴：对于选择100元缴费档次的，政府给予每人每年30元补贴；对于选择200元及以上缴费档次的，政府除按前款规定给予每人每年30元补贴外，按每增加一个缴费档次另给予5~20元的补贴，所需资金由省财政与当地市、县财政分担，其中，省财政与海口市、三亚市财政按4:6的比例分担，省财政与文昌市、保亭县财政按6:4的比例分担
享受条件	参保人员年满60周岁；缴纳养老保险费年限累计15年以上（含15年）
待遇标准	基础养老金：每人每月55元 个人账户养老金月领取标准：个人账户存储额除以139

2010 年 9 月 16 日，海南省人民政府针对不断发展的经济和社会水平，在《海南省新型农村社会养老保险试点办法》的基础上对其进行了修订，审议通过了《海南省新型农村社会养老保险暂行办法》。新的文件对缴费标准、待遇标准进行了调整。如缴费标准由 5 档增加至 7 档（100 元/人・年、200 元/人・年、300 元/人・年、400 元/人・年、500 元/人・年、800 元/人・年、1000 元/人・年）；缴费年限满 15 年的，每多缴一年，基础养老金增加 2 元，所需资金由省财政负担。2010 年 10 月，万宁市、昌江县和琼中县被列入国家第二批试点范围；2011 年，琼海、儋州、五指山等 9 个市县被列为国家第三批试点，2012 年，海口市的龙华区、秀英区、琼山区以及澄迈县、临高县被列为国家第四批试点。截至 2012 年年底，海南省所有市县全部被纳入国家新型农村养老保险试点范围。

针对被征地农民参加社会养老保险政策执行难、农民负担重这一问题，2013 年 4 月海南省人民政府出台了《海南省被征地农民参加社会养老保险办法》，取消了单独的被征地农民养老保险制度，将被征地农民的基本养老保险纳入城镇从业人员基本养老保险制度及城乡居民基本养老保险制度统筹管理，并规范了新制度与原保障制度相衔接的具体操作规程。据《海南统计年鉴 2014》统计，截至 2012 年年底，海南省新型农村社会养老保险参保人数达 242.3 万人，60.7 万名农村居民领取了养老金，养老金发放率达到 100%。

二、海南省城镇居民社会养老保险制度

在海南省城镇从业人员基本养老保险和农村社会养老保险制度大力推进的背景下，海南省城镇居民出现了社会养老保险的“空档”期，即没有专门的城镇居民社会养老保险制度。为了不断完善城乡社会养老保险体系，推动城镇居民养老保险制度建设，2000 年 11 月 24 日海南省人民政府颁布了旨在解决城镇个人参加养老保险的问题的《海南省人民政府关于印发〈海南省城镇个人参加养老保险办法〉的通知》（琼府〔2000〕78 号），文件对覆盖对象、筹资标准、待遇给付等都作出了明确的规定（见表 1－11）。

表 1－11　《海南省城镇个人参加养老保险办法》基本内容

覆盖对象	在依法登记的城镇个体工商户及其他城镇个体经济组织中就业的人员；参加城镇基本养老保险后，与原用人单位解除劳动关系、尚未在城镇用人单位中再就业的人员；在确无能力按时足额缴纳养老保险费的城镇用人单位中就业或保留劳动人事关系的人员；从未参加养老保险、未在城镇用人单位中就业、但有合法劳动收入的本省城镇户籍人员
筹资标准	1 档：按企业及其从业人员相同费率缴纳 2 档：按本人工资收入的 18% 缴纳 3 档：按本人工资收入的 11% 缴纳
待遇给付	按企业及其从业人员相同费率缴费的，按月计发基本养老金，支付丧葬费和一次性供养直系亲属救济费；按本人工资收入的 18% 缴费的，按月计发基本养老金；按本人工资收入的 11% 缴费的，按月计发个人账户养老金
给付方式	缴费年限累计达到最低缴费年限的，社会保险经办机构对其按 18% 或 11% 比例缴纳的养老保险费进行分账处理，先扣除应计入社会共济账户的金额，余额计入其个人账户，然后按月计发基本养老金，支付丧葬费和一次性供养直系亲属救济费；缴费年限累计达不到最低缴费年限的，个人全部缴费的本息退还本人，并按规定计发一次性养老金

在国家和海南省委、省政府的统一领导下，2011 年 4 月 22 日海南省人民政府第五届第 64 次常务会议审议通过《海南省城镇居民社会养老保险暂行办法》，该办法明确了城镇居民参加社会养老保险的基本原则、覆盖对象、筹资标准、待遇给付等内容（见表 1－12）。

表 1－12　《海南省城镇居民社会养老保险暂行办法》基本内容

基本原则	保基本、广覆盖、有弹性、可持续
覆盖对象	凡具有本省行政区域内非农业户籍，年满 16 周岁（不含在校学生），当期未参加城镇从业人员基本养老保险等现有社会养老保险制度，无任何形式的社会养老保险待遇的城镇非从业居民，可以在户籍地自愿参加居民养老保险

续 表

筹资标准	个人缴费：100元/人·年、200元/人·年、300元/人·年、400元/人·年、500元/人·年、600元/人·年、800元/人·年、1000元/人·年、1500元/人·年、2000元/人·年；对于选择100元缴费档次的，政府给予每人每年30元补贴，补贴支出由省财政与海口市、三亚市、洋浦开发区财政按4:6的比例分担，省财政与其他市县财政按6:4的比例分担；对于选择200元及以上缴费档次的，政府除按前款规定给予每人每年30元补贴外，每增加一个缴费档次另给予不少于5元的补贴
待遇给付	对符合养老保险待遇领取条件的城镇居民全额支付基础养老金，标准为每人每月130元，个人账户养老金的月计发标准为个人账户全部储存额除以139

为了不断完善城镇居民社会养老保险体系，让参保人员“应保尽保”，2011年9月1日海南省人民政府办公厅颁布的《海南省人民政府办公厅关于解决未参保超龄人员参加基本养老保险有关问题的通知》（琼府办〔2011〕148号），要求对城镇未就业居民的养老问题和曾经有过工作经历的城镇居民的养老问题进行统筹解决。为全面贯彻落实好文件精神，2011年9月26日海南省人力资源和社会保障厅下发了《海南省人力资源和社会保障厅关于解决未参保超龄人员参加基本养老保险有关问题的补充通知》（琼人社发〔2011〕247号），将妥善解决部分超龄人员基本养老保险待遇、养老经办过程中出现的系列问题。

据《海南统计年鉴2014》统计，截至2013年年底，海南省城镇居民社会养老保险参保人数为27.18万人。

三、海南省城乡居民基本养老保险制度

海南省新型农村社会养老保险、城镇居民社会养老保险是两个设计原则相同、目的相同、政府补贴相同、经办管理服务相同的保障制度，唯一不同的在于个人缴费档次和基础养老金标准。为了实现城乡居民社会养老保险一体化，避免制度造成更大的不公平，2014年6月17日海南省人民政府颁布了《海南省人民政府关于印发海南省城乡居民基本养老保险暂行办法的通知》（琼府〔2014〕33号），文件的出台终结了海南省城乡居民基本养老保险制度分设的历史，同时也标志着海南省建立起了统一的城乡居民社会养老保险制度。整合后的城乡居民基本养老保险制度，将逐步实现政策标准的统一。基本内容如表1-13所示。

表 1－13　《海南省城乡居民基本养老保险暂行办法》基本内容

覆盖对象	凡具有本省行政区域内户口（包括农业户口和非农业户口），年满 16 周岁（不含在校学生）、非国家机关和事业单位工作人员，当期未参加城镇从业人员基本养老保险等现有社会养老保险制度，未领取城镇从业人员基本养老金及其他社会养老金的城乡居民，可以在户口所在地自愿参加城乡居民养老保险
缴费标准	个人缴费：100 元/人·年、200 元/人·年、300 元/人·年、400 元/人·年、500 元/人·年、600 元/人·年、700 元/人·年、800 元/人·年、900 元/人·年、1000 元/人·年、1500 元/人·年、2000 元/人·年、3000 元/人·年
缴费补贴	对于选择 100 元缴费档次的，政府给予每人每年 30 元的基础补贴；对选择 200 元及以上缴费档次的，政府除给予每人每年 30 元的基础补贴外，按每增加一个缴费档次另给予不少于 10 元的补贴
待遇标准	城乡居民养老保险待遇由基础养老金和个人账户养老金组成，支付终身；符合按月领取城乡居民养老保险待遇条件的参保人员，其累计缴费年限在满 15 年的基础上每增加一年，基础养老金每月增加 4 元

为了满足不同群体对养老保险的需求，考虑到特殊群体对海南经济社会发展作出的重大贡献，2014 年海南省第五届人民代表大会第二次会议期间，人大代表白志勤建议完善乡村医生养老政策，解决退休村医的养老问题。此建议引起了海南省委、省政府的高度重视。为深入贯彻和落实《国务院办公厅关于巩固完善基本药物制度和基层运行新机制的意见》（国办发〔2013〕14 号）的要求，妥善解决老年乡村医生（含赤脚医生）的养老待遇和生活保障问题，2014 年 8 月 29 日海南省人民政府办公厅出台了《海南省人民政府办公厅关于解决老年乡村医生生活保障问题的实施意见》（琼府办〔2014〕125 号），文件将符合条件的老年乡村医生纳入城乡居民养老保险制度，按每人每月 300 元的标准发放生活补助等（见表1－14）。

表1-14 《海南省人民政府办公厅关于解决老年乡村医生生活保障问题的实施意见》基本内容

基本原则	坚持“尊重历史，保障民生，明确责任，确保落实”的基本原则，妥善解决老年乡村医生的生活保障问题，维护社会稳定
保障对象	具有海南省户籍；持有有效的乡村医生执业证明文件（取得由当地卫生行政部门当年颁发的《村医执业证书》或2005年全国统一颁发的《乡村医生执业证书》），或能提供当年被村委会、卫生院选用的有关证明材料；在海南的村卫生室受聘执业年限累计10年以上且现已离岗；从未领取城镇从业人员基本养老保险待遇
纳入城乡居民养老保险制度	对未参加城镇从业人员基本养老保险且健在的乡村医生按1500元（100元/年×15年）的标准补助其参加城乡居民养老保险。其中，乡村医生已参加海南省城乡居民养老保险的，城乡居保经办机构直接将补助资金划入其个人账户
发放补助	生活补助：按照每人每月补助300元的标准发放生活补助； 一次性补助：对符合条件的乡村医生，可发放一次性补助6000元
资金来源	由市县财政负担，省财政给予适当补助，省与市县财政按3：7的比例分担

为了规范城乡居民基本养老保险操作流程，提供“统一流程、统一信息系统、规范操作、便民高效”的经办服务，2014年12月10日海南省人力资源和社会保障厅发布《海南省人力资源和社会保障厅关于印发〈海南省城乡居民基本养老保险经办规程（试行）〉的通知》（琼人社发〔2014〕305号）对经办服务作出了详细的规定。此外，为加强养老保险制度的衔接，文件还对城乡居民基本养老保险的转移接续的经办流程进行了规定。

经济社会快速发展，城乡居民对养老待遇的要求也越来越高，为了满足城乡居民对基本养老保险的需求，2017年9月11日海南省人力资源和社会保障厅、海南省财政厅发布《海南省人力资源和社会保障厅 海南省财政厅关于调整城乡居民基本养老保险缴费档次的通知》（琼人社发〔2017〕225号），再次提高个人缴费档次和政府补贴标准。文件规定从2018年1月起，城乡居民基本养老保险最低缴费档次由100元/人·年提高到200元/人·年；城乡居民基本养老保险最高缴费档次提高到5000元/人·年。对选择200元缴费档次的，政府给予每人每年40元的基础补贴；对选择300元及以上缴费档次的，政府除给予40元的基础补贴外，每增加一个缴费档次另给予不少于10元的补贴。

据《2016年海南省社会保险情况》显示，截至2016年年底全省参加城乡居民基本养老保险人数为283.99万人，其中，缴费人数为185.84万人，待遇领取人数75.68万人；月人均养老金达152.28元，其中，月人均基础养老金达146.11元。

海南省城乡居民基本养老保险制度经过20多年的发展（主要政策文件见表1-15），从分而设之走向融合，既体现了制度的公平性，也体现了城乡居民基本养老保险制度发展的规律。

表1-15　海南省城乡居民基本养老保险制度主要政策文件

发文年份	文件名
1991	《琼山县农村社会养老保险基本方案》
1995	《海南省农村社会养老保险规定》
2010	《海南省新型农村社会养老保险暂行办法》
2011	《海南省城镇居民社会养老保险暂行办法》
2014	《海南省城乡居民基本养老保险暂行办法》

四、海南省城乡居民社会养老保险情况分析

1. 参保情况分析

城乡居民基本养老保险制度的发展分为两个阶段：一是城乡居民社会养老保险分而设之阶段，即1991—2013年的农村社会养老保险、2011—2013年的城镇居民社会养老保险。截至2013年年底，农村社会养老保险的参保人数为244.92万人，相对于制度建立之初的1992年参保人数7万人，增长了约34倍；城镇居民社会养老保险的参保人数为27.18万人，相对于制度建立之初的2011年参保人数24.89万人，增长了9.2%。二是统一的城乡居民基本养老保险实施阶段，即从2014年起，覆盖城乡居民的基本养老保险开始实施。截至2016年年底，城乡居民基本养老保险的参保人数为283.99万人，相对于制度建立之初的2014年参保人数277.01万人，增长了2.5%（见表1-16）。总体来看，海南省城乡居民基本养老保险自建立以来，参保情况良好，制度运行较为平稳。

表1-16　1992—2018年海南省城乡居民社会养老保险参保情况　单位：万人

年份	农村居民	城镇居民	城乡居民
1992	7	N	N
1993	9.6	N	N
1997	28.33	N	N
1998	30.33	N	N
2010	181.08	N	N
2011	191	24.89	N
2012	242.31	27.20	N
2013	244.92	27.18	N
2014	—	—	277.01
2015	—	—	281.07
2016	—	—	283.99

注："N"代表没有启动该项制度；"—"代表没有此项数据；数据来自历年《海南年鉴》《海南统计年鉴》和《2016年海南省社会保险情况》。

2. 筹资情况分析

海南省的城乡居民基本养老保险基金筹集随制度发展的变化而变化。每个时期的变化均呈现不同的特点。

（1）农村居民基本养老保险筹资情况。

农村居民基本养老保险筹资可划分为两个明显的阶段，即老农保（2010年以前参加的农村社会养老保险）和新农保（2010年及以后参加的新型农村社会养老保险）阶段。两个阶段的筹资情况如下。

1995年的农村社会养老保险实行基金统筹，以个人缴纳为主、集体补助为辅，国家给予政策扶持。具体标准参照国家标准，参保人自由选择2元/人·月、4元/人·月、6元/人·月、8元/人·月、10元/人·月、12元/人·月、14元/人·月、16元/人·月、18元/人·月、20元/人·月10个档次。

2010年，海南省试点新农保时，基金主要由个人缴费、集体补助、政府补贴构成。个人缴费设为100元/人·年、200元/人·年、300元/人·年、400元/人·年、500元/人·年、800元/人·年、1000元/人·年7个档次。集体补助方面，文件规定有条件的集体组织应当对参加新农保的人员进行补助，补助标准由村民委员会召开村民会议民主确定。鼓励其他经济组织、社会公益组织、个人为参保人员缴费提供资助，补助和资助的最高限额为当年最高缴费标准的3倍。政府补贴方面，对于选择100元缴费档次的，政府给予每人每年30元补贴；对于选择200元及以上缴费档次的，政府除按规定给予每人每年30元补贴外，每增加一个缴费档次另给予不少于5元的补贴。

海南省新旧农保在筹资上的本质区别在于政府是否给予补贴。老农保时期，只是谈到国家给予政策扶持，而没有实质性的资金补贴；新农保时期，政府给予不同标准的资金补贴。

（2）城镇居民基本养老保险筹资情况。

海南省较早地开始对城镇居民养老保险立法。2011年城镇居民基本养老保险实施前，海南省城镇居民可以参照城镇从业人员参加基本养老保险，筹资标准高，实施效果并不理想。2011年开始试点城镇居民社会养老保险，实行分档缴费，满足了不同收入群体的参保需求。

2000年，海南省人民政府印发的《海南省城镇个人参加养老保险办法》指出，符合本《办法》第一条第一、第四项规定的人员可以按城镇从业人员缴费标准缴纳，也可按本人工资收入的一定比例（18%或11%）缴纳。有雇主的，雇员（个人）有权要求雇主补偿。

2011年，海南省试点城镇居民社会养老保险，基金主要由个人缴费和政府补贴构成。个人缴费标准及政府补贴如表1－12所示。

（3）城乡居民基本养老保险筹资情况。

2014年，新农保与城镇居民养老保险合并，形成新的城乡居民基本养老保险制度，基金由个人缴费、集体补助、政府补贴构成。集体补助方面，有条件的村集体经济组织应当对参保人缴费给予补助，补助标准由村民委员会召开村民会议民主确定，鼓励有条件的社区将集体补助纳入社区公益事业资金筹资范围；鼓励其他社会经济组织、公益慈善组织、个人为参保人缴费提供资助。个人缴费标准及政府补贴如表1－13所示。

2017年9月11日海南省人力资源和社会保障厅、海南省财政厅联合下发的《关于调整城乡居民基本养老保险缴费档次的通知》对筹资情况重新进行了调整，文件要求：从2018年1月起，城乡居民基本养老保险缴费档次确定为200元/人·年、300元/人·年、400元/人·年、500元/人·年、600元/人·年、700元/人·年、800元/人·年、900元/人·年、1000元/人·年、1500元/人·年、2000元/人·年、3000元/人·年、5000元/人·年13个档次。对选择200

元缴费档次的，政府给予每人每年 40 元的基础补贴；对选择 300 元及以上缴费档次的，政府除给予每人每年 40 元的基础补贴外，每增加一个缴费档次另给予不少于 10 元的补贴。

从缴费标准来看，城乡居民基本养老保险制度无论是从制度构建，还是从待遇选择上均较合并之前的制度有了很大改善；从筹资总额来看，政府加大了对城乡居民基本养老保险的投入，增加了筹资的总额。从保障城乡居民养老水平方面来说，保障水平更高，更能适应城乡居民多层次的养老保障需求。

3. 待遇享受情况分析

城乡居民社会养老保险待遇由制度规定，因而不同时期的参保人员的养老待遇存在着较大的差异。1995 年启动的老农保，养老金发放的标准按照个人投保档次、基金积累和分摊年限、给付利率确定。具体领取标准根据《农村社会养老保险养老金计发办法（试行）》中的公式进行计算：月领取标准 = 0.008631526 × 积累总额，而积累总额又根据个人缴费标准和利率水平而定。

2009 年以后的新农保、城居保、城乡居民基本养老保险的养老金均由基础养老金和个人账户养老金两部分组成，终身支付。2009 年启动的新农保规定：基础养老金月领取标准为每人每月 55 元，个人账户养老金月领取标准为个人账户储存额除以 139；2011 年启动的城居保，基础养老金月领取标准为每人每月 130 元，个人账户养老金月领取标准为个人账户储存额除以 139。2014 年统一城乡居民基本养老保险后，城镇居民基础养老金月领取标准为每人每月 130 元，2014 年上半年农村居民基础养老金月领取标准为每人每月 100 元，2014 年下半年为每人每月 120 元，到 2015 年拉平城乡居民基础养老金，月领取标准均为每人每月 140 元。2016 年月人均基础养老金达 145 元（见表 1－17），按照海南省人力资源和社会保障厅、海南省财政厅联合下发的通知，从 2018 年 1 月 1 日起，将全省城乡居民社会养老保险基础养老金月领取最低标准由每人每月 145 元提高至每人每月 160 元。融合后的城乡居民基础养老金总体呈上涨趋势，且农村与城镇待遇水平统一，体现了城乡统筹的特色，缩小了城乡差异，促进了社会公平。

表 1－17　2010—2018 年海南省城乡居民社会养老保险基础养老金月领取最低标准　单位：元

年份	农村居民	城镇居民	城乡居民
2010	55	N	N
2011	70	130	N
2012	85	130	N
2013	100	130	N
2014	100～120	130	N
2015	—	—	140
2016	—	—	145
2017	—	—	145
2018	—	—	160

注："N" 代表没有启动该项制度；"—" 代表没有此项数据；数据根据历年政策文件整理。2015—2017 年三亚市城乡居民基础养老金为 230 元，2018 年起调整为 245 元，2018 年陵水县调整为 215 元。

4. 基金运行情况分析

2016 年，海南省城乡居民基本养老保险基金总收入 29.05 亿元，比 2015 年增加了 7.29 亿元，增长了 33.50%；城乡居民基本养老保险总支出 13.03 亿元，比 2015 年减少了 0.22 亿元；城乡居民基本养老保险累计结余 50.96 亿元（见表 1－18）。

表 1－18　2014—2016 年海南省城乡居民基本养老保险基金收支情况

年份	基金总收入（亿元）	增长率（%）	基金总支出（亿元）	增长率（%）	累计结余（亿元）
2014	14.36	20.00	9.24	21.40	20.35
2015	21.76	51.53	13.25	43.40	34.94
2016	29.05	33.50	13.03	－1.67	50.96

注：数据根据 2015—2016 年《海南统计年鉴》整理。

第三节　制度评析与展望

习近平总书记多次强调社会保障的民生保障作用，并指出我国要构建更加安全、可靠的社会保障制度。习近平总书记在庆祝海南建省办经济特区30周年大会上明确指出：海南要始终把人民利益摆在至高无上的地位，加快推进民生领域体制机制改革，尽力而为、量力而行，着力提高保障和改善民生水平。社会养老保险制度是民生保障的重要载体，是人民日益增长的美好生活需要的重要内容，是改革发展成果更多、更公平惠及人民的直接体现。

一、主要成就

30年来，海南省社会养老保险发展取得了重大的成就，主要表现在以下方面。

征缴扩面成绩斐然。1988年海南省参加职工养老保险统筹的各类人员约16.6万人，2016年年底为224.93万人，在近30年间城镇职工参保人数增加了约13倍，覆盖人群也从全民所有制、集体所有制、“三资”和内联企业等逐步扩大到全体企事业单位、机关团体和其他组织等，基本实现制度全覆盖。农村社会养老保险从1991年年底试点到1992年年底约有14市（县）7万人参保，而在2016年，城乡居民基本养老保险参保人数为283.99万人，且参保率在95%以上。

养老待遇水平逐年提高。养老待遇水平的提高，是人们共享经济社会发展成果的重要体现。海南省职工养老保险月人均养老金从1988年的98元（海口市）增长到2016年的2168元（全省），增长了近22倍；农村社会养老保险从1994年月人均养老金38元到2016年全省城乡居民月人均养老金152.28元，增长了3倍多，领取养老金的城乡居民幸福感明显增强。

统筹基金稳定运行。1988年全省参保单位共拖欠保险基金130万元，且在1989年出现统筹基金的收（增长12.7%）支（增长17.9%）不平衡现象。通过不断努力，2016年全省城镇职工基本养老保险收入198.01亿元，支出177.85亿元，收入大于支出。如按2016年月支付标准测算，2016年年末累计结存173.19亿元的基金可以支付约11.7个月，基金支付压力较小。全省城乡居民基本养老保险基金收入29.05亿元，基金支出13.03亿元，年末基金累计结存50.96亿元，基金也处于安全状态。

经办水平不断提升。2016 年，全省已拥有 36 个经办机构共 940 名工作人员，人均服务 12436 人次，81%的企业退休人员得到了社会化管理服务，数字人社、智慧人社、“互联网 + 养老保险经办业务”等得到快速发展，从市县到乡镇的养老保险经办服务网络基本形成，养老保险转移接续更加顺畅，基本实现全省范围内养老经办服务“零”投诉。

二、制度展望

虽然 30 年来海南省社会养老保险制度取得了辉煌的成就，但是仍然存在着诸多不足，制度仍需要完善，具体如下。

开展职工基本养老保险统收统支。调剂金制度是海南省职工基本养老保险省级统筹的基本方案，通过多年的运行业已完成使命，且不再适应当前职工养老保险制度的发展方向。因此，海南省应尽快研究出台职工基本养老保险全省统收统支方案，做好制度顶层设计，进一步增强基金抗风险能力，确保养老金按时足额发放，保障制度平稳运行和可持续发展。

完善养老保险基金保值增值方案。2016 年全省养老保险基金累计资产 194.76 亿元，仅有 45 万元投资债券。在当前银行存款收益低的情况下，海南省应创新基金投资运营方式，在确保基金安全的前提下，选聘有资质的投资管理人或委托全国社保基金理事会投资，确保养老保险基金实现较高的收益水平。

加快多层次养老保障体系建设。在完善海南省基本养老保险体系的前提下，不断加强企业年金、职业年金等养老保险第二支柱建设，通过递延型商业保险计划加快养老保险第三支柱建设；同时还要支持和发展其他形式的养老保障制度，不断提高城乡居民养老保障水平和幸福感。

加快实施全民参保计划。利用全面实施全民参保计划的契机，对全省各类人群参加养老保险情况进行记录、核查、规范管理，不断完善养老保险数据库，继续开展征缴扩面工作，重点瞄准未参保人员，实施精准扩面，做到“应保尽保”，不断提升经办服务的精准化、智能化、科学化水平。

推进社会保障卡“一卡通”建设。加快推进建立以社会保障卡为载体的“一卡通”服务管理模式，将各类民生服务功能融入社会保障卡中，实现社会保障卡在个人身份认证、惠民待遇金发放、健康服务、公共事业缴费、公共服务、金融支付等方面的功能，优化资源、方便参保人办理各类社会公共服务业务，减轻群众负担。

在海南省建设国际旅游岛、探索建设中国特色自由贸易区（港）的背景下，海南省一定能把握新时代社会养老保险发展的历史新机遇，锐意改革，充分发挥海南省的政策环境优势、立法优势和制度优势，推动海南省成为新时代全面深化社会养老保险领域改革开放的新标杆。

第二章　海南省基本医疗保险制度

基本医疗保险制度作为社会保障制度的重要组成部分，在满足人们基本卫生保健需求和提高人们健康水平方面发挥着重要作用。从医疗保险制度的发展史来看，英国于 1601 年颁布的《济贫法》被视为医疗保险制度的雏形，而随着经济社会的发展，1883 年德国率先实行了具有现代医疗保险性质的《企业工人疾病保险法》，英国则在 1948 年成为世界上首个全民免费医疗的国家，美国在 1965 年终于将《医疗保障法案》写入《社会保障法案》中。在我国，西周时期就实施过"宽疾"，唐朝有"诸鳏寡，孤独，贫穷，老疾，不能自存者，令近亲收养，若无近亲，付乡里安恤"之规定；中华人民共和国成立后，在 1951 年开始实施《中华人民共和国劳动保险条例》，将全民所有制企业正式职工及其供养的直系亲属纳入"劳保医疗"中来，尔后又实施了针对不同群体的医疗保险制度。

海南建省办经济特区后，非常重视医疗保险制度的建设。从 1991 年颁布第一部职工医疗保险法规以来，到 2017 年年底，基本形成了较为系统和完整的基本医疗保险体系。海南省基本医疗保险制度按参保人群大体可分为城镇从业人员基本医疗保险制度、新型农村合作医疗保险制度、城镇居民基本医疗保险制度。随着海南省医保制度的不断发展与完善，海南省在医保制度改革方面也进行了有益的尝试，如省级统筹、城乡居民基本医疗保险一体化等制度的创新。

《2017 年海南省国民经济和社会发展统计公报》显示：2017 年年底全省参加城镇职工基本医疗保险的人数 209. 53 万人（其中，在职人员 149. 15 万人，退休人员 60. 38 万人）、城乡居民医疗保险参保人数 209. 89 万人、参加新型农村合作医疗的农民 468. 67 万人。

第一节　海南省城镇从业人员基本医疗保险制度

一、海南省城镇从业人员基本医疗保险制度的发展

海南建省办经济特区以来，在国家和海南省委、省政府的领导下，成为国家首批试点社会保障制度综合改革地区之一，正是因为抢全国之先，海南省城镇从业人员基本医疗保险制度创造了职工医保改革之初的“海南模式”。经过近 30 年的发展，海南省职工医保制度历经数次修订，基本形成“统一缴费标准、统一待遇水平、统一经办业务、统一信息管理、基金调剂使用”的省级统筹模式，海南省也是全国最早实现职工医保省级统筹的省市之一。与此同时，海南省职工医保异地就医制度也创造了全国多个第一，均取得了阶段性的成果。

1. 制度试点阶段（1991—1998 年）

1991 年海南省获批成为全国首批社会保障制度综合改革试点地区，为了加快海南省职工医保快速发展，1991 年 11 月 16 日海南省人民政府发布《海南省职工医疗保险暂行规定》（琼府办〔1991〕285 号），本文件颁布实施后成为海南省建省办经济特区以来第一个职工医保的规范性法律文件。在《中华人民共和国劳动保险条例》和国家有关政策的指引下，海南省对职工医保进行了大胆的突破与创新，包括覆盖对象、基金筹资模式、缴费标准等各个方面（见表 2－1）。

表 2－1　《海南省职工医疗保险暂行规定》基本内容

覆盖对象	在本省范围内的全民所有制企业、城镇集体所有制企业、内联企业、外商投资企业和私营企业管理人员、技术人员、固定工、合同工、临时工以及离退休人员
医保管理	医疗费用由国家、企业、个人三方面合理负担，以企业为主，全省统筹，分级管理
缴费标准	企业按职工工资总额缴纳 10%，个人缴纳 1%
基金支付范围	在指定的医疗机构就医，并确因病情需要的各种检验、药品（不含自费药品）、注射、治疗、手术（含计划生育手术）、拔牙、补牙、针灸、推拿、按摩、接生（限于计划内生育）、输血（限于抢救危重病人）、住院等所需的医疗费用；用于抢救危重病人所必要的贵重、滋补药品（含血液制品）的费用

续 表

补偿标准	门诊医疗费：在职干部、工人负担10%；退休人员负担7%；离休干部负担2%。住院医疗费：在职干部、工人负担5%；退休人员负担3%；离休干部负担1%。高新仪器的检查、治疗费（指一次200元以上的检查、治疗费，不分门诊和住院）：在职干部、工人负担15%；退休人员负担10%；离休干部负担3% 因患危重疾病或长期慢性病，每人每年自负医疗费超过上一年全省职工平均工资的8%以上者，其超过部分由职工医疗保险基金支付；甲类传染病、精神病、癌症、计划生育手术后遗症患者，其个人自付医疗费全免，由职工医疗保险基金支付；老红军和二等乙级以上的革命伤残军人，其个人负担部分全免，由职工医疗保险基金支付
优待医疗标准	副厅或相当副厅以上干部，离休干部和老红军、教授、研究员、主任医师、一级艺术师或相当于这一级职称的高级专家，经国家或省政府授予有突出贡献的优秀专家和劳动模范（先进工作者）可享受下列优待医疗：医疗费实行单列并按制度规定报销；门诊或住院的医疗费用，除由个人缴纳应该承担部分外，其余均由医院开列清单，送职工医疗保险管理机构审核后，统一付款；因病情需要疗养者，省干部疗养院和省工人疗养院应优先安排。其疗养费个人只缴应该负担部分，其余的由疗养院开列清单，送医疗保险管理机构审核后，统一付款

从1991年开始职工医保实践，海南省不断吸取改革的经验和教训，对职工医保制度中不适宜的内容重新进行了修订。1995年2月26日，海南省第一届人民代表大会常务委员会第15次会议通过了《海南经济特区城镇从业人员医疗保险条例》，本条例修订内容主要集中在以下三个方面。①修订了参保人群范围。将海南经济特区城镇的企业从业人员；国家机关、事业单位和社会团体的从业人员；部队所属用人单位中无军籍的从业人员；个体经济组织的从业人员；离休、退休人员全部纳入范围中。②重新划拨个人账户金额。个人账户划拨金额按本人缴费工资总额和年龄段计入，40周岁以下的，按4%计入；41周岁至50周岁的，按5%计入；51周岁以上的，按6%计入；退休人员的个人账户按本人养老金总额的8%计入。③其他规定。取消了医疗优待规定，新增了退休人员享受基本医疗保险待遇的缴费条件并进一步明确了共济账户不予支付的范围。此文件的颁布实施也开创了海南医疗保险改革的“板块模式”，即个人账户管普通疾病治疗的小额医疗费及严重疾病治疗时的小额小比例医疗费，共济账户管严重疾病治疗的

大额大比例医疗费。两个账户各自有明确的支付范围，互不挤占[①]。

为了保证“22 号公告”的落地实施，加快推进海南省城镇从业人员医疗保险发展，1995 年 6 月 15 日，海南省人民政府第 77 次常务会议通过了《海南经济特区城镇从业人员医疗保险条例实施细则》（海南省人民政府令第 67 号），细则主要针对“22 号公告”中一些具体的问题进行规定和说明。主要内容包括以下方面。①进一步明确参保对象。海南经济特区范围内的所有城镇从业人员，不论户籍在何地，均应当按规定参加医疗保险；省外驻琼机构的从业人员应当按规定参加医疗保险。②细化离休人员（不含老红军）的医疗费补偿标准。门诊医疗费自付 2%，住院医疗费自付 1%，特殊检查、治疗费和贵重药品费单项自付 3%，其余医疗费由共济医疗账户支付。③明确异地安置的退休人员医疗保障待遇。个人医疗账户的资金拨给本人管理，应当由共济医疗账户支付的医疗费，以原退休地区上年度退休人员人均住院医疗费为标准，实行定额管理；本人当年定额医疗费结余的 50% 奖励给个人，超支部分报销 50% 。

1999 年 6 月 7 日，海南省人事劳动保障厅发布《关于在全省各市县全面实施医疗保险制度改革的指导性意见》的通知，旨在按照国发〔1998〕44 号文件加快推动海南省医疗保险制度改革，该文件特别强调：海南省医疗保险条例和细则没有修改或省政府没有出台新的政策之前，已经实行医疗保险制度改革的省直级、海口市、洋浦经济开发区等地应继续按现有的条例和细则执行；没有实行医疗保险制度改革的市县，在建立新的医疗保险制度时，可以主要参照国务院医改精神，因地制宜进行改革。

2. 制度确立期（2001—2007 年）

根据国发〔1998〕44 号文件的精神和海南省城镇从业人员医保建设实际，2001 年 5 月 31 日，海南省第二届人民代表大会常务委员会第 20 次会议通过《海南省城镇从业人员基本医疗保险条例》。该文件较之前的法规最大的特点在于：一是降低了费率（用人单位缴 6%，从业人员缴 2%）；二是调整封顶线（年最高支付限额为统筹地区从业人员上年度年平均工资的 4 倍左右）；三是设定了新参保人待遇享受等待期。本次修改解决了海南省 1995 年颁布的《海南经济特区城镇从业人员医疗保险条例》存在缴费费率高（用人单位缴 10%，从业人员缴 1%）、统筹基金支付上不封顶及退休人员享受待遇与在职单位正常缴费挂钩等问题。

---

① 卜云彤．海南医改“板块模式”见效［J］．瞭望，1998（30）：30 - 31.

3. 制度完善时期（2008 年至今）

2008 年 11 月 28 日，海南省第四届人民代表大会常务委员会第 6 次会议通过《海南省人民代表大会常务委员会关于修改〈海南省城镇从业人员基本医疗保险条例〉的决定》，对文件进行第一次修正，此次修正进一步明确了城镇从业人员基本医疗保险的管理目标，即“基本医疗保险原则上以市、县、自治县为统筹单位，实行属地管理，逐步实行省级统筹”；重点解决困难企业退休人员医疗保险问题和退休人员享受医疗保险待遇与原单位缴费挂钩问题，重新调整了新参保人待遇享受等待期。

2009 年 8 月 17 日，海南省人民政府第 37 次常务会议通过了《海南省城镇从业人员基本医疗保险条例实施细则》（海南省人民政府令第 224 号），修订的内容主要有以下三点，①在省本级参保的用人单位，单位缴纳医疗保险费的费率为本单位从业人员月工资总额的 7%，在修订之前仍按本单位从业人员月工资总额的 6% 缴纳。②从业人员的起付标准为 800 元，退休人员为 600 元，统筹基金年累计最高支付限额为 23 万元；从业人员在起付标准以上、最高支付限额以下医疗费的分担比例为：在一级或二级医疗机构就医的，统筹基金支付比例和个人自付比例分别是 88% 和 12%；在三级医疗机构就医的，统筹基金支付比例和个人自付比例分别是 85% 和 15%。退休人员医疗费由统筹基金支付 90%，个人自付 10%。③在参保所在地外居住 6 个月以上的退休人员和公派 3 个月以上的从业人员，经参保所在地的社会保险经办机构办理报批手续后，其异地就医发生的医疗费用方可按条例规定支付。

2011 年 9 月 28 日，海南省第四届人民代表大会常务委员会第 25 次会议通过了《海南省人民代表大会常务委员会关于修改〈海南省城镇从业人员基本医疗保险条例实施细则〉的决定》，本次修改结合 2010 年 7 月 1 日实施的《中华人民共和国社会保险法》和海南省职工医保实际，进一步明确了从业人员医保的管理目标，即实行全省统筹，进一步提高了全省城镇从业人员基本医疗保障水平，修改的主要内容有以下四方面。①参保对象：企业及其从业人员；机关、事业单位、社会团体、民办非企业单位、基金会、律师事务所、会计师事务所等组织及其从业人员；部队所属用人单位中无军籍的从业人员；有雇工的个体工商户及其从业人员；无雇工的个体工商户、未在用人单位参加基本医疗保险的非全日制从业人员以及其他灵活就业人员，也可以参加基本医疗保险，基本医疗保险费由个人缴纳。②基本医疗保险基金按照“以收定支、收支基本平衡”的基本原则，实行全省统筹。③参加基本医疗保险的用人单位按照本单位从业人员月工资总额的 6% ~8% 缴纳基本医疗保险费，具体费率由省人民政府决定；其从业人员按照本人月工资总额的 2% 缴纳基本医疗保险费。④参保人住院治疗或者在门诊接受特殊疾病治疗，实行起付标准和年最高支付限额规定，在起付标准以上年最高支付限额以下的医疗费用，由统筹基金支付 80% 以上，个人负担一定比例。年起付标准为全省上年度在岗从业人员年平均工资的 2% ~5%；年最高支付限额为全省上年度在岗从业人员年平均工资的 6 ~10 倍。

2012 年 1 月 10 日，《海南省人民政府关于修改〈海南省城镇从业人员基本医疗保险条例实施细则〉的决定》(海南省人民政府令第 235 号)，主要修订内容包括以下六点，①无雇工的个体工商户、未在用人单位参加基本医疗保险的非全日制从业人员以及其他灵活就业人员参加基本医疗保险，以个人身份办理参保手续。②从业人员不得重复享受基本医疗保险、城镇居民基本医疗保险和新型农村合作医疗待遇。③在本省参保的用人单位，单位缴纳基本医疗保险费的费率从本单位从业人员月工资总额的 7% 提高到了 8%，其从业人员缴纳基本医疗保险费费率为本人月工资总额的 2%。在本省参加基本医疗保险的灵活就业人员，按照全省上年度在岗从业人员月平均工资的 6% 缴纳基本医疗保险费。从业人员月工资总额超过全省上年度在岗从业人员月平均工资 300% 以上的部分，用人单位及其从业人员均不再缴纳基本医疗保险费。④将“用人单位及其从业人员跨年度补缴，费率按办理补缴手续上年度所在统筹地区用人单位及其从业人员参加基本医疗保险的费率确定，缴费基数不得低于办理补缴手续的上年度所在统筹地区在岗职工的月平均工资”中的“所在统筹地区在岗职工的月平均工资”修改为“全省在岗从业人员的月平均工资”。⑤统筹基金年累计最高支付限额从 23 万元增加到了 26 万元。⑥从业人员在起付标准以上、最高支付限额以下医疗费的分担比例增加一项，即在一级医疗机构就医的，统筹基金支付比例和个人负担比例分别是 90% 和 10%，二级和三级医疗机构的负担比例不变。

为解决超龄人员参加城镇从业人员基本医保问题，2012 年 1 月 11 日海南省人力资源和社会保障厅发布了《海南省人力资源和社会保障厅关于解决超龄人员参加城镇从业人员基本医疗保险有关问题的通知》(琼人社发〔2012〕7 号)，该通知规定：超龄人员参加基本医疗保险后，其视同缴费年限的计算按照《海南省城镇从业人员基本医疗保险条例》及其实施细则有关规定执行；超龄人员基本医疗保险补偿费的缴费标准，按照缴费当年本统筹地区灵活就业人员的缴费标准确定，从补缴的次月起享受相应的基本医疗保险待遇。2012 年 1 月 29 日，海南省人力资源和社会保障厅下发《关于印发〈海南省城镇从业人员基本医疗保险医用材料费用支付管理暂行办法〉的通知》（琼人社发〔2012〕15 号）要求：参保人在定点医疗机构住院，其使用的单个医用材料价格在 30000 元以下（含 30000 元）的，按比例先行自付后，基本医疗保险统筹基金方可按规定支付剩余费用；其单价超过 30000 元的，超出部分基本医疗保险统筹基金不予支付。

2013 年 3 月 19 日，海南省人力资源和社会保障厅下发了《关于开展城镇从业人员重大疾病医疗保险工作的通知》（琼人社发〔2013〕58 号），文件主要针对急性白血病（骨髓移植）和肝、肾移植几种重大疾病的医疗保险费用问题做出规定。①因重大疾病发生的医疗费，在移植手术费结算当年，超出基本医疗保险统筹基金最高支付限额剩余的部分，由统筹基金按照住院统筹基金支付标准给予支付，最高可支付 24 万元。②在本省就诊的重大疾病患者的医疗费用，个人负担部分由个人直接支付给医院；在外省就诊的重大疾病患者的医疗费用，应由基本医疗保险统筹基金支付部分，先由个人垫付，再凭有关票据、证明材料，向参保所在地社会保险经办机构申报结算。

2015 年 1 月 7 日，海南省人力资源和社会保障厅发布了《关于印发海南省城镇从业人员基本医疗保险门诊特殊疾病管理办法的通知》（琼人社发〔2015〕3 号），该文件规定了以下几点，①参保人所患疾病在本办法规定的门诊特殊疾病病种范围内，均可申请办理门诊特殊疾病，享受规定的门诊特殊疾病待遇。②门诊特殊病种医疗保险支付费用实行定额管理，统筹基金和个人支付比例按基本医疗保险有关规定执行。③享受门诊特殊疾病待遇的参保人使用特殊诊疗项目和乙类药品不需要先行自付 10%，参保人享受两种门诊特殊疾病待遇的，在其中较高的一种疾病定额标准基础上增加 200 元。④参保人享受门诊特殊疾病待遇中含有精神病、结核病的不设起付线；只享受泌尿系统震波碎石治疗的不设起付线。

经过 30 年的发展，海南省城镇从业人员基本医疗保险制度得到了极大的完善，所颁布的一系列文件（见表 2－2）和相关配套政策对保障参保人的健康发挥着积极的作用。

表2-2　　海南省城镇从业人员基本医疗保险主要政策文件

发文年份	文件名称
1991	《海南省职工医疗保险暂行规定》
1995	《海南经济特区城镇从业人员医疗保险条例》
1995	《海南经济特区城镇从业人员医疗保险条例实施细则》
2001	《海南省城镇从业人员基本医疗保险条例》
2001	《海南省城镇从业人员基本医疗保险条例实施细则》
2008	《海南省城镇从业人员基本医疗保险条例》（第一次修正）
2009	《海南省城镇从业人员基本医疗保险条例实施细则》
2011	《海南省人民代表大会常务委员会关于修改〈海南省城镇从业人员基本医疗保险条例实施细则〉的决定》
2012	《海南省人民政府关于修改〈海南省城镇从业人员基本医疗保险条例实施细则〉的决定》

二、海南省城镇从业人员基本医疗保险情况分析

1. 参保情况分析

随着海南省经济社会的快速发展和医疗保险制度的不断完善，海南省城镇从业人员基本医疗保险参保人数增长迅速。1993年，海南省城镇从业人员基本医疗保险参保人数约为1.4万人；截至2016年年底，参保人数高达约201.04万人，其间医疗保险参保人数增长了140多倍（见表2-3）。

表2-3　　1993—2016年海南省城镇职工基本医疗保险参保人员情况

年份	职工（人）	退休人员（人）	合计（人）	年份	职工（人）	退休人员（人）	合计（人）
1993	14199	NA	14199	1998	121421	NA	121421
1994	13384	NA	13384	1999	134075	34717	168792
1995	89380	NA	89380	2000	288311	51051	339362
1996	103665	NA	103665	2001	323253	85265	408518
1997	121130	NA	121130	2002	410459	115223	525682

续 表

年份	职工（人）	退休人员（人）	合计（人）	年份	职工（人）	退休人员（人）	合计（人）
2003	477042	153682	630724	2010	1236824	432387	1669211
2004	562648	222870	785518	2011	1409930	452559	1862489
2005	627864	244553	872417	2012	1576863	475439	2052302
2006	653196	256409	909605	2013	1693482	506296	2199778
2007	775490	299231	1074721	2014	1379856	536803	1916659
2008	878329	339740	1218069	2015	1406959	556369	1963328
2009	1112711	414758	1527469	2016	1439141	571228	2010369

注："NA"代表数据缺失，数据来自历年《海南统计年鉴》。

从1993—2016年海南省城镇职工基本医疗保险参保人员来看，参保人数在2007—2013年增长速度较快，其中2009年较2008年增长了25.4%；而后在2014年出现下降（见图2－1）。

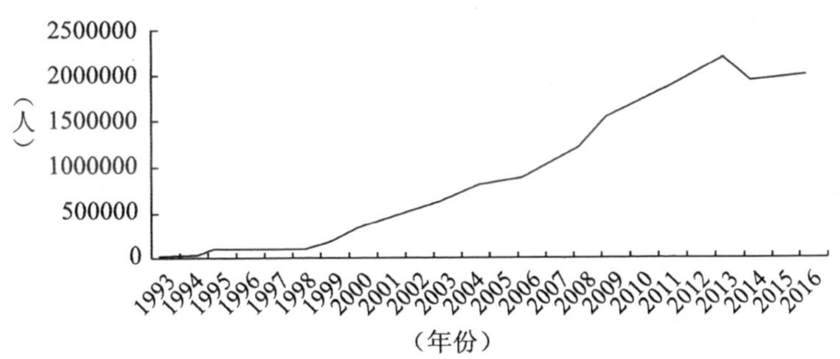

图2－1　1993—2016年海南省城镇职工基本医疗保险参保人员情况

注：数据来自历年《海南统计年鉴》。

2. 负担比分析

负担比反映了城镇从业人员医保的制度供养情况，负担比越高，说明在职职工当期压力越大，政府财政压力也越大。因此，过高的基本医疗保险负担比对制度的长期稳定和可持续发展存在着较大的影响。1999年职工医保的负担比约为3.36: 1，即3.36个在职职工负担1个离退休职工的医保，而到2016年这一数据降低至2.53: 1，即2.53个在职职工负担1个离退休职工的医保（见图2－2）。

在老龄化背景下，应鼓励青壮年劳动力加入职工基本医疗保险，以满足不断增加的老年人对医疗保险基金的需求。

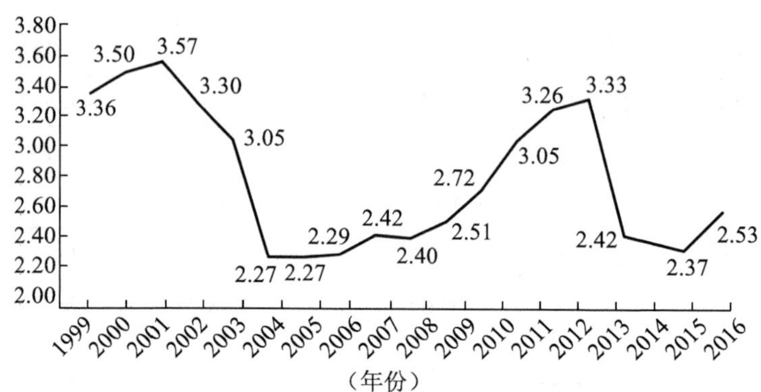

图2－2　1999—2016年海南省城镇职工基本医疗保险负担比

注：数据根据历年《海南统计年鉴》整理。

3. 基金收支情况分析

自海南省城镇从业人员基本医疗保险制度实行以来，基本医疗保险基金的筹资额和支出额一直保持逐年上升的趋势，2016年全省职工基本医疗保险基金收入约57.42亿元，其中统筹基金收入约40.76亿元，个人账户收入约16.65亿元；医疗保险基金支出42.88亿元，其中统筹基金支出28.04亿元，个人账户支出14.83亿元；基金收大于支（见表2－4和图2－3）。年末统筹基金累计结余70.25亿元，个人账户累计结余7.56亿元。

表2－4　　1998—2016年城镇职工基本医疗保险基金收支情况　　单位：万元

年份	收入	支出	累计结余	年份	收入	支出	累计结余
1998	11582	13905	2237	2005	59385	52291	38817
1999	18090	17265	5671	2006	73140	66221	45736
2000	19277	17743	7205	2007	93520	75587	63626
2001	24542	20954	10793	2008	129203	96488	96342
2002	32570	24875	18488	2009	242151	131316	207176
2003	40557	33316	25329	2010	240000	188000	262000
2004	48979	42674	31572	2011	315301	237415	340200

续　表

年份	收入	支出	累计结余	年份	收入	支出	累计结余
2012	351172	293898	397474	2015	488774	398054	632696
2013	396242	335363	458353	2016	574200	428800	778100
2014	435445	351969	541975	—	—	—	—

注：数据来自历年《海南统计年鉴》。

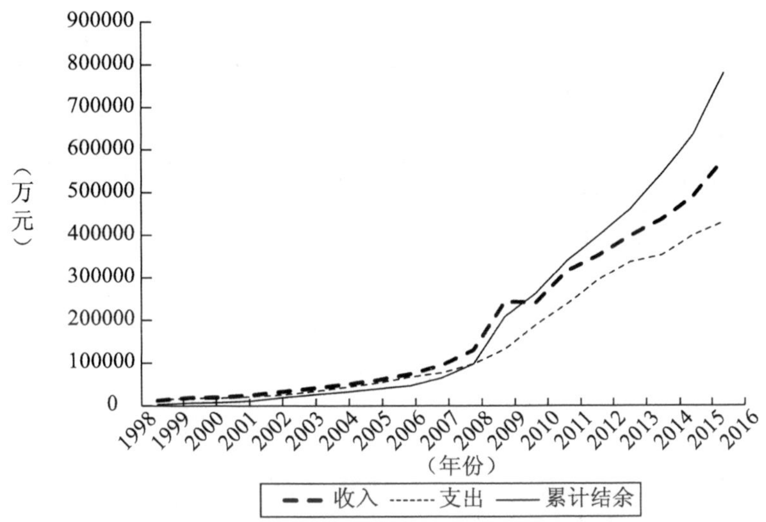

图 2－3　1998—2016 年海南省城镇职工基本医疗保险基金收支情况

注：数据根据历年《海南统计年鉴》整理。

从 1998—2016 年的数据来看，总体上基金收入高于基金支出，2010 年时累计结余量首次超过了基金的收入总量，并随着时间的推移，基金结余持续增加，按 2016 年基金支出标准测算，累计结余总量可支付 19.66 个月，基金运作处于安全状态。

从 2016 年统计数据来看，海南省 19 个市县（区）中城镇从业人员基本医疗保险基金出现负结余的有 9 个，占 47.37%；结余最多的地区为三亚市、海口市、洋浦经济开发区，而出现负结余的市县（区）中缺口较大的地区分别是儋州市、澄迈县和琼海市（见表 2－5）。

表 2－5　2016 年海南省各市县（区）城镇从业人员基本医疗保险收支情况

单位：万元

地区	收入	支出	结余	地区	收入	支出	结余
海口市	87365	68359	19006	儋州市	14675	17412	－2737
三亚市	57491	31937	25554	洋浦经济开发区	6163	2010	4153
五指山市	3993	3192	801	东方市	9804	9162	642
文昌市	11632	10571	1061	乐东县	13700	15362	－1662
琼海市	10589	12620	－2031	琼中县	12972	11312	1660
万宁市	15173	14762	411	保亭县	5263	6705	－1442
定安县	5213	7121	－1908	陵水县	7830	7546	284
屯昌县	4069	5261	－1192	白沙县	6450	6891	－441
澄迈县	12409	14556	－2147	昌江县	6397	5143	1254
临高县	5568	6007	－439	省本级	N	N	N

注：数据来自《海南省社会保险统计年鉴（2016）》，“N”代表统计数据缺失；数据不含三沙市。

4. 缴费率情况

1991 年 11 月 16 日海南省人民政府发布《海南省职工医疗保险暂行规定》（自 1992 年 1 月 1 日起实施），此规定指出：职工医疗保险费率为企业职工工资总额的 11%，其中 10% 由企业负担、1% 由职工个人负担，此费率一直持续到 2001 年 6 月 30 日。自 2001 年 7 月 1 日起，海南省城镇从业人员基本医疗保险的费率表现为一升一降，其中上升的是个人缴费比例，从 1% 升至 2%；下降的是企业缴费比例（见表 2－6）。从总体而言，海南省城镇从业人员基本医疗保险费率水平保持稳定。

表 2－6　海南省城镇从业人员基本医疗保险费率变化情况　单位：%

起止时间	企业缴费比例	个人缴费比例	合计
1992. 01—2001. 06	10	1	11
2001. 07—2009. 06	6	2	8
2009. 07—2011. 12	7	2	9

续 表

起止时间	企业缴费比例	个人缴费比例	合计
2012.01—2017.12	8	2	10

注：数据根据历年政策文件整理。

5. 待遇享受情况

海南省城镇从业人员医保从2012年起实行“省级统筹”，全省基本实现待遇标准统一。海南省城镇从业人员基本医疗保险待遇中有住院和门诊特殊疾病待遇，住院统筹基金支付住院和门诊特殊疾病医疗费用，个人账户基金支付普通门诊医疗费用。

（1）住院及门诊特殊疾病待遇标准。

按照省级统筹的有关规定，在一个年度内首次住院（含门诊特殊疾病治疗）统筹基金起付标准为在职人员800元，退休人员600元，统筹基金年累计最高支付限额统一为26万元。在职参保人员住院治疗的，在起付标准以下的医疗费用由本人自付，在起付标准以上、最高支付限额以下医疗费的分担比例统一为：在一级医疗机构就医的，统筹基金支付比例和个人负担比例分别是90%和10%；在二级医疗机构就医的，统筹基金支付比例和个人负担比例分别是88%和12%；在三级医疗机构就医的，统筹基金支付比例和个人负担比例分别是85%和15%。退休参保人员医疗费统一由统筹基金支付90%，个人负担10%（见表2-7）。

表2-7　海南省城镇职工医保统筹基金支付住院患者待遇标准

性质	起付线	封顶线	补偿比（%）		
			一级	二级	三级
在职	800元	26万元	90	88	85
退休	600元		90	90	90

门诊特殊疾病按照病种定额标准，统筹基金按月支付医疗费用。目前海南省城镇从业人员基本医疗保险门诊特殊疾病病种共24类，统筹基金人均月支付标准为300~7000元不等（见表2-8）。

表 2－8　海南省城镇从业人员基本医疗保险门诊特殊疾病病种定额标准

<table>
<tr><th>序号</th><th colspan="2">病种</th><th>定额标准</th><th>序号</th><th colspan="2">病种</th><th>定额标准</th></tr>
<tr><td>1</td><td colspan="2">各种恶性肿瘤</td><td>按参保人具体治疗情况确定</td><td>13</td><td colspan="2">脑血管意外（脑梗死、脑出血）后遗症</td><td>500 元/月</td></tr>
<tr><td rowspan="3">2</td><td rowspan="3">慢性肾功能衰竭</td><td>药物保守治疗</td><td>1800 元/月</td><td rowspan="3">14</td><td rowspan="3">器官移植术后</td><td>肝移植</td><td>7000 元/月</td></tr>
<tr><td>血液透析</td><td>6500 元/月</td><td>肾移植</td><td>4500 元/月</td></tr>
<tr><td>腹膜透析</td><td>6000 元/月</td><td>骨髓移植</td><td>3000 元/月</td></tr>
<tr><td>3</td><td colspan="2">帕金森氏综合征</td><td>500 元/月</td><td>15</td><td colspan="2">精神病</td><td>400 元/月</td></tr>
<tr><td>4</td><td colspan="2">高血压病</td><td>500 元/月</td><td>16</td><td colspan="2">结核病</td><td>400 元/月</td></tr>
<tr><td>5</td><td colspan="2">糖尿病</td><td>500 元/月</td><td>17</td><td colspan="2">泌尿系统震波碎石治疗</td><td>650 元/次</td></tr>
<tr><td>6</td><td colspan="2">慢性再生障碍性贫血</td><td>800 元/月</td><td>18</td><td colspan="2">肝硬化</td><td>700 元/月</td></tr>
<tr><td rowspan="2">7</td><td rowspan="2" colspan="2">系统性红斑狼疮</td><td rowspan="2">900 元/月</td><td rowspan="2">19</td><td rowspan="2" colspan="2">血管介入治疗术后</td><td>600 元/月</td></tr>
<tr><td>术后第一年 900 元/月</td></tr>
<tr><td rowspan="2">8</td><td rowspan="2" colspan="2">心脏病（风心病、高心病、肺心病、冠心病）</td><td>500 元/月</td><td rowspan="2">20</td><td rowspan="2" colspan="2">心脏瓣膜置换术后</td><td rowspan="2">600 元/月</td></tr>
<tr><td>合并心衰（心功能Ⅲ级以上）700 元/月</td></tr>
<tr><td>9</td><td colspan="2">重症肌无力</td><td>800 元/月</td><td>21</td><td colspan="2">运动神经元病</td><td>2000 元/月</td></tr>
<tr><td>10</td><td colspan="2">强直性脊柱炎</td><td>800 元/月</td><td>22</td><td colspan="2">骨髓增生异常综合征</td><td>800 元/月</td></tr>
<tr><td>11</td><td colspan="2">肾病综合征</td><td>500 元/月</td><td>23</td><td colspan="2">血友病</td><td>5000 元/月</td></tr>
<tr><td>12</td><td colspan="2">硬皮病</td><td>800 元/月</td><td>24</td><td colspan="2">原发性青光眼</td><td>300 元/月</td></tr>
</table>

注：数据来自《海南省城镇从业人员基本医疗保险门诊特殊疾病管理办法》。

（2）享受人次及医疗费用情况。

2015 年全省共有 442816 人次享受门诊特殊疾病待遇，统筹基金总支出 32116 万元，次均享受补偿 725 元；300895 人次享受住院医疗保险待遇，统筹基金总支出 317858 万元，次均享受补偿 10564 元（见表 2－9）。据《2016 年海南省社会保险情况》统计，2016 年全省享受住院报销总人次达 28.57 万，享受门诊特殊疾病待遇人次 53.18 万；住院医疗费用中统筹基金次均支付 8706 元，政策范围内住院医疗费用基金支付比例 80.65%。

表 2－9　2015 年海南省各市县（区）享受门诊特殊疾病待遇及人次情况

地区	门诊特殊疾病		住院		地区	门诊特殊疾病		住院	
	统筹基金支出（万元）	就诊人次	统筹基金支出（万元）	住院人次		统筹基金支出（万元）	就诊人次	统筹基金支出（万元）	住院人次
省本级	9269	127754	65878	44423	定安县	307	4101	6944	6118
海口市	9651	138508	62319	47938	屯昌县	664	7208	6691	6581
三亚市	3085	36483	32643	24534	澄迈县	1306	14856	16183	16940
洋浦经济开发区	86	867	789	763	临高县	559	9428	6237	11836
五指山市	139	594	2144	1935	白沙县	64	653	8259	12006
琼海市	1401	18489	11642	12126	昌江县	291	2125	4561	5437
儋州市	1982	38377	22108	35323	乐东县	50	252	7035	5407
文昌市	1259	13317	11385	10199	陵水县	173	1789	5269	5087
万宁市	418	2569	20620	27288	保亭县	411	5201	8112	6503
东方市	578	10321	9885	6930	琼中县	423	9924	9154	13521
三沙市	N	N	N	N	全省合计	32116	442816	317858	300895

注：数据根据《海南省社会保险统计年鉴（2016）》整理，“N”代表统计数据缺失。

三、海南省异地就医情况分析

2009 年 11 月 8 日，海南省率先与广东、贵州、广西、山西、黑龙江五省（自治区）签署了《医疗保险经办机构异地就医结算合作协议》，标志着异地就医结算方面的合作序幕正式拉开。为了使异地就医结算服务落到实处，2009 年 11 月，海南省社会保险事业局依托医保处成立异地就医结算办公室，专门负责异地就医结算的资料登记、录入、审核、结算以及省本级散单报销等相关具体工作。随后，海南省人社厅、财政厅制定下发《海南省基本医疗保险参保人员异地就医结算服务工作实施办法》（琼人社发〔2010〕377 号），对异地就医的条件、程序、结算方式、监督管理等方面做出明确规定。海南省社会保险事业局制定了

《海南省基本医疗保险异地就医结算操作规程（试行）》（琼社保〔2012〕53 号），对异地就医结算的业务经办流程、信息管理、统计报表等相关工作予以细化和规范。这两个规范性文件的出台为开展异地就医结算工作夯实了制度基础。为了应对快速增长的异地就医结算服务需要，海南省人民政府拨付专项经费，用于跨省就医结算系统平台开发建设。初步解决了各方信息不能共享的问题，实现了与合作的统筹区经办机构之间顺畅地办理异地就医结算业务。

为了提高异地就医结算的安全性与效率，海南省针对不同合作统筹区的实际工作情况，实行三种结算模式：一是即时结算模式，适用于合作双方均建设了异地就医结算系统，按患者参保地医保待遇标准，结算系统自动审核结算，参保人在就医地定点医院即时结账，通过系统之间的无缝对接，实现“数据网上走”；二是延时结算模式，医院将参保人就医信息“打包”上传至海南异地就医结算平台，由参保地经办机构下载信息后进行审核和结算，将结果通过互联网传回平台，医院根据回传结果与参保人直接结账；三是点对点结算模式，由异地定点医院与参保地经办机构直接签订服务协议，通过系统直联方式实行实时结算。

随着人们对异地就医结算服务需求的增加，人力资源和社会保障部开始筹划全国性的异地就医结算服务平台建设。2016 年 12 月底，国家跨省异地就医结算平台正式上线运行，标志着全国性的异地健康保障从试点走向全面实施。海南省于 2017 年 1 月率先接入全国平台，开展异地就医结算。通过 6 年多的实践，截至 2016 年年底，海南省共完成异地就医结算服务 4 万多人次，涉及医疗费用近 2 亿元，极大地方便了全国参保人员来海南工作、生活、休闲。

1. 基本情况分析

2017 年 1—10 月，全国 28 个省、自治区、直辖市（除港澳台地区、上海市、西藏自治区）共有 1023 人次在海南享受到了异地就医结算服务，极大地方便了参保患者异地就医、结算和享受医疗服务。从性别来看，男性 534 人次、女性 489 人次。从患者所属地域分布点来看，重庆市人口所占比例较高，为 26.10%（267/1023）；其次是黑龙江省，为 12.32%（126/1023）；再次是新疆维吾尔自治区，为 11.63%（119/1023），以上三个地区的患者就占到在海南享受异地就医结算服务患者总数的 50.05%（512/1023）。而青海、云南、天津和浙江在海南享受异地就医服务的人次较少，共计 9 人次（见表 2 - 10）。

表 2－10　在海南省就医的外地患者分布情况

地区	人次	百分比（%）	地区	人次	百分比（%）
河北省	8	0.78	江西省	12	1.17
山西省	23	2.25	江苏省	18	1.76
吉林省	72	7.04	安徽省	9	0.88
辽宁省	87	8.50	广东省	24	2.35
黑龙江省	126	12.32	四川省	11	1.08
陕西省	11	1.08	贵州省	26	2.54
甘肃省	35	3.42	云南省	2	0.20
青海省	1	0.10	北京市	9	0.88
山东省	20	1.96	天津市	2	0.20
福建省	6	0.59	重庆市	267	26.10
浙江省	4	0.39	内蒙古自治区	36	3.52
河南省	26	2.54	新疆维吾尔自治区	119	11.63
湖北省	20	1.96	宁夏回族自治区	30	2.93
湖南省	10	0.98	广西壮族自治区	9	0.88

从年龄结构上看，在海南享受到异地就医服务的患者中年龄最大的为 98 岁、最小的为 25 岁，59 岁及以下的有 177 人次，60 岁及以上的老人有 846 人次，占比 82.70%，其中 70 岁以上的患者最多，为 466 人次，占总人数的 45.55%（466/1023）。从所患疾病来看，患心脑血管类疾病的住院患者最多，为 370 人次，占比 36.17%（370/1023）；其次是 163 人次因患恶性肿瘤住院；人数排第三位、第四位的分别是患呼吸系统疾病和骨科类疾病的患者（见表 2－11）。

表 2－11　患者疾病分类情况

疾病分类	人次	百分比（%）	疾病分类	人次	百分比（%）
心脑血管	370	36.17	肝胆肾	43	4.20
恶性肿瘤	163	15.93	五官	39	3.81
呼吸系统疾病	135	13.20	泌尿系统	25	2.44
骨科	64	6.26	妇科	12	1.17

续 表

疾病分类	人次	百分比（%）	疾病分类	人次	百分比（%）
胃肠道	50	4.89	其他	74	7.23
糖尿病	48	4.69	—	—	—

注：因住院患者被诊断的疾病名称过多，为了便于统计分类，将疾病按医院科室大类进行划分。

从就诊的医疗机构来看（见表 2 - 12），在海南享受到异地就医结算服务的患者多集中于医疗资源较好的三级医院，其中中国人民解放军总医院海南分院住院人次最多，为 183 人次；第二是海南省人民医院，为 144 人次；第三是海口市人民医院，为 139 人次。如果从地域分布来看，住院患者集中于海南省东部沿海地区，其中三亚市医疗机构住院患者 345 人次，海口市医疗机构住院患者 490 人次，这两个地区住院总人次占比高达 81.62%。从住院医院的等级来看，在三级医疗机构住院患者 877 人次，占比达 85.73%。

表 2 - 12　　　　患者住院的医疗机构分布

医疗机构名称	住院患者（人次）	占比（%）	医疗机构等级	所在地
海口市人民医院	139	13.59	三级	海口市
海南省人民医院	144	14.08	三级	海口市
中国人民解放军总医院海南分院	183	17.89	三级	三亚市
海南医学院第一附属医院	91	8.90	三级	海口市
中国人民解放军第 187 中心医院	55	5.38	三级	海口市
海南省第三人民医院	65	6.35	三级	三亚市
中国人民解放军第 425 医院	27	2.64	二级	三亚市
三亚市人民医院	50	4.89	三级	三亚市
文昌市人民医院①	69	6.74	三级	文昌市
海南省中医院	41	4.01	三级	海口市
三亚市中医院	20	1.96	三级	三亚市
海南医学院第二附属医院	20	1.96	三级	海口市
海南省万宁市人民医院	32	3.13	二级	万宁市

续 表

医疗机构名称	住院患者（人次）	占比（%）	医疗机构等级	所在地
其他医疗机构[②]	87	8.50	—	—
合计	1023	100		

注：①文昌市人民医院为三级医院，但收费执行二级医院标准。

②其他医疗机构为异地患者在省内住院人次过少的医疗机构的集合，包括了部分三级、二级和一级医疗机构及部分社区卫生服务中心。

从患者住院天数来看，患者住院日最少为1天，最多为149天，平均住院日为12.03天，而2016年全国患者平均住院日为9.6天（公立医院），海南省为8.4天，在海南异地就医的患者平均住院天数明显高于全国和海南省平均水平。

从住院医疗费用来看，患者医疗费用总额为1989.21万元，人均医疗费用支出为19444.87元，其中最少的是55.87元，最多的为295792.40元，有1004人次享受异地就医结算补偿服务、16人次最终选择回参保地报销、3人次因住院费用过低无法报销。1023人次涉及医保统筹基金支付1497.89万元，平均补偿比76.67%（扣除19人次未进行结算的医疗费用）；其中补偿比为100%的有63例（重庆市有53例、新疆维吾尔自治区9例、山西省1例），最低为2.57%（河北省1例）。

2. 异地就医结算存在的问题

通过对1023人次异地就医结算服务数据的分析，了解到全国各地患者均能在海南享受较好的医疗服务，参保患者能够通过多种形式的结算服务满足就医结算需求。但是，医药费用偏高、所患疾病的病种相对单一、对医疗资源的使用相对集中、不同统筹区的补偿政策差距大等问题仍然存在，造成了异地就医结算服务难度加大。

异地就医的“四高”现象，加大了结算服务的难度。从数据分析来看，异地就医的“四高”现象主要体现在就诊患者年龄高（70岁以上患者占比45.55%）、就诊医院等级高（三级医院住院患者占比85.73%）、诊断疾病风险高（恶性肿瘤占比15.93%）、医疗费用总额高，而这些因素最终导致的结果是医保基金支出过大，这无疑加大了就医患者参保地医保基金支付压力。在严控医疗费用不合理增长的背景下，“四高”现象叠加出现，参保地医保经办机构对医疗费用审核会更加严格，结算服务难度增加。

不同地区就医待遇补偿政策差异大，结算审核程序效率低。不同医保统筹区的就医补偿政策存在较大差异，在实际的异地就医结算过程中，出现医疗服务过程中的“药品目录、耗材目录、检查目录”、起付线、封顶线、补偿比等政策上的差异。从数据结果来看，1023名患者中就医补偿比最高的为100%、最低的为2.57%，平均补偿比为76.67%（没有获得补偿的不包含在内），因此，在实际的结算过程中，就医患者统筹区需要严格按照本地区的医保补偿政策进行逐一审核、结算。随着异地就医患者的逐年增加，医保经办机构工作量被放大，出现了结算审核效率低的问题。

结算费用需要通过财政专户，程序复杂，医保基金由财政专户进行管理，实行专款专用。因此，在异地就医结算过程中，无论采取哪种结算方式，均需要不同统筹区域间的财政专户进行结算，数据层层上报导致基金拨付审核期长，影响了结算效率。虽然本次调研的1023名患者中仅有16例患者要求拿票据回参保地报销，占总人次的1.56%，但是如果在实际工作中大量出现患者拿票据回参保地报销的“窘境”，就违背了“异地就医结算”的初衷。

3. 对策与建议

海南每年吸引大量的游客前来休闲、养生、度假和居住。据统计，2016年海南省接待国内过夜游客4432.11万人次，在海南工作和生活的省外流入人员约104万人。这对海南来说是一笔巨大的“财富”，而对异地就医结算服务来说是一个潜在的服务挑战。在全民医保背景下，不断完善异地就医结算服务工作，是构建全方位健康保障体系的重要保证。

理顺结算服务关系。异地就医结算服务涉及的实际是“双重主体”身份，既要接受患者参保地的经办机构的监督，也要接受就医地经办机构的审核，那么，在结算服务过程中，要进一步理顺就诊医疗机构、就诊医疗机构所在地的异地就医结算经办机构和参保地的异地就医结算经办机构三者的关系。就诊医疗机构是否为异地就医定点医疗机构、患者医疗费用如何到达就诊医疗机构、各类医疗费用的补偿差异等一系列问题，都会影响患者的异地就医满意度。因此，异地就医结算服务过程中，将“双重主体”身份变为“单一主体”身份，会明显提高结算服务效率，即参保人在异地就医过程中，按照就医地补偿政策进行结算，由就医地医保经办机构负责审核监督、费用结算等工作，提高结算的效率。

创新结算管理模式。海南省根据异地就医结算工作的实际，创造性地提出了即时结算、延时结算、点对点结算三种结算服务方式。随着异地就医人数的逐年增长，异地就医基金结算总额也将持续增加，传统的拿单报销的结算模式将面临新的问题和挑战。因此，通过国家异地就医结算平台，各统筹区拿出一部分基金作为异地就医结算基金放入平台，专款专用。当发生异地就医结算费用时，直接从平台进行划转，从而提高结算管理效率；各统筹区也可以通过预付费的方式签订结算协议，提高结算效率。

提高结算服务水平。异地就医结算服务是一个系统工程，涉及多个部门和机构。其中最为重要的是发挥医疗机构在异地就医结算服务中的政策宣传窗口作用，医疗机构要将异地就医的政策、流程、办法等宣传工作前移，提高患者异地就医知识的知晓率，有助于医疗机构提高结算的服务水平。此外，经办机构要组织专门队伍开展结算服务工作，及时发现结算工作中出现的问题，并与患者参保地经办机构沟通，以“最快捷、最专业、最优质”的经办理念提升异地就医的服务水平。

第二节　海南省新型农村合作医疗制度

我国农村合作医疗的历史源头可以追溯到20世纪早期平教会在河北定县创建的以县为单位的三级医疗保健制度（村保健员、区保健所、县保健院）。20世纪30年代，在陕甘宁根据地就有合作医疗试验基地，属于社区医疗保险的性质，其农村合作医疗模式为：村民集资支付医疗费用，共同承担疾病风险，此模式为缺医少药的农村做出了贡献。群众通过“凑份子”的方式创办了医疗互助合作组织——“医药合作社”（卫生合作社），共同分担疾病风险，化解看病难的问题。这种由群众集股、合作举办卫生机构来解决农村居民缺医少药困境的方式，是我国农村合作医疗的开端。中华人民共和国成立后，我国启动了针对城镇职工及其供养的直系亲属的劳保医疗的立法与实施工作，对农村居民的医疗保障工作有所滞后。

1955年，具有互助性质的合作医疗保健制度出现在我国河南、山西等农村地区。如在1955年年初，山西省高平市米山乡联合保健站实行的“医社结合”是我国较早的合作医疗模式之一。在计划经济时代特殊的政治经济体制下，农村合作医疗制度在20世纪60—70年代的发展进入快速道，1976年年底，全国90%的农民加入合作医疗。随着农村家庭联产承包责任制的实行，绝大部分地区的农村合作医疗失去了“依附”的环境，制度逐渐瓦解。据调查，实行合作医疗的村庄比例由1981年的86.2%下降到1989年的5%左右，仅在上海和苏南少数地区存在。① 面对缺医少药的农村居民，国家多次出台文件、方案解决农村居民看病、吃药问题，但效果不佳。直到2002年开始试点新型农村合作医疗，才使农村居民逐步走出了“因病致贫、因贫返贫”的怪圈。海南省从2003年启动新农合制度试点，到2017年，参加新型农村合作医疗的农民达到468.67万人，参合率98%以上。

一、海南省新型农村合作医疗制度的发展

1. 试点阶段（2003—2006年）

2002年10月19日，《中共中央　国务院关于进一步加强农村卫生工作的决定》（中发〔2002〕13号）要求：建立以大病统筹为主的新型合作医疗制度（以下简称“新农合”）和医疗救助制度。2003年1月16日，《国务院办公厅转发卫生部等部门关于建立新型农村合作医疗制度意见的通知》（国办发〔2003〕3号）规定了建立新农合的基本原则，即“自愿参加，多方筹资；以收定支，保障适度；先行试点，逐步推广”。2003年11月27日，海南省人民政府办公厅印发的《海南省人民政府办公厅关于印发海南省新型农村合作医疗试点意见的通知》（琼府办〔2003〕84号）指出：2003年在琼海、澄迈和五指山3个市县先行试点，到2004年，3个试点市县参加新型农村合作医疗的农民占应参加人数的比例达到70%以上，初步建立新型农村合作医疗制度框架体系；到2005年达到80%以上，基本建立了新型农村合作医疗制度框架体系。此外，文件还规定了试点地区构建原则、筹资标准、待遇给付范围等内容（见表2-13）。

表2-13　《海南省新型农村合作医疗试点意见》基本内容

构建原则	政府组织、自愿参加、多方筹资、以收定支
经办管理	农村合作医疗管理委员
筹资机制	个人缴费、集体扶持和政府资助相结合

① 韩南鹏. 积极稳妥地推行农村合作医疗制度［J］. 中国卫生经济，1991（4）：62-63.

续　表

筹资标准	农民个人每年的缴费标准不应低于人均10元； 有条件的乡村集体经济组织应对本地新型农村合作医疗给予适当扶持； 县级财政补助：对国家重点扶贫开发市、县每年人均不低于5元，省重点扶贫开发市、县每年人均不低于7元，其他市、县每年人均不低于10元； 省级财政补助：对国家重点扶贫开发市、县每年人均10元，对省级重点扶贫开发市、县每年人均8元；对其他市、县每年人均6元； 中央财政补助：对海南市区以外的农民每年人均10元
补助范围	主要补助参加新型农村合作医疗农民的大额医疗费用或住院医疗费用，兼顾门诊医疗费用的适度补助

新农合试点期间，海南省人民政府、海南省卫生厅、海南省财政厅等部门密切配合，先后印发《海南省新型农村合作医疗制度基本药品目录（试行)》《关于做好新型农村合作医疗基金征收工作的通知》《海南省新型农村合作医疗基金财务制度（试行)》《海南省新型农村合作医疗基金会计核算制度（试行)》等10多个规范性文件，基本建立起了符合海南省新农合发展的管理制度。三个试点市县结合本地区经济社会发展情况均作出了适宜的规定，如琼海规定参合农民在市内定点医疗机构住院费用在1万元以下的，由医疗机构直接减免，到市外就医的可以先垫付后报销；五指山和澄迈也从方便群众出发纷纷出台了符合本地特点的补偿制度。

2006年3月16日，《中共海南省委海南省人民政府关于进一步做好新型农村合作医疗试点工作的意见》要求：提高试点工作水平，推进海南省新型农村合作医疗制度建设，确保到2008年实现新型农村合作医疗制度基本覆盖全省农村居民的目标。实际上在2006年年底，全省新农合实现全覆盖，比国家规定的目标提前2年完成。

2. 全面实施（2007—2011年）

2007年3月11日，海南省卫生厅、海南省财政厅印发《关于做好2007年新型农村合作医疗工作的通知》，标志着海南省新农合工作从试点阶段进入全面实施阶段。2008年发布的《海南省人民政府办公厅关于调整新型农村合作医疗人均筹资标准的通知》(琼府办〔2008〕55号）及海南省卫生厅、海南省农村合作医疗协调小组办公室联合下发了《关于做好新型农村合作医疗补偿方案调整工作的通知》(琼农合〔2008〕8号）等文件，又制定了《海南省新型农村合作医疗病种目录》和《海南省新型农村合作医疗统筹基金支付门诊治疗病种目录》等，2009年2月27日海南省卫生厅农合处下发的《关于做好2009年新型农村合作医疗补偿方案调整工作的通知》(琼农合〔2009〕1号）要求适当提高门诊统筹报销比例和适用范围。这些制度的出台，不仅完善了新农合体系，还提高了农民的健康水平，切实解决农民“因病致贫、因病返贫”问题，促进农村经济发展，维护社会稳定。

为加快农村基本医疗保障体系建设，推动国家基本药物制度的实施，2010年海南省医改办、海南省卫生厅根据《卫生部关于调整和制订新型农村合作医疗报销药物目录的意见》和《海南省扎实推进国家基本药物制度的意见》要求，调整了新型农村合作医疗药品目录报销比例，要求全省各市县（区）将《国家基本药物目录（基层部分)》全部纳入海南省新型农村合作医疗药品目录，不得另行设定个人自付比例，药品费用全额计入新农合报销范围，报销比例按各地新农合的规定给付。参合农民使用国家基本药物目录之外的甲、乙类药物，药品费用先自付不低于10%，其余计入新农合报销补偿范围，报销比例按各地新农合的规定给付。2011年7月1日，为贯彻落实2011年医改新农合有关任务目标，合理使用今年新增补助资金，调整完善海南省新农合补偿政策，切实发挥新农合基金的效益，让参合农民得到更多的实惠，海南省卫生厅转发了卫生部、民政部、财政部《关于做好2011年新型农村合作医疗有关工作的通知》，要求各市县（区）合管委要切实加强组织领导，合理使用新增资金，调整本市县（区）统筹补偿方案。

在此阶段，新农合不断补齐了“短板”，体制机制也得到了较好的建立，符合海南省农村居民新农合制度体系基本建成的要求。截至2011年年底，全省新农合参合人数485.46万人，参合率为98.2%，受益农民696.68万人次，补偿金额8.83亿元，统筹基金使用率为76%。

3. 完善阶段（2012年至今）

2012年4月28日海南省卫生厅、海南省财政厅制定了《海南省新型农村合作医疗统筹补偿方案（2012版)》对全省新农合补偿方案做了原则性的规定，以指导全省新农合费用补偿工作。2012年11月22日，海南省农村合作医疗协调小组办公室印发关于《海南省新型农村合作医疗省级统筹实施办法》和《海南省新农合省级统筹调剂金管理使用暂行办法》，这也是继职工医保后，海南省再次有医疗保险实现省级统筹。根据省级统筹文件部署，海南省新农合将按照“筹资公平、待遇公平、风险分担”的原则建立全省“统一筹资标准、统一调剂基金管理、统一补偿政策、统一业务程序、统一服务监管、统一信息管理”的“六位一体”的新农合省级统筹管理体系。海南省农村合作医疗协调小组办公室还要求各市县对22类重大疾病做好二次补偿，力争重大疾病参合患者医疗费个人自付比例不超过10%，以减轻参保患者疾病负担。

2013年1月10日海南省农村合作医疗协调小组办公室印发了《海南省新型农村合作医疗统筹补偿方案（2013年版）》，此方案是在2012年版基础上进行调整完成的，主要考虑新农合省级统筹实施后，需要统一调整完善新农合补偿政策，合理使用新农合新增补助资金，努力引导病人在县内或基层就诊，提高基金使用效率和参合人员受益水平。此外，2013年版方案还对最高支付限额、住院正常分娩补偿、意外伤害住院补偿、母（父）婴共享补偿、国家基本药物、中药及中医诊疗项目补偿、住院特殊检查（治疗）项目补偿、住院医用材料补偿、重大疾病医疗保障、门诊统筹补偿、慢性病特殊病种门诊补偿等进行了部分调整。

为了不断缓解参合农民“看病贵”的难题，2014年8月15日发布的《海南省人民政府关于开展城乡居民大病保险工作的实施意见》（琼府〔2014〕44号）对全省参合农民的大病保险进行了规定。大病保险费用从新农合基金中划拨的标准为25元/人·年，城乡居民大病保险起付线为8000元（即个人自付符合基本医疗保险政策报销范围内的统筹年度内住院和特殊病种大额门诊费用达到8000元，不含8000元以下费用），最高（封顶线）支付限额为22万元，起付线不含基本医疗保险起付标准以下个人负担部分。2015年6月8日海南省卫生和计划生育委员会在2011年2月15日推行住院按病种限价结算的基础上，制定了《海南省卫生和计划生育委员会关于印发〈海南省三级医院新型农村合作医疗住院按病种付费实施方案〉的通知》（琼卫基层〔2015〕9号），该方案选定三级定点医疗机构23组病种182种疾病，实行住院按病种付费结算。

为深入贯彻落实《国家卫生计生委　财政部关于印发全国新型农村合作医疗异地就医联网结报实施方案的通知》（国卫基层发〔2016〕23号）精神，全面推进新型农村合作医疗异地就医联网结报工作，2016年9月19日海南省卫生和计划生育委员会、省财政厅制定了《海南省新型农村合作医疗跨省异地就医联网结报实施方案》，以满足参合农民异地就医的需要。同年底，海南省人民政府办公厅印发《海南省整合城乡居民基本医疗保险制度实施方案》决定对海南省新农合和城镇居民医保实行“六统一”管理，为城乡居民医保实现整合打下坚实的基础。

海南省新农合试点以来，为保障参保农民健康水平发挥了积极的作用。制度建设 15 年，取得了极大的成就（具体制度变迁见表 2－14）。2016 年年底，海南省农民新农合参合率保持在 98% 以上。

表 2－14　2002—2016 年海南省新型农村合作医疗制度主要政策文件

年份	主要政策及发文	主要内容
2002	《中共中央国务院关于进一步加强农村卫生工作的决定》（中发〔2002〕13 号）	建立以大病统筹为主的新型合作医疗制度和医疗救助制度；加大卫生投入力度，加强公共卫生工作以及监管力度等
2003	《海南省人民政府办公厅关于印发海南省新型农村合作医疗试点意见的通知》（琼府办〔2003〕84 号）	选取琼海、澄迈和五指山 3 个市县进行新农合试点
2003	《关于加强新型农村合作医疗定点医疗机构医疗服务管理工作的通知》	合理确定新农合医疗定点机构，强化行业管理和监督，规范服务行为，制定便民措施，提供优质服务，对参合农民提供相关优惠
2005	《关于同意儋州等五市县为 2006 年度新型农村合作医疗新增试点市县的批复》	同意将儋州（含洋浦经济开发区）、东方、屯昌、定安、昌江 5 个市县列为海南省 2006 年度新型农村合作医疗新增试点市县
2006	《关于进一步做好新型农村合作医疗试点工作的意见》	提高试点工作水平，推进海南省新型农村合作医疗制度建设，确保到 2008 年实现新型农村合作医疗制度基本覆盖全省农村居民的目标
2007	《关于做好 2007 年新型农村合作医疗工作的通知》	为贯彻落实全国新农合工作会议精神，积极稳妥地全面推进新农合实施
2008	《海南省新型农村合作医疗诊疗项目管理规定》和《海南省新型农村合作医疗医疗服务设施管理规定》	指导各统筹地区确定新型农村合作医疗诊疗项目，加强新型农村合作医疗基金的支出管理
2009	《关于进一步加强新农合定点医疗机构管理工作的通知》	要求定点医疗机构必须坚持“十三条禁令”

续 表

年份	主要政策及发文	主要内容
2010	《关于印发海南省扎实推进国家基本药物制度的意见的通知》	将《国家基本药物目录（基层部分）》全部纳入新型农村合作医疗药品目录，调整新型农村合作医疗药品目录报销比例
2011	《关于做好 2011 年新型农村合作医疗有关工作的通知》	合理使用新增资金，确保资金安全，全省逐步规范统一，调整各市县（区）统筹补偿方案
2012	《海南省新型农村合作医疗省级统筹实施办法》和《海南省新农合省级统筹调剂金管理使用暂行办法》	建立“统一筹资标准、统一调剂基金管理、统一补偿政策、统一业务程序、统一服务监管、统一信息管理”的“六位一体”新农合省级统筹管理体系
2013	《关于推行新型农村合作医疗乡镇级医院住院“限费医疗”改革试点的通知》	在琼海市、万宁市、陵水县、昌江县乡镇卫生院开展参合农民住院“限费医疗”改革试点
	《海南省新型农村合作医疗统筹补偿方案（2013 年版）》	统一调整完善新农合补偿政策，合理使用新农合新增补助资金，努力引导病人在县内或基层就诊，提高基金使用效率和参合人员受益水平
2014	《关于做好 2014 年新型农村合作医疗几项重点工作的通知》	要求逐步建立基层首诊和新农合逐级转诊制度，不断健全和完善新农合乡镇卫生院“限费医疗”付费机制
2015	《海南省卫生和计划生育委员会关于印发〈海南省三级医院新型农村合作医疗住院按病种付费实施方案〉的通知》（琼卫基层〔2015〕9 号）	选定三级定点医疗机构 23 组病种 182 种疾病，实行住院按病种付费结算
2016	《海南省新型农村合作医疗跨省异地就医联网结报实施方案》	以满足参合农民异地就医的需要
	《海南省整合城乡居民基本医疗保险制度实施方案》	决定对新农合和城镇居民医保实行“六统一”管理

二、海南省新型农村合作医疗制度情况分析

1. 参保情况分析

从2003年，试点工作启动，海南省在各市县展开试点工作，其中，琼海、澄迈、五指山3个市县为先行试点地区。为了进一步发展医疗卫生事业，尤其是新型农村合作医疗，政府投入资金用于补助3个市县新型农村合作医疗试点。为了进一步做好新型农村合作医疗试点工作，2006年，文昌、万宁、陵水、琼中、保亭、白沙、乐东、临高、儋州9个市县启动了新型农村合作医疗工作，全省有362.7万农民参加新型农村合作医疗，参合率达到74%。试点工作实施以来，参合人数明显增长，超额完成了省政府提出的“2006年实现参合农民250万人以上”的目标，比规划时间提前两年全面建立新型农村合作医疗制度。从海南省推行新型农村合作医疗开始，参合率呈现了逐渐增长的趋势。2007年，新农合参合人数421万人，参合率为86%，比2006年增长了12个百分点；2008年，海南省新型农村合作医疗参合人数有466.8万人，参合率达92.3%，比2007年增长6.3个百分点，参合率首次突破90%；2010年，海南省积极扩大新型农村合作医疗制度覆盖范围，全省新农合参合率达97%。通过建立健全筹资机制、补偿机制、管理机制和费用控制机制，海南省新农合取得了“广覆盖、高参合、高满意”的成绩，2008年即实现新农合基本覆盖农村居民的目标。截至2014年年底，海南省新型农村合作医疗（不含三亚市、三沙市）参合人数5015346人，参合率达99.5%；2015年，全省486.25万人参加新农合，参合率达97.3%，连续7年达95%以上，这说明了海南省的新农合工作有了明显成效。具体情况如图2－4所示。

2. 待遇标准情况

（1）住院待遇标准。

根据海南省农民人均纯收入、医院级别、各级医院的次均住院费用水平及县外住院人数结构，合理设置起付线和补偿比，引导参合农民在基层就医，保持统筹区域内、政策范围内住院费用报销比达75%。新农合制度在住院待遇的设计上以属地管理为基础。因此，在医疗机构住院待遇支付标准上，分为乡级医疗机构、县（市）级医疗机构、省（市）级医疗机构及省外公立医院四个级别，每个级别的报销比例有所不同（见表2－15）。

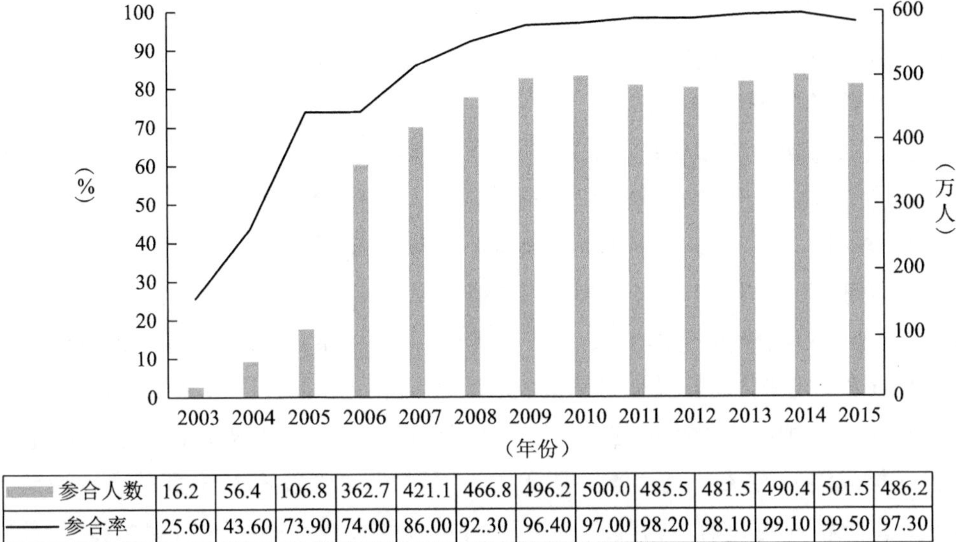

	2003	2004	2005	2006	2007	2008	2009	2010	2011	2012	2013	2014	2015
参合人数	16.2	56.4	106.8	362.7	421.1	466.8	496.2	500.0	485.5	481.5	490.4	501.5	486.2
参合率	25.60	43.60	73.90	74.00	86.00	92.30	96.40	97.00	98.20	98.10	99.10	99.50	97.30

图 2-4　2003—2015 年海南省新农合参合人数及参合率

注：数据来自历年《海南年鉴》。

表 2-15　2015 年各级定点医疗机构住院起付线及补偿比例

级别	医院范围	起付线（元）	补偿比例
乡级医疗机构	乡镇卫生院	零起付分段报销	≤200 元报销 60%；>200 元报销 90%
县（市）级医疗机构	县（市）二级定点医院	300	75%
省（市）级医疗机构	省（市）二级定点医院	600	65%（未转诊降低 5 个百分点）
	省三级定点医院	800	60%（未转诊降低 5 个百分点）
省外公立医院		800	55%

注：海口市和五指山市可适当将部分省（市）二级定点医院按县（市）二级定点医院的起付线和补偿比例实行。

（2）普通门诊待遇标准。

普通门诊统筹补偿不设起付线，乡、村两级单次门诊的医药费用（不含一般诊疗费）按照不低于50%的比例进行补偿。虽然实行了省级统筹，但还不是很彻底，各地依然按照属地基金收支情况设置不同的封顶线。

（3）门诊特殊病待遇标准。

按照《海南省新型农村合作医疗统筹补偿方案（2013年版）》的规定，将各种恶性肿瘤（放、化疗）、慢性肾功能衰竭（血透、腹透治疗）、器官移植术后（抗排异治疗）、再生障碍性贫血、血友病、脑中风（偏瘫）、帕金森氏综合征、高血压（Ⅲ期）、糖尿病（并发症）、精神病（精神分裂症）、结核病（活动期）、老年性白内障（晶体植入治疗）、肝胆和泌尿系统结石（震波碎石治疗）、肝硬化（失代偿期）、小儿脑性瘫痪（门诊康复治疗）、心脏病并发心功能不全、冠心病（心肌梗死）、慢性阻塞性肺气肿及肺心病、甲状腺功能亢进（减退）、风湿（类风湿）性关节炎、重症肌无力、系统性红斑狼疮、珠蛋白生成障碍性贫血、重性精神病、耐多药肺结核共25种特殊病种慢性病纳入门诊特殊病范畴，门诊补偿不设起付线，其可补偿费用按不低于60%的比例补偿。其中，各种恶性肿瘤（放、化疗）、慢性肾功能衰竭（血透、腹透治疗）、器官移植术后（抗排异治疗）、再生障碍性贫血、血友病、珠蛋白生成障碍性贫血、重性精神病、耐多药肺结核共8种特殊病种，其可补偿的门诊费用参照同级医院住院报销比例和最高限额政策执行。

（4）生育待遇标准。

按照《海南省新型农村合作医疗统筹补偿方案（2013年版）》的规定，取得计划生育服务证的参合产妇在各级定点医院住院单胎自然分娩定额补偿500元。双胎及双胎以上，出现合并症、并发症的高危病理性产妇及进行剖宫产手术的按同级医院住院补偿政策执行。

3. 新农合基金运行情况

（1）资金筹集分析。

新农合资金筹集方式主要包括财政补助和个人缴费。2003年，海南省在琼海、澄迈和五指山3个市县先行试点，筹资标准从当时的每年人均30元（个人10元/人·年+地方政府补贴10元/人·年+中央财政补贴10元/人·年），增加到2015年的人均筹资470元/人·年，其中各级财政对新农合的补助标准提高到380元/人·年，农民个人缴费标准提高到90元/人·年。到2018年，新农合个人缴费标准统一为每人每年180元。个人缴费须按参保年度一次性缴清，不得一次征缴多年度参保费用。2003—2018年，个人缴费增长了17倍，新农合筹资总额却增长近20倍（见表2－16）。

表2－16　　2003—2018年海南省新农合筹资情况　　单位：元/人·年

年份	个人缴费	地方补助	中央补助	新农合筹资总额	年份	个人缴费	地方补助	中央补助	新农合筹资总额
2003	10	10	10	30	2011	30	100	108	238
2004	10	10	10	30	2012	50	113	132	295
2005	10	10	10	30	2013	60	124	156	340
2006	20	15	20	55	2014	60	154	180	394
2007	20	15	20	55	2015	90	164	216	470
2008	20	44	40	104	2016	120	204	256	580
2009	20	63	40	123	2017	150	—	—	600
2010	20	64	60	144	2018	180	—	—	—

注：“—”代表数据缺失，数据根据历年政策文件整理。

（2）统筹基金使用情况。

从2003年海南省新农合试点工作开展以来，海南省人民政府高度重视新农合工作的开展。为了解决海南省广大农民“看病难、看病贵”的问题，在新农合资金筹集的过程中，政府补贴成为新农合基金来源的主要渠道；此外海南省还加大资金投入，推进公立医院服务的体系建设以及完善乡镇卫生院医疗服务设施等，加快推进新农合建设。2006年以来政府补贴金额增长较快，截至2014年年底，海南省新型农村合作医疗（不含三亚市、三沙市）筹资总额19.37亿元，住院补偿金额15.16亿元；门诊补偿11247606人次，补偿金额2.82亿元；住院分娩补偿33762人次，补偿金额0.17亿元；特殊补偿74328人次，补偿金额0.40亿元；2015年全省新农合基金支出22.66亿元（含大病保险支出1.24亿元），比2014年支出增长22.16%。其中，住院补偿17.64亿元，占基金支出总额的77.85%，同比增长16.36%；门诊补偿3.05亿元，占基金支出总额的13.46%，同比增长8.16%；正常分娩补偿0.15亿元，占基金支出总额的0.66%，同比降低11.76%；特殊病种大额门诊补偿0.58亿元，占基金支出总额的2.56%，同比增长45%；大病保险补偿1.24亿元，占基金支出总额的5.47%（见表2－17）。

表 2－17　　2014—2015 年海南省新农合基金支出结构及变化情况

项　目	2014 年			2015 年		
	基金数（亿元）	构成比（%）	增长（%）	基金数（亿元）	构成比（%）	增长（%）
总筹资	19. 37	NA	13. 41	23. 69	NA	22. 30
总支出	18. 55	NA	11. 61	22. 66	NA	22. 16
住院补偿	15. 16	81. 73	15. 29	17. 64	77. 85	16. 36
门诊补偿	2. 82	15. 20	21. 03	3. 05	13. 46	8. 16
住院自然分娩	0. 17	0. 92	－10. 53	0. 15	0. 66	－11. 76
特殊病种大额门诊	0. 40	2. 16	48. 15	0. 58	2. 56	45. 00
大病保险支出	NA	NA	NA	1. 24	5. 47	NA

资料来源：海南省卫生和计划生育委员会《关于 2015 年全省新型农村合作医疗运行情况的通报》，“NA” 代表数据缺失。

4. 参合农民受益情况

2015 年，全省参合受益农民 1183. 38 万人次，其中，住院补偿 41. 29 万人次，门诊统筹补偿 1128. 78 万人次，住院自然分娩 3. 08 万人次，特殊病种大额门诊补偿 10. 23 万人次，大病保险补偿 2. 03 万人次（见表 2－18）。与 2014 年相比，除住院自然分娩、体验外，其余各项指标均有不同程度的上升，说明海南省新农合受益情况较好。

表 2－18　　2014—2015 年海南省新农合受益情况

项　目	2014 年		2015 年	
	指标值	同比增长（%）	指标值	同比增长（%）
受益农民人次（万）	1172. 27	7. 13	1183. 38	0. 95
门诊受益人次（万）	1124. 76	6. 95	1128. 78	0. 36
住院人次（万）	36. 63	11. 51	41. 29	12. 72
住院率（%）	7. 27	0. 57	8. 24	0. 97
特殊病种大额门诊人次（万）	7. 43	39. 14	10. 23	37. 69
住院自然分娩人次（万）	3. 38	－7. 40	3. 08	－8. 88
体检及其他人次（万）	0. 074	－89. 86	0	－100. 00
大病保险补偿人次（万）	—	—	2. 03	—

资料来源：海南省卫生和计划生育委员会《关于 2015 年全省新型农村合作医疗运行情况的通报》，“—” 代表数据缺失。

第三节　海南省城镇居民基本医疗保险制度

城镇居民基本医疗保险制度（以下简称“城居保”）经历了从空缺到全面建立，再到逐步整合的过程，作为基本医疗保险发展史上不可或缺的部分，在保障城镇居民健康方面发挥着重要的作用。海南省较早启动了该项制度的试点工作，且取得了不俗的成绩，并从2009年开始在三亚市实行城乡居民基本医疗保险一体化，为全省制度整合提供可供选择的实践视角。2016年又在陵水县实施城乡居民医疗保险一体化，全面实施实现“七统一”，即“统一经办机构、统一参保登记、统一基金统筹、统一基金管理与分配、统一保障政策待遇、统一结算支付管理、统一信息系统”。据《2016年海南省社会保险情况》显示，2016年年底全省参加城镇居民基本医疗保险人数为186.21万人，基金收入10.45亿元，基金支出8.97亿元，年末基金累计结存13.16亿元。

一、海南省城镇居民基本医疗保险制度的发展

1. 探索阶段（2007年以前）

在2007年之前，海南省城乡居民同全国的城乡居民一样经历着“半价劳保医疗和公费医疗”“制度空档期”等。虽然海南省在1989年进行社会保障制度综合改革试点，但医疗保险制度改革主要侧重于城镇职工医疗保险，并没有为城镇居民单独建立基本医疗保险制度，为了解决城镇居民基本医疗保险问题，2003年海南省人民政府颁布的《海南省城镇个人参加医疗保险办法》被视为海南省最早对城镇居民开展医疗保险的立法，也创全国之先河。文件规定：在依法登记的城镇个体工商户及其他个体经济组织中就业的人员，以非全日制、临时性和弹性工作等灵活形式就业的人员，领取失业保险金期满后仍未就业的人员和在确无能力按时足额缴纳基本医疗保险费的城镇用人单位中就业或保留人事劳动关系的人员，可依照本办法参加基本医疗保险和社会补充医疗保险。此文件虽然规定了城镇居民可以参加职工医保并按规定享受医疗保险待遇，但是由于享受门槛比较高，城镇居民参加职工医保的人数极为有限。

2. 制度确立（2007—2008年）

2007年5月31日海南省人民政府印发的《关于做好城镇居民基本医疗保险试点工作意见的通知》（琼府〔2007〕35号）标志着城镇居民基本医疗保险制度

的落地。该文件指出：海南省建立城居保的主要目标是建立起符合海南省经济社会发展和城镇居民实际的基本医疗保险筹资机制、管理体制、运行机制和监督机制，并且用 2 ~3 年时间在全省建立起以大病统筹为主的城镇居民基本医疗保险制度（见表 2 –19），首批试点地区为海口、三亚、东方、屯昌 4 个市县。

表 2 –19 《关于做好城镇居民基本医疗保险试点工作意见的通知》的基本内容

基本原则	低标准，广覆盖，以大病统筹为主；坚持自愿参保，医疗保险费以个人和家庭缴费为主；以收定支，收支平衡，略有结余
参保对象	具有试点市县非农业户籍，未纳入城镇职工基本医疗保险制度覆盖范围内的中小学校（含职业中学）在校生、少年儿童和其他非从业城镇居民
缴费标准	个人缴费：海口市、三亚市成年人每人每年不低于 60 元，其他试点市县成年人每人每年不低于 40 元；未成年人每人每年不低于 20 元 财政补助：省财政和试点市县财政对参保居民按成年人每人每年 40 元、未成年人每人每年 30 元安排补助。其中，海口市、三亚市由省财政负担 30%、市财政负担 70%；其他试点市县由省财政负担 80%、市县财政负担 20%

2007 年 7 月 17 日海南省人民政府办公厅印发的《关于做好试点市县城镇居民基本医疗保险费征收工作的通知》（琼府办〔2007〕70 号），将缴费标准调整为海口、三亚成年人不低于 60 元/人·年，其他试点市县成年人不低于 40 元/人·年；未成年人的个人缴费标准为不低于 20 元/人·年，中学（含职业中学）在校生均按未成年人个人缴费标准征收，城镇残疾人个人应缴费部分减半征收，城镇低保对象和未参加城镇职工基本医疗保险的城镇优抚对象免征个人应缴费部分。

2008 年 1 月 9 日，海南省人民政府办公厅印发的《海南省全面启动城镇居民基本医疗保险工作方案》（琼府办〔2008〕3 号）要求：从 2008 年起，以海口市、三亚市、农垦系统及区域统筹区（指全省除海口、三亚外其他 16 个市县和洋浦经济开发区）为统筹单位，全面建立城镇居民基本医疗保险制度。海南省城镇居民医疗保险制度从试点到全面建立，仅仅用了 1 年左右的时间。2008 年 3 月 18 日海南省人民政府办公厅发布《海南省区域统筹区城镇居民基本医疗保险实施办法》（琼府办〔2008〕31 号）标志着海南省（18 个市县、洋浦经济开发区）全面实施城镇居民基本医疗保险，并将全省划分为三个统筹区，即海口、三亚和区域统筹区（包括文昌市、琼海市、儋州市、万宁市、五指山市、东方市、定安县、屯昌县、澄迈县、临高县、昌江县、乐东县、陵水县、白沙县、保亭县、琼中县和洋浦经济开发区）。区域统筹区作为一个城镇居民基本医疗保险统筹单位，实行基金区域统筹、市县经办、余缺调剂的模式，这种模式极大地提高了基金的安全性和参保居民就医的便利性。

3. 发展完善（2008 年至今）

针对海南省城乡居民分割管理的现实，2009 年 10 月 27 日三亚市人民政府下发了《三亚市城乡居民基本医疗保险暂行办法》（三府〔2009〕136 号），标志着三亚市城乡居民基本医疗保障一体化试点正式实施，也是海南省在城乡居民医疗保险整合上的大胆实践。

2013 年 12 月 28 日海南省人力资源和社会保障厅、海南省财政厅联合下发《关于调整城镇居民基本医疗保险有关政策的通知》（琼人社发〔2013〕369 号），调整了城镇居民医疗保险的缴费标准和医院报销比例。对于在海南省各大（中）专院校就读的学生，入学当年缴费参保的，自缴费之日起开始享受城镇居民基本医疗保险待遇；在校期间连续缴费参保的，毕业后仍可享受已缴费参保自然年度的城镇居民基本医疗保险待遇。对于符合海南省参保条件且在办理户籍登记前因病抢救无效死亡的新生儿，自出生之日起 4 个月内，其法定监护人可凭新生儿死亡证明到出生地社保经办机构补办该新生儿参加城镇居民医疗保险手续，按有关政策报销住院救治的医疗费。

2014 年海南省人民政府办公厅印发了《海南省城镇居民基本医疗保险省级统筹实施办法》，为进一步提高海南省城镇居民基本医疗保险统筹层次，增强基金抗风险能力，保障参保人员基本医疗需求，全面为推进海南省城镇居民基本医疗保障体系建设提供制度保障。省级统筹按照“统一筹资标准、统一待遇水平、统一经办业务、统一信息管理、基金调剂使用”的原则建立保障制度规范化、抗风险能力强、与经济社会发展水平相适应和可持续发展的城镇居民基本医疗保险省级统筹管理机制。

为加强城镇居民基本医疗保险门诊特殊病种管理，根据《海南省城镇居民基本医疗保险省级统筹实施办法》等文件规定，2015 年 6 月 18 日海南省人力资源和社会保障厅颁布了《海南省城镇居民基本医疗保险门诊特殊疾病管理办法》对参保居民的门诊特殊疾病病种范围、待遇进行了规定和明确，让全省参保居民享受同一个待遇标准。

为了协同推动医药卫生体制改革，2016 年陵水黎族自治县启动“三医联动”

试点改革，将城乡居民基本医疗保险制度进行整合，并印发了《陵水黎族自治县建立城乡居民基本医疗保险制度的实施意见》，文件要求按照“七统一”原则整合居民医保和新农合，即“统一经办机构、统一参保登记、统一基金统筹、统一基金管理与分配、统一保障政策待遇、统一结算支付管理、统一信息系统”。整合后的制度将更加有利于推动保障公平持续、管理服务规范、医疗资源利用有效。

2016年12月29日海南省人民政府办公厅印发《海南省整合城乡居民基本医疗保险制度实施方案》，推进城镇居民基本医疗保险和新型农村合作医疗制度整合，建立新型城乡居民基本医疗保险制度。全省按“六统一”原则进行协调推进，即“统一覆盖范围、统一筹资政策、统一保障待遇、统一医保目录、统一定点管理、统一基金管理”。

2017年9月，海南省机构编制委员会下发的《关于设立海南省医疗保障管理局的通知》指出将把人力资源和社会保障、卫生计生、民政、物价承担有关医疗保障职责合并，设立海南省医疗保障管理局专门负责，主要职责：贯彻执行国家有关医疗保险、生育保险、医疗救助的法律法规和政策规定，研究拟定海南省医疗保障相关政策、规划、标准、办法并组织实施；监督全省医疗保障基金征缴（拨付）、支付、管理和运营；指导全省医疗服务价格管理；按管理权限，承担医疗服务价格的制定和调整；指导、监督全省医疗保障支付标准谈判和调整以及药品、医疗器械和医用耗材的联合采购、配送和结算管理；监督定点医疗机构服务行为，稽查稽核医疗费用；推进全省医疗保障信息系统的规划和建设工作等。

二、海南省城镇居民基本医疗保险情况分析

1. 参保情况分析

我国2007年建立城镇居民基本医疗保险制度，到2007年年底，我国居民参保人数为4291万人，到2016年年底参保人数上升到44860万人，约为2007年的10.5倍，其中2008年、2009年增长较快。2007年年底海南省城镇居民基本医疗保险参保人数为48.9万人，到2016年年底参保人数达186.21万人，约为2007年的3.8倍（见表2－20）。

表 2－20　2007—2016 年全国和海南省城镇居民基本医疗保险参保情况

年份	全国（万人）	增长率（%）	海南（万人）	增长率（%）
2007	4291.0	—	48.90	—
2008	11826.0	175.60	128.00	161.76
2009	18209.6	53.98	131.00	2.34
2010	19528.3	7.24	150.00	14.50
2011	22116.1	13.25	166.00	10.67
2012	27155.7	22.79	170.00	2.41
2013	29629.4	9.11	175.03	2.96
2014	31450.9	6.15	195.17	11.51
2015	37688.5	19.83	193.40	－0.91
2016	44860.0	19.03	186.21	－3.72

注：数据根据《中国社会保险发展年度报告 2016》、历年《海南统计年鉴》整理。

从参保的地区来看，截至 2016 年年底，海南省各市县城镇居民参保总人数为 186.21 万人，其中海口和三亚两市参保人数较多，两地参保人数占海南省总参保人数的一半左右；其他市县中，儋州市截至 2016 年年底参保人数为 17.6 万人，是除海口市和三亚市外参保人数最多的，临高县、澄迈县、儋州市是增长人数较多的（见表 2－21）。

表 2－21　2012—2016 年海南省各市县城镇居民医疗保险参保人数　单位：万人

地区	2012年	2013年	2014年	2015年	2016年	地区	2012年	2013年	2014年	2015年	2016年
海口市	50.4	55.2	57.5	55.9	45.7	临高县	6.6	7.9	8.8	9.1	9.7
三亚市	42.2	43.6	44.4	43.7	44.3	儋州市	14.6	15.5	17.0	17.4	17.6
五指山市	1.6	1.7	1.8	1.8	1.9	东方市	5.4	5.6	6.3	4.9	5.2
文昌市	6.1	6.5	6.3	5.8	5.7	乐东县	3.5	3.9	4.1	4.2	4.5
琼海市	5.9	6.1	6.4	6.4	4.7	琼中县	3.0	3.3	3.3	3.4	3.5
万宁市	6.8	7.3	7.7	8.0	8.1	保亭县	2.7	2.8	2.9	3.1	3.3
定安县	3.7	4.1	4.1	4.1	4.3	陵水县	4.3	4.4	4.7	5.0	5.1
屯昌县	3.5	4.1	4.4	4.7	5.0	白沙县	2.7	2.8	2.8	2.9	3.1
澄迈县	6.8	7.7	8.2	8.9	9.2	昌江县	3.1	3.2	3.4	3.4	3.6

注：2010 年起三亚市实施的是城乡居民基本医疗保险制度。数据来自历年《海南年鉴》。洋浦经济开发区、三沙市数据缺失。

2. 筹资情况分析

为了促进海南省城镇居民基本医疗保险的发展，在2007年进行试点工作时，筹资按“个人缴费+政府补贴”的方式进行，海口和三亚先行先试，两市的个人筹资总额（个人缴费+财政补贴）相同（成年人/未成年人均为120元/70元），但个人缴费和财政补贴存在差异。自2008年起，海南省城镇居民医保正式实施，并将全省划分为三个统筹区，即海口、三亚、区域统筹区（即除海口、三亚以外的其他市县），个人筹资总额均不同；到2014年全省省级统筹时，个人缴费、财政补贴已实现全省统一。

从2007—2019年筹资情况来看（见表2-22），可以分为两个较为明显的筹资阶段，一是2007—2013年，各统筹区筹资差异化阶段。如2008年的三个统筹区出现6个不同筹资标准，最高为区域统筹区的成年人档210元/人·年，最低为三亚未成年人档100元/人·年。二是2014年以后，全省统一筹资标准阶段，不再划分成年人与未成年人缴费档次，个人缴费标准、财政补贴与筹资总额均实现了统一。从个人缴费标准来看，增长幅度最快的是未成年人档，2007年三亚未成年人缴费标准从2007年的20元/人·年增长到2019年的220元/人·年，增长了10倍，成为未成年人缴费标准增长最快的统筹区。从财政补贴来看，财政对海口未成年人的缴费补贴从2007年的30元/人·年增加到2019年的490元/人·年，增长了15.3倍。

表2-22　2007—2019年海南省城镇居民基本医疗保险筹资情况 单位：元/人·年

年度	统筹区	档次	个人	财政	总额	年度	统筹区	档次	个人	财政	总额
2007	海口	成年人	70	50	120	2009	海口	成年人	70	110	180
		未成年人	40	30	70			未成年人	40	90	130
	三亚	成年人	60	60	120		三亚	成年人	80	120	200
		未成年人	20	50	70			未成年人	30	90	120
2008	海口	成年人	70	110	180		区域统筹区	成年人	90	120	210
		未成年人	40	90	130			未成年人	30	120	150
	三亚	成年人	60	100	160	2010	海口	成年人	70	150	220
		未成年人	20	80	100			未成年人	40	140	180
	区域统筹区	成年人	90	120	210		三亚	成年人	100	170	270
		未成年人	30	120	150			未成年人	30	150	180

续 表

年度	统筹区	档次	个人	财政	总额
2010	区域统筹区	成年人	90	180	270
		未成年人	30	180	210
2011	海口	成年人	70	220	290
		未成年人	40	220	260
	三亚	成年人	100	258	358
		未成年人	30	238	268
	区域统筹区	成年人	90	200	290
		未成年人	30	200	230
2012	海口	成年人	70	248	318
		未成年人	40	248	288
	三亚	成年人	120	308	428
		未成年人	50	298	348
	区域统筹区	成年人	90	240	330
		未成年人	30	240	270
2013	海口	成年人	70	280	350
		未成年人	40	280	320
	三亚	成年人	120	357	477
		未成年人	50	347	397
	区域统筹区	成年人	90	280	370
		未成年人	30	280	310
2014	全省	成年人	70	320	390
		未成年人	40	320	360
2015	全省	成年人	100	320	420
		未成年人	50	320	370
2016	全省	居民	120	380	500
2017	全省	居民	150	420	570
2018	全省	居民	180	450	630
2019	全省	居民	220	490	710

注：数据系作者根据历年政策文件整理。

3. 基金运行情况分析

2009 年海南省城镇居民基本医疗保险基金收入 1. 5 亿元，2016 年基金收入 10. 45 亿元，是 2009 年的近 7 倍。2009 年基金支出 0. 8 亿元，2016 年基金支出 8. 97 亿元，是 2009 年的 11 倍。基金结余从 2009 年的累计结余 2. 4 亿元增长到 2016 年的 13. 16 亿元，约为 2009 年的 5. 5 倍（见图 2 –5）。从整体上来看，基金累计结余较多，基金处于较为安全的状态。

从 2016 年各市县保险基金收支情况看，已经有 4 个市县出现当期收不抵支的情况，有 9 个市县的累计结余基金按 2016 年支付标准测算不足以支付 6 个月；有 4 个市县基金不足以支付 3 个月；有 2 个市县出现极度危险的情况，均不足以支付 1 个月（见表2 –23）。一般认为基金不足以支付 3 个月，会存在着基金支付风险，如此一来，海南省将有 4 个市县（文昌市、东方市、白沙县、昌江县）存在着基金支付风险。

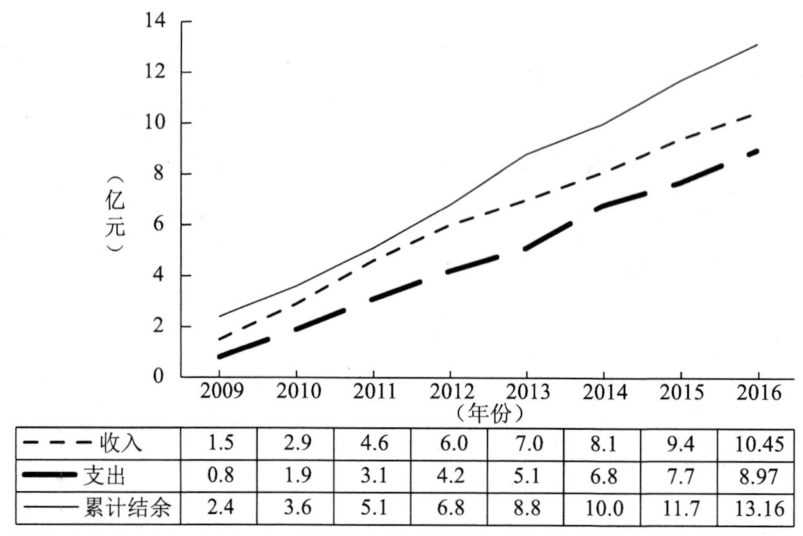

	2009	2010	2011	2012	2013	2014	2015	2016
收入	1.5	2.9	4.6	6.0	7.0	8.1	9.4	10.45
支出	0.8	1.9	3.1	4.2	5.1	6.8	7.7	8.97
累计结余	2.4	3.6	5.1	6.8	8.8	10.0	11.7	13.16

图 2－5　2009—2016 年海南省城镇居民医疗保险基金收支情况

注：数据来自历年《海南统计年鉴》。

表 2－23　　2016 年海南省各市县城镇居民基本医疗保险基金收支情况　　单位：万元

地区	收入	支出	当期结余	累计结余	可支付月数（个）
海口市	37062	32068	4994	11136	4. 2
三亚市	17493	16772	721	7626	5. 5
五指山市	1313	1180	133	618	6. 3
文昌市	5241	5343	－102	46	0. 1
琼海市	6313	4350	1963	4043	11. 2
万宁市	6350	2206	4144	7868	42. 8
定安县	3177	3169	8	1535	5. 8
屯昌县	2898	2898	0	1494	6. 2
澄迈县	6393	4628	1765	2339	6. 1
临高县	2521	3004	－483	1402	5. 6
儋州市	9071	8104	967	4766	7. 1
洋浦经济开发区	4729	2409	2320	11151	55. 5

续 表

地区	收入	支出	当期结余	累计结余	可支付月数（个）
东方市	4027	3677	350	870	2.8
乐东县	2641	2854	-213	974	4.1
琼中县	4352	3901	451	3853	11.9
保亭县	3460	2835	625	4673	19.8
陵水县	4934	4190	744	4207	12.0
白沙县	2951	3161	-210	546	2.1
昌江县	1867	1855	12	13	0.1

注：数据根据《海南省社会保险统计年鉴（2016）》整理，不含三沙市。

4. 待遇标准情况分析

（1）住院待遇标准。

2014 年海南省城镇居民医保实行省级统筹，在全省范围实行一个报销标准，具体为：定点医疗机构住院起付线定为在一个结算年度内首次住院（含门诊特殊疾病治疗）的，统筹基金起付线标准为一级医院 100 元、二级医院 300 元、三级医院 350 元。在一个结算年度内起付线累计计算。对重度残疾人、低保对象、低收入家庭 60 周岁以上老年人和未成年人、无城镇职工基本医疗保险的城镇优抚对象不设起付线。每人的统筹基金年累计最高支付限额为 15 万元。参保居民在起付标准以上、年最高支付限额以下医疗费的报销比例为一级医院 90%、二级医院 75%、三级医院 65%。2008—2014 年海南省居民医保定点医疗机构住院起付线及报销比例如表 2-24 所示。

（2）门诊特殊病待遇标准。

从 2015 年 7 月 1 日起，居民医保门诊特殊疾病管理的病种包括各种恶性肿瘤、慢性肾功能衰竭、器官移植术后、血友病、脑血管意外（脑梗死、脑出血）后遗症、糖尿病、结核病、肝硬化、心脏病（风心病、高心病、肺心病、冠心病）、肾病综合征、癫痫症、性早熟等 30 种疾病（见表 2-25）。

表 2－24　2008—2014 年海南省城镇居民医保定点医疗机构住院起付线及报销比例

<table>
<tr><th>年份</th><th>类别</th><th>级别</th><th>定点医院范围</th><th>起付线（元）</th><th>补偿比例（%）</th><th>备注</th></tr>
<tr><td rowspan="3">2008
|
2012</td><td rowspan="3">居民医保</td><td>一级</td><td>乡镇卫生院/社区卫生服务中心</td><td>100</td><td>65</td><td rowspan="9">对重度残疾、低保对象、低收入家庭60周岁以上的老年人和未成年人、无城镇职工基本医疗保险的城镇优抚对象不设起付线</td></tr>
<tr><td>二级</td><td>各县/市二级医院</td><td>400</td><td>55</td></tr>
<tr><td>三级</td><td>全省各三级医院</td><td>600</td><td>45</td></tr>
<tr><td rowspan="3">2013</td><td rowspan="3">居民医保</td><td>一级</td><td>乡镇卫生院/社区卫生服务中心</td><td>100</td><td>90</td></tr>
<tr><td>二级</td><td>各县/市二级医院</td><td>300</td><td>70</td></tr>
<tr><td>三级</td><td>全省各三级医院</td><td>600</td><td>60</td></tr>
<tr><td rowspan="3">2014</td><td rowspan="3">居民医保</td><td>一级</td><td>乡镇卫生院/社区卫生服务中心</td><td>100</td><td>90</td></tr>
<tr><td>二级</td><td>各县/市二级医院</td><td>300</td><td>75</td></tr>
<tr><td>三级</td><td>全省各三级医院</td><td>350</td><td>65</td></tr>
</table>

表 2－25　2015 年海南省城镇居民基本医疗保险门诊特殊疾病定额标准

<table>
<tr><th>序号</th><th colspan="2">病　种</th><th>定额标准</th></tr>
<tr><td>1</td><td colspan="2">各种恶性肿瘤</td><td>按参保人具体治疗情况确定</td></tr>
<tr><td rowspan="3">2</td><td rowspan="3">慢性肾功能衰竭</td><td>药物保守治</td><td>1200 元/月</td></tr>
<tr><td>血液透析</td><td>4500 元/月</td></tr>
<tr><td>腹膜透析</td><td>4000 元/月</td></tr>
<tr><td>3</td><td colspan="2">慢性再生障碍性贫血</td><td>500 元/月</td></tr>
<tr><td>4</td><td colspan="2">血友病</td><td>4000 元/月</td></tr>
<tr><td>5</td><td colspan="2">脑血管意外（脑梗死、脑出血）后遗症</td><td>400 元/月</td></tr>
<tr><td>6</td><td colspan="2">帕金森氏综合征</td><td>400 元/月</td></tr>
<tr><td>7</td><td colspan="2">高血压病</td><td>400 元/月</td></tr>
<tr><td>8</td><td colspan="2">糖尿病</td><td>400 元/月</td></tr>
<tr><td>9</td><td colspan="2">精神病</td><td>350 元/月</td></tr>
<tr><td>10</td><td colspan="2">结核病</td><td>350 元/月</td></tr>
<tr><td>11</td><td colspan="2">泌尿系统震波碎石治疗</td><td>600 元/月</td></tr>
<tr><td>12</td><td colspan="2">肝硬化</td><td>600 元/月</td></tr>
<tr><td>13</td><td colspan="2">系统性红斑狼疮</td><td>650 元/月</td></tr>
<tr><td>14</td><td colspan="2">小儿智力障碍</td><td>2000 元/月</td></tr>
<tr><td rowspan="2">15</td><td colspan="2" rowspan="2">心脏病（风心病、高心病、肺心病、冠心病）</td><td>300 元/月</td></tr>
<tr><td>合并心衰（心功能Ⅲ级以上）500 元/月</td></tr>
</table>

续　表

序号	病　种		定额标准
16	心脏瓣膜置换术后		450 元/月
17	器官移植术后	肝移植	4500 元/月
		肾移植	3000 元/月
		骨髓移植	2500 元/月
18	重症肌无力		600 元/月
19	强直性脊柱炎		600 元/月
20	肾病综合征		300 元/月
21	硬皮病		400 元/月
22	运动神经元病		1000 元/月
23	骨髓增生异常综合征		400 元/月
24	原发性青光眼		200 元/月
25	癫痫症		300 元/月
26	慢性阻塞性肺病		300 元/月
27	小儿脑性瘫痪		2000 元/月
28	性早熟		2000 元/月
29	广泛性发育障碍		2000 元/月
30	血管介入治疗术后		400 元/月
			术后第一年 650 元/月

（3）普通门诊待遇标准。

根据《海南省区域统筹区城镇居民基本医疗保险普通门诊统筹暂行办法》的规定：从 2011 年 1 月 1 日起，参保人员在一级或一级以下医院，包括基层医院、卫生院、社区服务站和学校医务室普通门诊产生的费用，每次最高可报销 30 元，一年累计报销不超过 200 元。根据海南省人民政府办公厅印发的《海南省城镇居民基本医疗保险省级统筹实施办法》，从 2015 年 1 月 1 日起全省实行省级统筹后，海南省城镇居民不再享受普通门诊保险待遇。

5. 医疗费用情况分析

从 2015 年各市县的医疗费用情况来看，门诊特殊病次均费用最低的地区是琼中县，最高的是乐东县。而住院次均费用最低的是琼中县，最高的是五指山市（见表2－26）。次均费用反映了住院（就诊）人员的费用，这与病种、治疗方式有关。

表 2－26　2015 年全省各市县城镇居民医疗保险费用情况

地区	门诊特殊病			住院		
	费用支出（万元）	就诊人次	次均费用（元）	费用支出（万元）	出院人次	次均费用（元）
海口市	2163	33208	651	29679	39848	7448
三亚市	1692	15232	1111	30418	30150	10089
五指山市	55	168	3274	1313	1194	10997
琼海市	158	1598	989	3902	4783	8158
儋州市	93	1067	872	11770	17006	6921
文昌市	102	688	1483	4047	3788	10684
万宁市	N	N	N	4845	8301	5837
东方市	96	387	2481	3160	3098	10200
定安县	65	517	1257	2475	2876	8606
屯昌县	48	684	702	2324	3614	6431
澄迈县	108	1073	1007	4390	5378	8163
临高县	60	749	801	5919	13194	4486
白沙县	14	194	722	1553	2028	7658
昌江县	62	607	1021	2115	2334	9062
乐东县	11	24	4583	2624	3042	8626
陵水县	43	431	998	2402	3081	7796
保亭县	23	307	749	1504	2082	7224
琼中县	25	592	422	1226	3528	3475
合计	4818	57526	838	115666	149335	7745

注：数据来自《海南省社会保险统计年鉴 2016》；“N”代表统计数据缺失；三亚市数据含城乡统筹数据。

此外，海南省人民政府办公厅印发的《海南省人民政府办公厅关于调整城镇居民基本医疗保险有关政策的通知》（琼府办〔2009〕194 号）规定：符合计划生育政策、已领取生育服务证（手册）的参保产妇，在住院分娩时所发生的符合规定的医疗费用纳入住院统筹基金支付范围，按城镇居民基本医疗保险待遇标准支付。

第四节 海南省城乡居民大病医疗保险制度

大病医疗保险是随着劳保医疗和公费医疗的消失，逐步作为基本医疗保险的有益补充而发展起来的。中华人民共和国成立后最早的大病医疗保险起源于北京市东城区的蔬菜公司在内部实行的大病医疗统筹，统一支付住院费用超过300元的医药费用，所需基金从职工奖金中按每月人均3元提取，建立大病基金，分不同的档次按比例报销①。后来逐步推广，得到全国的普遍认可。海南建省办经济特区后，先在城镇从业人员中实行大病保险，而后又单独建立城乡居民大病医疗保险制度，以不断减轻城乡居民疾病经济负担。

一、海南省城镇职工大病医疗保险制度

2001年5月31日，海南省人民代表大会常务委员会通过的《海南省城镇从业人员基本医疗保险条例》是海南省较为明确地规定城镇从业人员“大病医疗保险”的文件。文件指出：城镇从业人员基本医保年最高支付限额以上的医疗费用，由统筹地区人民政府根据本地实际情况制定具体办法，组织实施社会补充医疗保险予以解决。企业补充医疗保险费在工资总额4%以内的部分，从职工福利费中列支；福利费不足列支的部分，经同级财政部门核准后列入成本。根据文件的规定，2001年9月14日，海南省人民政府出台《海南省社会补充医疗保险办法》，对如何建立城镇从业人员的补充医疗保险作出了详细的规定。文件规定：参保人在缴纳社会补充医疗保险费的当年享受社会补充医疗保险待遇。在省社会保险经办机构参加基本医疗保险的，2001年7月至12月的社会补充医疗保险费，每人共计20元，由用人单位和从业人员、退休人员各负担10元。自2002年1月起，社会补充医疗保险费按每人每年40元征收，其中用人单位缴纳20元，从业人员和退休人员个人缴纳20元。2007年7月23日海南省人民政府下发的《海南省人民政府关于调整省本级社会补充医疗保险费征收标准的通知》(琼府〔2007〕51号)规定：省本级社会补充医疗保险费征收标准调整为100元/人·年，其中，用人单位缴纳50元，从业人员和退休人员个人缴纳50元。

可能是因为费用收缴困难、职工参与积极性低，2011年5月10日，琼府

① 蔡少华．统筹医疗基金解决职工大病医疗［J］．中国劳动，1988（5）：47－48.

〔2011〕38 号文件宣布实施了 10 年的职工补充医疗保险制度失效。

为减轻重大疾病高额的医疗费用给参保患者带来的经济负担，2013 年 3 月海南省人力资源和社会保障厅印发了《关于开展城镇从业人员重大疾病医疗保险工作的通知》，将急性白血病（骨髓移植）与肝、肾移植等重大疾病纳入报销范围，由统筹基金按照住院统筹基金支付标准给予支付，最高可支付 24 万元，加上基本医疗保险统筹基金年累计最高支付限额的 26 万元，此次重大疾病医保的最高支付额度将达 50 万元。2014 年 7 月 11 日海南省人力资源和社会保障厅印发了《关于淋巴瘤骨髓移植纳入我省城镇从业人员重大疾病医疗保险报销范围的通知》，决定将淋巴瘤骨髓移植纳入城镇从业人员重大疾病医疗保险报销范围，享受重大疾病保障待遇时间自 2014 年 1 月 1 日起（出院结算时间为 2014 年 1 月 1 日后）。

二、海南省城乡居民大病医疗保险制度

城乡居民大病医疗保险制度在早期均归属于各省实施的基本医疗保险制度，直到国家统一出台城乡居民大病保险规定，才有了专门的城乡居民大病医疗保险制度。2014 年海南省出台了城乡居民大病医疗保险制度，以减少城乡居民的大病医疗费用支出。

1. 新农合中的大病保险制度

2003 年 11 月 27 日，海南省人民政府办公厅发布的《海南省人民政府办公厅关于印发海南省新型农村合作医疗试点意见的通知》（琼府办〔2003〕84 号）中指出：试点市、县要按照以大病统筹为主的原则，结合当地实际，合理确定新型农村合作医疗的补助范围与办法，要既能解决农民大病住院的费用补助，又能保证多数农民得到实惠，保护农民群众参加合作医疗的积极性。这样规定的初衷是解决参保农民大病住院费用。而在“低水平、广覆盖”的指引下，大病保障实则不力。同样的表述也体现在 2007 年 5 月 31 日海南省人民政府发布的《海南省人民政府印发关于做好城镇居民基本医疗保险试点工作意见的通知》（琼府〔2007〕35 号）中，文件指出：海南要用 2～3 年时间，在全省建立起以大病统筹为主的城镇居民基本医疗保险制度。

当然，随着国家和海南省委、省政府对“因病致贫、因病返贫”的重视，大病保障问题开始得到解决。2010 年 3 月 15 日海南省农村合作医疗协调小组办公室印发的《海南省农村合作医疗协调小组办公室关于开展提高 0～14 岁儿童重

大疾病新农合补偿水平试点工作的通知》（琼农合〔2010〕3号）指出：通过提高新农合补偿比、患者家庭合理分担医疗费用的方式，充分利用新农合历年累计结余基金，进一步缓解农民家庭的重大疾病经济负担。其中，急性淋巴细胞白血病、急性早幼粒细胞白血病患儿门诊化疗费用也计入住院补偿范围。2012年4月28日，海南省卫生厅、民政厅、财政厅发布《海南省提高农村居民重大疾病医疗保障水平实施方案》，将农村居民22类重大疾病纳入重大疾病病种范围，并对纳入重大疾病范围的病种作出了限价费用的规定（见表2－27）。

表2－27　海南省农村居民重大疾病范围、住院限价费用标准　单位：元

<table>
<tr><th>序号</th><th colspan="4">重大疾病范围
（含年龄及主要治疗方法）</th><th>限价费用标准</th><th>新农合基金定额支付标准</th><th>符合民政救助定额支付标准</th></tr>
<tr><td rowspan="10">1</td><td rowspan="10">0～14岁儿童简单先心病（包括四种先心病相互合并）</td><td rowspan="2">房间隔缺损</td><td colspan="2">外科手术</td><td>27000</td><td>20250</td><td>5400</td></tr>
<tr><td colspan="2">介入</td><td>29000</td><td>21750</td><td>5800</td></tr>
<tr><td rowspan="4">室间隔缺损</td><td rowspan="3">外科手术</td><td>≤1岁</td><td>50000</td><td>37500</td><td>10000</td></tr>
<tr><td>1～3岁</td><td>40000</td><td>30000</td><td>8000</td></tr>
<tr><td>>3岁</td><td>25000</td><td>18750</td><td>5000</td></tr>
<tr><td colspan="2">介入</td><td>34000</td><td>25500</td><td>6800</td></tr>
<tr><td rowspan="2">动脉导管未闭</td><td colspan="2">外科手术</td><td>24000</td><td>18000</td><td>4800</td></tr>
<tr><td colspan="2">介入</td><td>20000</td><td>15000</td><td>4000</td></tr>
<tr><td rowspan="2">肺动脉瓣狭窄</td><td colspan="2">外科手术</td><td>23000</td><td>17250</td><td>4600</td></tr>
<tr><td colspan="2">介入</td><td>15000</td><td>11250</td><td>3000</td></tr>
<tr><td>2</td><td>0～14岁儿童复杂先心病</td><td>先天性法鲁氏四联症（紫绀四联症）</td><td colspan="2">外科手术</td><td>50000</td><td>37500</td><td>10000</td></tr>
<tr><td>3</td><td>>14岁先心病</td><td>>14岁先心病</td><td colspan="2">介入手术</td><td>30000</td><td>22500</td><td>6000</td></tr>
<tr><td rowspan="3">4</td><td rowspan="3">0～14岁儿童急性白血病</td><td rowspan="2">急性淋巴细胞白血病</td><td colspan="2">标危组（全程）</td><td>80000</td><td>60000</td><td>16000</td></tr>
<tr><td colspan="2">中危组（全程）</td><td>150000</td><td>112500</td><td>30000</td></tr>
<tr><td>急性早幼粒细胞白血病</td><td colspan="2">规范化全程治疗</td><td>80000</td><td>60000</td><td>16000</td></tr>
</table>

续 表

<table>
<tr><th>序号</th><th colspan="3">重大疾病范围
（含年龄及主要治疗方法）</th><th>限价费用标准</th><th>新农合基金定额支付标准</th><th>符合民政救助定额支付标准</th></tr>
<tr><td rowspan="2">5</td><td rowspan="16">其他重大疾病</td><td rowspan="2">急性心肌梗塞</td><td rowspan="2">手术介入治疗</td><td>三级 59000</td><td>三级 41300</td><td>三级 12390</td></tr>
<tr><td>二级 51000</td><td>A：35700
B：43350</td><td>A：10710
B：5355</td></tr>
<tr><td>6</td><td>慢性粒细胞白血病</td><td>规范化治疗</td><td colspan="3">由慈善机构援助减免后，剩余医药总费用按二、三级新农合与医疗救助标准进行补偿支付和救助</td></tr>
<tr><td>7</td><td>艾滋病机会性感染</td><td>规范化治疗</td><td colspan="3">按二、三级定点医院实际发生的住院医药费用，新农合基金与重大疾病患者分别按85%和70%支付，符合救助条件的，医疗救助再按自付部分的70%支付</td></tr>
<tr><td rowspan="2">8</td><td rowspan="2">乳腺癌</td><td rowspan="2">手术治疗</td><td>三级 12000</td><td>三级 8400</td><td>三级 2520</td></tr>
<tr><td>二级 8000</td><td>A：5600
B：6800</td><td>A：1680
B：840</td></tr>
<tr><td rowspan="2">9</td><td rowspan="2">宫颈癌</td><td rowspan="2">手术治疗</td><td>三级 13000</td><td>三级 9100</td><td>三级 2730</td></tr>
<tr><td>二级 9000</td><td>A：6300
B：7650</td><td>A：1890
B：945</td></tr>
<tr><td rowspan="3">10</td><td rowspan="3">终末期肾病</td><td rowspan="2">血液透析（每次）</td><td>三级 420</td><td>三级 294</td><td>三级 88</td></tr>
<tr><td>二级 400</td><td>A：280
B：340</td><td>A：84
B：42</td></tr>
<tr><td>腹膜透析（每袋）</td><td>二级 40</td><td>A：28，B：34</td><td>A：8，B：4</td></tr>
<tr><td>11</td><td>耐多药肺结核</td><td>规范化治疗</td><td>9800</td><td>6860</td><td>2058</td></tr>
<tr><td>12</td><td>重性精神病</td><td>规范化治疗</td><td>省安宁医院（一类）：8000
省平山医院（二类）：5400</td><td>一类：5600
二类：3780</td><td>一类：1680
二类：1134</td></tr>
</table>

续 表

序号	重大疾病范围（含年龄及主要治疗方法）			限价费用标准	新农合基金定额支付标准	符合民政救助定额支付标准
13	其他重大疾病	肺癌	手术治疗	三级一类：31000 二类：42000	三级一类：21700 二类：29400	三级一类：6510 二类：8820
				二级一类：17000	A：一类 11900 B：一类 14450	A：一类 3570 B：一类 1785
14		食道癌	手术治疗	三级 47000	三级 32900	三级 9870
				二级 21000	A：14700 B：17850	A：4410 B：2205
15		胃癌	手术治疗	三级 33000	三级 23100	三级 6930
				二级 16000	A：11200 B：13600	A：3360 B：1680
16		结肠癌	手术治疗	三级一类：31000 二类：34000	三级一类：21700 二类：23800	三级一类：6510 二类：7140
				二级一类 16000	A：一类 11200 B：一类 13600	A：一类 3360 B：一类 1680
17		直肠癌	手术治疗	三级一类：31000 二类：36000	三级一类：21700 二类：25200	三级一类：6510 二类：7560
				二级一类 17000	A：一类 11900 B：一类 14450	A：一类 3570 B：一类 1785
18		脑梗死	手术治疗（一类） 非手术治疗（二类）	三级一类：58000 二类：11000	三级一类：40600 二类：7700	三级一类：12180 二类：2310
				二级二类：6000	A：二类 4200 B：二类 5100	A：二类 1260 B：二类 630

续 表

序号	重大疾病范围（含年龄及主要治疗方法）			限价费用标准	新农合基金定额支付标准	符合民政救助定额支付标准
19	其他重大疾病	血友病	规范化治疗	三级 5500	三级 3850	三级 1155
				二级 3900	A：2730 B：3315	A：819 B：410
20		Ⅰ型糖尿病	规范化治疗	三级 11000	三级 7700	三级 2310
				二级 4600	A：3220 B：3910	A：966 B：483
21		甲亢	手术治疗	三级 9000	三级 6300	三级 1890
				二级 6000	A：4200 B：5100	A：1260 B：630
22		唇腭裂	手术治疗	三级 5000	三级 3500	三级 1050
				二级 4000	A：2800 B：3400	A：840 B：420

注：A 为省市二级，B 为市县二级。

2012 年 4 月 28 日海南省卫生厅、海南省财政厅印发的《海南省新型农村合作医疗统筹补偿方案（2012 版）》指出：探索试点从住院统筹基金中提取 10 元/人的资金用于建立大额补充医疗保险，协同推进大病省级统筹，委托商业保险机构经办，提高大额医药费用的保障水平。大病二次补偿应作为当年统筹基金有效使用的调节补偿办法。为了进一步做好大病医保工作，2012 年 12 月 6 日海南省卫生和计划生育委员会印发的《关于做好 2012 年新型农村合作医疗大病二次补偿工作的通知》中指出：高额医疗费用原则上以个人年度累计负担的符合新农合报销目录的医疗费用（有效费用）超过海南省 2011 年农民年人均纯收入为标准，大病二次补偿可以按自付合理医疗费用的高低分段制定补偿比例，原则上按照不低于 50% 的比例给予补偿。年度内大病二次补偿应明确最高支付限额，力争避免农村居民出现家庭灾难性医疗支出。而且对《海南省提高农村居民重大疾病医疗保障水平实施方案》划定的 22 类重大疾病先由新农合按限价费用不低于 70% 的比例进行补偿，对补偿后个人自付部分（含不予支付的事项），再由大病二次补偿基金按照不低于 50% 的比例给予补偿，并按自付费用高低分段提高补偿比例，力争重大疾病参合患者个人自付比例不超过 10%。这两个文件的出台为减轻农村居民大病经济负担提供了制度保证。为了进一步减轻参合农村居民的大病负担，2013 年 1 月 10 日海南省农村合作医疗协调小组办公室印发的《海南省新型农村合作医疗统筹补偿方案（2013 年版）》将全省 23 类重大疾病最高支付限额统一设定为 20 万元。

2013 年 4 月 9 日，海南省民政厅、海南省财政厅、海南省人力资源和社会保障厅、海南省卫生厅联合下发的《关于开展重特大疾病医疗救助工作的通知》对实施重特大疾病医疗救助的对象及补助标准作出了规定。通知指出：向重特大疾病的农村五保户、城乡低保户、城乡重点优抚对象（不含 1 ~6 级残疾军人）、低收入老年人、重度残疾人以及其他患重特大疾病、个人负担基本医疗费用 8000 元以上的城乡低收入困难家庭人员提供22 类重大疾病（见表2 –27 中“重大疾病范围”）救助，所需资金从城乡医疗救助资金中统筹安排，救助待遇最高为 2 万元/人·年。

2. 城乡居民大病医疗保险制度的建立与发展

在国家统一部署下，海南省人民政府 2014 年 8 月 15 日下发了《海南省人民政府关于开展城乡居民大病保险工作的实施意见》（琼府〔2014〕44 号），文件指出 2014 年年底城乡居民大病保险覆盖全省所有城镇居民医保、新农合的参保（合）人员，对参保（合）人员基本医保报销后的个人负担费用，大病保险平均实际支付比例不低于 50%。2014 年全省城乡居民大病保险起付线为 8000 元（即个人自付符合基本医疗保险政策报销范围内的住院统筹年度内和特殊病种大额门诊费用达到 8000 元，不含 8000 元以下费用），最高（封顶线）支付限额为 22 万元，起付线不含基本医疗保险起付标准以下个人负担部分。此文件的实施标志着海南省城乡居民大病保险从分散的、单一的制度走向规范化，制度更趋公平（具体内容见表 2 –28）。

表 2 –28　海南省城乡居民大病保险工作的基本内容

项目	基本内容	
筹资	新农合	25 元/人·年
	城居保	29 元/人·年
经办	中国人寿保险股份有限公司海南省分公司	海口、万宁、琼海、定安、屯昌、昌江、东方、琼中、五指山、保亭 10 个市县（区）
	平安养老保险股份有限公司海南分公司	三亚、儋州、文昌、澄迈、陵水、临高、乐东、白沙、洋浦、三沙 10 个市县（区）

续　表

项目	基本内容
待遇	凡是年度内住院和特殊病种大病门诊费用经基本医疗保险报销后，个人负担的合规医疗费用累计 8000 元以上的部分（不含大病保险起付线以下部分），大病保险基金按比例分段累进予以报销，个人年度大病保险基金支付限额为 22 万元

按照琼府〔2014〕44 号文件要求，2015 年中国人寿和平安养老两家商业保险公司筛选出 2014 年度符合大病保险补偿条件的对象约 2.8 万名，补偿金额总计 1.7 亿余元，人均补偿 6228 元，有效减轻了大病患者看病就医负担（报销比例见表 2－29）。

表 2－29　海南省城乡居民大病保险补偿比例

扣除基本医疗保险起付线后个人合规医疗费用区间段	报销比例（%）
起付线 8000 元（含）以下部分	0
8000 元～2.4 万元（含）部分	50
2.4 万～4.0 万元（含）部分	55
4.0 万～5.6 万元（含）部分	60
5.6 万～7.2 万元（含）部分	65
7.2 万～8.8 万元（含）部分	70
8.8 万元以上部分	75

近年来，国家不断提高城乡居民基本医保人均财政补贴标准，并要求从增加的财政补贴中拿出一部分用于大病医保。2015 年，从增加的补贴中拿出 20 元/人用于大病保险全面实施，2016 年又从增加的补贴中拿出 10 元/人用于增强大病保险保障功能。随后在海南省历年深化医药卫生体制改革方面的重要文件中均提出要完善城乡大病医疗保险制度、理顺各种关系，提高城乡居民健康水平，如 2015 年 8 月 19 日海南省人民政府办公厅下发的《海南省深化医药卫生体制改革近期重点工作任务》、2016 年 1 月 12 日海南省农村合作医疗协调小组办公室印发的《关于做好 2016 年城乡居民大病保险即时结报工作的通知》、2016 年 6 月 13 日海南省卫生和计划生育委员会印发《关于加快完成 2014 年度和 2015 年度新农合大病保险回补工作的通知》、2016 年 8 月 5 日海南省人民政府办公厅下发的《海南省深化医药卫生体制改革 2016 年重点工作任务》等文件。

从海南省医疗保险政策文件来看，很多文件中均涉及大病医疗保险（见表2－30)，可见海南省委省政府对大病医保工作极为重视。

表2－30　　海南省大病保险制度相关的主要政策文件

发文年份	文件	要点
2001	《海南省城镇从业人员基本医疗保险条例》	国家公务员及符合国务院有关国家公务员医疗补助规定的其他人员，在参加基本医疗保险的基础上，由财政实行医疗补助
2001	《海南省社会补充医疗保险办法》	在省社会保险经办机构参加基本医疗保险的，2001年7月至12月的社会补充医疗保险费，每人共计20元，由用人单位和从业人员、退休人员各负担10元。自2002年1月起，社会补充医疗保险费按每人每年40元征收，其中用人单位缴纳20元，从业人员和退休人员个人缴纳20元
2003	《海南省新型农村合作医疗试点意见》	新型农村合作医疗基金主要补助参加新型农村合作医疗农民的大额医疗费用或住院医疗费用
2007	《关于做好城镇居民基本医疗保险试点工作意见的通知》	建立起以大病统筹为主的城镇居民基本医疗保险制度
2010	《关于开展提高0～14岁儿童重大疾病新农合补偿水平试点工作的通知》	通过提高新农合补偿比、患者家庭合理分担医疗费用的方式，充分利用新农合历年累计的结余基金，进一步缓解农民家庭的重大疾病经济负担
2012	《海南省提高农村居民重大疾病医疗保障水平实施方案》	将22类重大疾病纳入重大疾病病种范围，确定了医保报销比例和自付比例
2012	《海南省新型农村合作医疗统筹补偿方案（2012版)》	探索试点从住院统筹基金中提取10元/人的资金用于建立大额补充医疗保险，协同推进大病省级统筹，委托商业保险机构经办，提高大额医药费用的保障水平
2012	《关于做好2012年新型农村合作医疗大病二次补偿工作的通知》	大病二次补偿可以按自付合理医疗费用高低分段制定补偿比例，原则上按照不低于50%的比例给予补偿

续 表

发文年份	文件	要点
2013	《海南省新型农村合作医疗统筹补偿方案（2013 年版）》	全省将 23 类重大疾病最高支付限额统一为 20 万元。从住院统筹基金中提取一定的资金用于建立大病医疗保险（或大病二次补偿）
2013	《关于开展城镇从业人员重大疾病医疗保险工作的通知》	因重大疾病产生的医疗费，在移植手术费结算当年，超出基本医疗保险统筹基金最高支付限额剩余的部分，由统筹基金按照住院统筹基金支付标准给予支付，最高可支付 24 万元
2013	《关于开展重特大疾病医疗救助工作的通知》	救助基本医疗费用 8000 元以上的城乡低收入困难家庭人员
2014	《关于开展城乡居民大病保险工作的实施意见》	到 2014 年年底，城乡居民大病保险覆盖全省所有城镇居民医保、新农合的参保（合）人员，对参保（合）人员基本医保报销后的个人负担费用，大病保险平均实际支付比例不低于 50%；2014 年全省城乡居民大病保险起付线为 8000 元，封顶线为 22 万元
2014	《海南省深化医药卫生体制改革 2014 年重点工作任务》	启动海南省城乡居民大病保险
2015	《海南省深化医药卫生体制改革近期重点工作任务》	2015 年 10 月 1 日前启动大病保险工作，落实大病保险对患者的补偿政策要求，切实减轻患者负担
2016	《关于做好 2016 年城乡居民大病保险即时结报工作的通知》	2016 年城乡居民大病保险对符合大病保险条件的患者实行即时结报。实行基本医疗保障补偿与大病保险补偿同步即时结算的“一站式”服务
2016	《关于加快完成 2014 年度和 2015 年度新农合大病保险回补工作的通知》	2014 年大病保险力争人次年度回补率达到 95% 以上
2016	《海南省深化医药卫生体制改革 2016 年重点工作任务》	实施城乡居民大病保险即时结报工作，对包括建档立卡贫困人口、五保供养对象和低保对象等在内的城乡贫困人口实行倾斜性支付政策

第五节　海南省住院医疗费用增长情况分析

医疗保险制度作为保障人们健康的制度安排，在现代社会保障体系中占据重要地位。随着经济社会的发展、多种因素的增加，住院医疗费用快速增长。过高的住院医疗费用不仅给患者带来沉重的经济负担，给各级政府造成了较大的财政压力，同时也加大了医院、医疗保险行政机构和经办机构的管理难度。因此，住院医疗费用控制问题成为当前及今后很长一段时期内医疗改革的重要课题。

一、住院医疗费用增长因素研究回顾

从住院医疗费用的构成来看，每一次住院产生的费用少则数项，多则数十项，甚至上百项，每一项微小的变化都会影响到最后的总住院医疗费用。有研究表明政府补贴有助于降低患者住院医疗费用；也有研究证实了老龄化、经济发展与其他因素（收入、医疗技术进步等）一起推动医疗费用缓慢上涨；卫生事业的预算、国内生产总值、病床数等均与医疗费用有着密切的关系；当然也有研究认为导致住院医疗费用上涨的因素还可能包括新技术的应用、患者对政策的知晓情况、政府监督不严等。

Gerdtham（1992）、Barro（1998）、Keohane（2017）研究表明 GDP（国内生产总值）、政府支出及老龄化比例影响医疗费用的变化；Hitiris 和 Posnett（1992）认为 GDP 对医疗费用增长影响最大；Murthy 和 Ukpolo（1994）认为人均实际 GDP、医师数、老龄化程度等均影响医疗费用；Christian（1998）认为医疗费用的增长与医疗技术进步、婴儿死亡率等有显著的关系。Ali S. A.（2017）认为经济增长、政府支出和老龄人口比例对医疗费用产生重要的影响。

通过文献研究发现，经济发展水平、老龄化程度、医院病床数、卫生技术人员的数量、政府在卫生事业上的支出以及对医疗机构本身的投资（改扩建、购置新的设备等）等都会影响医疗费用的增长，同样也会影响住院医疗费用。因此，本书在现有研究的基础上选取 1998—2016 年海南省相关数据作为研究对象，进一步探讨医疗技术、参保人数、居民存款与住院医疗费用增长的关系，并提出相关的对策建议。

二、影响住院医疗费用的实证分析

1. 数据选取与处理

在李军山（2013）研究基础上，引入“参保人数”组成多个变量，对住院医疗费用增长进行分析。本书选取 1998—2016 年《海南年鉴》中的医疗技术、参保人数、居民存款与住院医疗费用作为研究对象，通过 Excel 建立时间序列数据库，运用 Stata13.0 统计软件通过相关性分析、单位根检验、回归分析和格兰杰因果关系检验进行说明，$P<0.05$ 表示具有统计学意义。

2. 基本情况分析

据《中国卫生和计划生育统计年鉴（2016）》可知：2015 年海南省次均住院费用 8887.9 元，比全国次均住院费用 8268.1 元高出 619.8 元，位列全国第 7 位（居京、沪、津、浙、苏、粤之后）；这一费用较 2010 年上涨了 39.18%。

从 1998—2016 年的数据来看，海南省次均住院费用从 1998 年的 2925 元增加到 2016 年的 9684 元，参保人数也由 1998 年的 15.74 万人增加到 2016 年的 863.69 万人。其间，海南省于 2003 年、2007 年分别开展新农合和城镇居民医保，使参保群体由城镇职工变为全体城乡居民，参保率也从 1998 年的 2.14% 上升至 2016 年的 95.73%。与此同时，因参保人增多而引起医保统筹基金支出总量快速增长，2016 年海南省城镇医保统筹基金支出 51.86 亿元（包括职工医保和居民医保），较 2015 年增加了 9.11%。居民人均存款代表经济社会发展后人们的富裕程度，存款越多表明城乡居民富裕程度越高。2016 年海南省城乡居民人均存款增长到 1998 年的 7.09 倍。医疗技术通常用质量调整生命年、婴儿死亡率等表示，由于考虑到数据的可获得性，一般用婴儿死亡率表示医疗技术的进步程度，婴儿死亡率越低说明医疗技术水平越高，这一数据从 1998 年的 34.04‰下降至 2016 年的 6.22‰，说明医疗领域的技术进步很快。从总体上看，居民人均存款、医疗技术、参保人数及次均住院医疗费用均呈增长趋势（见表 2－31 和图 2－6）。

表 2－31　1998 年、2016 年海南省医疗技术、参保人数、居民人均存款与次均住院医疗费用情况

项　目	变量定义	1998 年	2016 年	变动倍数
医疗技术	用"Tec"表示，一般用婴儿死亡率（‰）表示	34.04	6.22	－5.47①
参保人数（万）	用"Ins"表示，包括职工、居民、新农合参保人数	15.74	863.69	54.87
居民人均存款（元/人）	用"Psave"表示，代表城乡居民富裕程度	5257	37260	7.09
次均住院医疗费用（元）	用"Cost"表示，代表次均住院费用情况	2925	9684②	3.31

注：①为婴儿死亡率下降的程度；②为预估数。

3. 相关性分析

对 4 个变量采用 Spearman（斯皮尔曼）做相关分析和显著性检验，结果如表 2－32 所示：4 个变量之间存在着高度相关，次均住院医疗费用与居民人均存款、参保人数、医疗技术之间的相关系数均大于 0.9，且 $P<0.01$。从总体上看，居民人均存款等 3 个因素均与次均住院医疗费用高度相关。

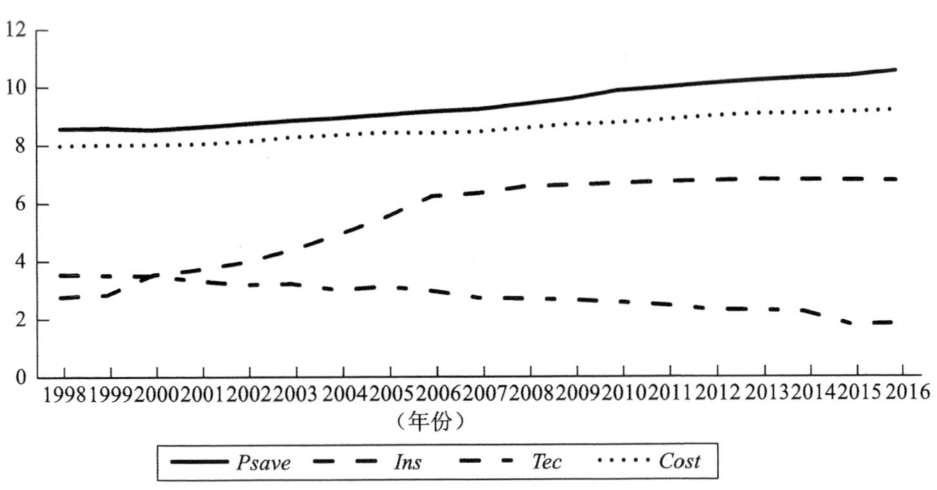

图 2－6　1998—2016 年海南省医疗技术、参保人数、居民人均存款与次均住院医疗费用取对数后的变动趋势

表 2-32 4 个变量的 Spearman 分析结果

	Cost	*Psave*	*Ins*	*Tec*
Cost	1			
Psave	0.9874**	1		
Ins	0.9132**	0.867**	1	
Tec	-0.9288**	-0.8809**	-0.9429**	1

注：** 表示 $P<0.01$。

4. 回归分析

对时间序列数据的回归分析，需要进行单位根与协整检验，以防止出现“伪回归”现象。通过对数据进行 ADF 检验（单位根检验）（见表 2-33），发现次均住院医疗费用与城乡居民人均存款、参保人数、医疗技术在 2 阶条件下均不存在单位根，可以进行协整分析。

表 2-33 次均住院医疗费用与居民人均存款、参保人数、医疗技术的 ADF 检验结果

变量	*c*，*t*，*q*	*ADF*	结论
Cost	(1，0，2)	-4.556**	平稳
Psave	(1，0，2)	-5.25**	平稳
Ins	(1，0，2)	-3.75**	平稳
Tec	(1，0，1)	-3.75**	平稳

注：** 表示在 1% 水平下显著；*c*、*t* 分别代表是否带有截距项和趋势项（1 表示有，0 表示没有），*q* 表示滞后阶数。

通过 Johansen 协整检验，结果显示 $t=36.301$，$df=16$，$P<0.01$，残差序列平稳。因此，次均住院医疗费用与医疗技术、居民人均存款、参保人数均存在着长期协整关系，可以进行回归分析。Johansen 协整模型回归结果如表2-34所示。

表 2-34 Johansen 协整模型回归结果

	系数	标准误差	*t* 值	*P* 值
Tec	-60.7508	16.95057	-3.58	0.000
d. Ins	-3.04974	1.226253	-2.49	0.013
d. Psave	-0.54675	0.109022	-5.02	0.000
常数	1919.577	—	—	—

注：$P=0.000$，“—”代表数据缺失。

根据表 2-34 构建出 Johansen 协整方程：

$$d.Cost - 60.7508Tec - 3.04974d.Ins - 0.54675d.Psave + 1919.577 = 0$$

把住院医疗费用作为因变量，城乡居民人均存款、参保人数、医疗技术作为自变量，对上述协整方程进行变形：

$$d.Cost = -1919.577 + 60.7508Tec + 3.04974d.Ins + 0.54675d.Psave$$

因此，可以发现居民人均存款、参保人数、医疗技术与次均住院医疗费用是正向变动关系，从长期来看城乡居民人均存款越多，次均住院医疗费用越高；参保人数增加，将会推动住院医疗费用上涨；医疗技术进步越快，住院医疗费用增长越快。

5. 格兰杰因果关系检验

为了进一步分析居民人均存款、参保人数、医疗技术与次均住院医疗费用增长之间的内在因果联系，对变量进行格兰杰因果关系检验，检验结果如表 2-35 所示。当滞后期为 3 期时，居民人均存款是次均住院医疗费用的格兰杰因，城乡居民人均存款数量会影响次均住院医疗费用，而次均住院医疗费用不是居民人均存款的格兰杰因，因此，次均住院医疗费用对居民人均存款影响不显著。同理，在滞后 1 期时，医疗技术、参保人数是次均住院医疗费用的格兰杰因，并对次均住院医疗费用产生显著的影响，而次均住院医疗费用不是医疗技术、参保人数的格兰杰因，因此，次均住院医疗费用对医疗技术、参保人数影响不显著。

表 2-35 居民人均存款、医疗技术、参保人数与次均住院医疗费用的格兰杰因果关系检验

滞后期	零假设	F 统计量	P 值	结论
3	居民人均存款不是次均住院医疗费用的格兰杰因	5.14	0.0427	拒绝
	次均住院医疗费用不是居民人均存款的格兰杰因	0.33	0.5756	接受
1	医疗技术不是次均住院医疗费用的格兰杰因	4.45	0.05	拒绝
	次均住院医疗费用不是医疗技术的格兰杰因	0.425	0.68	接受
	参保人数不是次均住院医疗费用的格兰杰因	4.48	0.0446	拒绝
	次均住院医疗费用不是参保人数的格兰杰因	0.58	0.4598	接受

三、结论与讨论

通过分析，可以看出居民人均存款数量的增加、参保人数的增加、医疗技术的进步都会导致住院医疗费用的上涨，因此，要遏制不合理的住院医疗费用的增长需要从以下几方面着手。

（1）加强城乡居民疾病诊疗知识教育，引导病人理性就医。现在经济条件越来越好，城乡居民存款会持续增加，在疾病诊疗过程中，治疗所需医疗费用不再是患者及其家属考虑的首要因素。患者在住院治疗时会选购治疗效果好的贵重或最新药品或耗材、使用检查结果最准确的仪器设备、享受最优质的服务等，无疑这种就医选择会使住院医疗费用长期居高不下，并呈持续上涨的态势。此外，患者选择大型医疗机构住院直至出院，也是推高医疗费用的原因。因此，普及健康知识、引导患者理性就医、落实分级诊疗等措施，有助于降低住院医疗总费用。

（2）严管高新尖的医疗设备滥用，控制医疗费用不合理上涨。医疗技术的进步有助于提高疾病的正确诊断率、治愈率、缩短恢复周期，因此，从长远来看能有效地降低医疗费用，但从短期来看会使医疗费用快速上涨，而高新尖的医疗设备滥用是医疗费用上涨的主要原因之一。规范和控制高新尖的医疗设备使用范围，普及和使用先进的诊疗技术，让诊疗技术逐渐“下沉”，进一步明确医疗机构的功能定位，会起到遏制医疗费用不合理增长的作用。

（3）严防医保基金支出的“跑冒滴漏”，使医疗费用回归正常水平。2007 年，我国实现了医疗保险制度的全覆盖，标志着全民医保时代的到来。2016 年，海南省基本医疗保险参保率在 95% 以上，医保定点医院 77% 左右的业务收入来自医保基金的支出。因此，随着参保人数的不断增加、医保基金规模的不断扩大，医保待遇不断提高，促使参保患者到医疗机构看病住院，享受医保基金补偿待遇。理论上说，参保人数越多、议价能力越强，所需医疗费用越低；但是在医疗服务市场上存在着“医患合谋”“诱导需求”“信息不对称”“分解住院”等现象，使得当前医疗费用“病态”上涨，再加上医保经办机构、医疗机构对医保基金使用、监督不到位，导致医保基金“跑冒滴漏”，更是助长了医疗费用的上涨。因此，加大医保基金监管力度、深化医保支付方式改革等措施和手段，能够使医疗费用回归正常水平。

导致住院医疗费用上涨的因素是复杂而多样的，因此，控制医疗费用不合理的增长需要巧打组合拳，既要强化政府在制定控费政策方面的引导作用，也要调动医保经办机构的能动作用，更要发挥医疗机构主动控费的积极性，同时还要增强国民健康意识和理性就医意识。通过系统治理，医疗费用的不合理增长定会得到有效遏制，费用会逐步回归正常。

第六节　海南省医保支付方式改革历程

海南省医保自 1991 年实施以来，医疗保险费用支付方式的改革也随之启动。总体来说，大致经历了以下几个时期（见图 2 -7）。

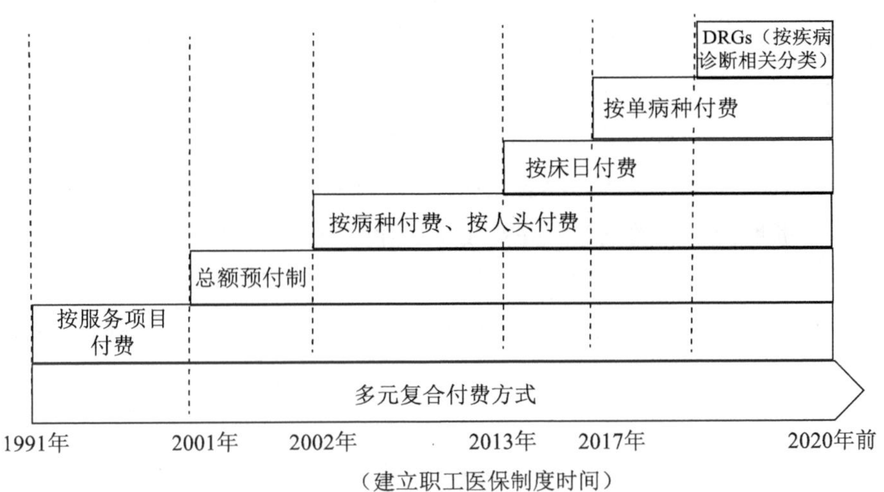

图 2 -7　海南省医保（含新农合）支付方式改革时间轴

1991 年海南省获批全国首批社会保障综合改革试点地区，为了促进海南省职工医保快速发展，1991 年 11 月 16 日海南省人民政府发布《海南省职工医疗保险暂行规定》，本文件成为海南建省办特区以来第一个有关职工医保的规范性法律文件。文件规定了职工医疗保险基金可以列支的八大类别，这种做法也是 1951 年《中华人民共和国劳动保险条例》列支的延续，即文件中规定的项目可以列支，没有规定的暂不列支。

在 1998 年国务院下发《国务院关于建立城镇职工基本医疗保险制度的决定》（国发〔1998〕44 号）后，海南省职工医保的建设随即在国家框架和体系下进行了调整，2001 年 5 月 31 日，海南省第二届人民代表大会常务委员会第 20 次会议通过《海南省城镇从业人员基本医疗保险条例》，文件指出，统筹基金可以对定点医疗机构实行总额预付结算，这也标志着总额预付制在海南开始实施。

2002 年颁布了参保人员享受基本医疗保险门诊特殊疾病病种待遇的有关文

件，文件列出了 13 类门诊特殊疾病可以申请享受特殊疾病待遇，门诊特殊疾病病种按人头按月定额支付医保费用，这被视为按人头付费实践。同年 8 月，海南省人事劳动保障厅颁布了城镇从业人员医保病种目录，涵盖 22 大类中的 400 多个病种。文件规定，凡是列入病种的方可通过统筹基金报销，既未列入统筹基金支付医疗费又未列入统筹基金不予支付医疗费的疾病，需由定点医院按规定审批同意后，统筹基金方能支付。

2013 年海南在文昌市二级医疗机构开展新农合按床日付费试点，2015 年全省一级医疗机构全部实行新农合按床日付费。此后，按床日付费又逐步扩大到精神病、安宁疗护、医疗康复等需要长期住院治疗且日均费用较稳定的疾病。

2017 年年底，海南省物价局、省卫生和计划生育委员会、省人力资源和社会保障厅联合下发了《关于省属公立医院按病种收费有关问题的通知》，文件依照海南省诊断明确、技术成熟、并发症少、疗效确切、诊疗规范明晰的原则对临床路径规范、治疗效果明确的 102 个常见病和多发病实行单病种收费管理，病种的收费实行最高指导价，医疗机构可以根据成本费用变化情况自主向下浮动，幅度不限。此时的按病种付费（单病种）较 2002 年的按病种付费更具有指导意义和可操作性。

按照国家有关文件的要求，海南省人民政府办公厅发布的《海南省人民政府办公厅关于印发海南省进一步深化基本医疗保险支付方式改革实施方案的通知》（琼府办〔2017〕146 号）要求 2020 年前探索开展按疾病诊断相关分组付费试点。

由于医保支付方式改革是一个长期的系统工程，需要多方努力、共同协作才能发挥作用。因此，在长期的改革实践中，单一的支付方式已经不能适应医疗保险制度发展的需要，需要不断完善和改革支付方式体系，多元复合付费无疑是最为现实的选择。

第七节　制度评析与展望

医疗保险制度作为我国社会保险最重要的组成部分之一，在保障人民健康方面发挥着积极作用，特别是对缓解“因病致贫、因病返贫”问题具有重要意义。海南省自启动医疗保险制度建设以来，取得了重大成就。

一、主要成就

制度全覆盖，参保率稳步提高。2016 年，全省三项医疗保险制度分别实现了 95% 以上的参保率，位居全国前列。目前针对全省城乡居民的基本医疗保险体系基本建立，制度实现全覆盖。

待遇水平逐步提升。三项基本医疗保险的最高支付限额（封顶线）、补偿比（报销比例）随着经济社会发展水平的提高而不断上升，目前三项基本医疗保险最高支付限额均超过了上一年度社平工资的 6 倍，补偿比在基层医疗机构达到 90%，三级医疗机构的补偿比也在 65% 以上，切实减轻了参保人的负担。

制度锐意改革创新。一是开创医保改革的海南模式。二是从业人员医保个人账户资金用途广泛，不限于医药费用的支出。三是开展城乡居民基本医疗保险整合。三亚市创全省之先河，于 2009 年 9 月开展城乡居民医疗保险一体化试点工作，将新农合、居民医保两项制度整合，开启了全国城乡医保整合实践，为海南省乃至全国提供了有益的实践经验。四是实现基本医疗保险省级统筹，海南省三项基本医疗保险制度分别于 2012 年（城镇从业人员基本医疗保险制度）、2013 年（新型农村合作医疗保险制度）和 2015 年（城镇居民基本医疗保险制度）实行省级统筹，海南省也是全国较早实现省级统筹的省份。五是开展异地就医结算服务，2016 年 9 月海南率先实现异地就医结算全国覆盖（港澳台除外），2017 年 1 月 17 日跨省异地就医结算全国联网第一例在海南实现。六是最早下文设立省级医疗保障管理局，2017 年 9 月海南省编办下发通知将设立海南省医疗保障管理局。

二、制度展望

开展“三险合一”整合。“三险合一”是基本医疗保险制度发展的必然趋势，同时也是制度选择的必然结果。海南省已经具备了三险合一的制度基础、经济基础和政治基础，因此，根据海南省三项基本医疗保险制度运行特点，考虑到多次整合制度所造成的效率损失，采取“三险直接整合”的路径无疑是最理想的方式（见图 2－8）。

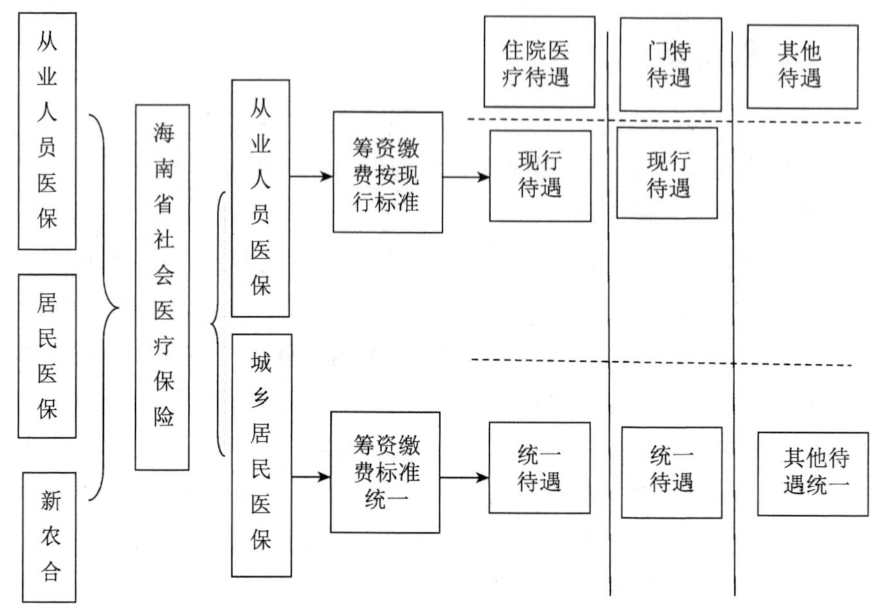

图 2－8　海南省“三险直接整合”及待遇类型示意

深化支付方式改革。一是在尊重现行医保支付方式体系的基础上进行渐进式改革，在改革成本最小化的条件下来实现改革收益最大化。对住院医疗服务，主要按病种、按疾病诊断相关分组付费；长期、慢性病住院医疗服务可按床日付费；对基层医疗服务，可按人头付费，积极探索将按人头付费与慢性病管理相结合；对不宜打包付费的复杂病例和门诊费用，按项目付费。其优点在于改革的成本和政策变动较小，能够体现政策的循序渐进，通过支付方式的不断调整来达到医疗服务体系优化的目标。二是按照国际上医保支付方式发展的趋势，分步骤推进以不同医保支付方式为重点的全面深入改革。第一步，重点推行按病种付费，原则上对诊疗方案和出入院标准比较明确、诊疗技术比较成熟的疾病实行按病种付费。第二步，开展按疾病诊断相关分组付费，建立按疾病诊断相关分组付费体系。第三步，探索以家庭责任医生和医疗联合体为基础的按人头付费，实现支付方式改革的创新收益最大化。这一阶段改革面临的阻力和风险较大，但收益也可能更大，能够从根本上建立一套符合未来中国新型医疗保障体系的支付方式，最终引导建立一个与美好新海南建设相适应的“有效、有序、可持续”的医疗卫生服务体系，实现安全、有效、方便、价廉、定点医疗、社区首诊、分级诊疗、双向转诊、防治结合、可持续的新医改目标。

积极探索长护制度。将长护制度纳入医疗保险体系，在国内的部分省份已经得到了广泛的实践，因此，海南省应尽快拿出可行的方案，科学测算，探索建立符合海南省特点的长护制度。

开展生育保险和职工医保合并实施的政策储备。2016 年 12 月，十二届全国人大常委会第二十五次会议授权国务院在河北省邯郸市、山西省晋中市等 12 个城市将生育保险基金并入职工基本医疗保险基金征缴和管理。2017 年 1 月 19 日《国务院办公厅印发关于生育保险和职工基本医疗保险合并实施试点方案的通知》（国办发〔2017〕6 号）要求试点城市按"统一参保登记、统一基金征缴和管理、统一医疗服务管理、统一经办和信息服务、职工生育期间的生育保险待遇不变"开展试点工作。因此，海南省要不断总结试点城市的经验，提前做好生育保险和职工医保合并实施的谋划，紧紧围绕"四统一，一不变"调整政策、整合资源，以达到"强化基金共济能力，提升管理综合效能，降低管理运行成本"的目的。

第三章　海南省城镇从业人员失业保险制度

1911 年英国颁布的《国民保险法》开创了失业保险现代立法之先河，该法对失业保险的原则、适应范围、基金来源（强制性及雇主、雇员和政府三方负担）、保险津贴领取标准、申办程序、管理及执行事务等都进行了详细的规定，其设计的理念和原则也成为各国构建现代失业保险制度的典范。

为解决中华人民共和国成立前的历史遗留问题，1950 年原政务院发布了处理失业工人问题的指示精神，并成立失业工人救济委员会统筹全国失业救济工作。随着 1951 年《中华人民共和国劳动保险条例》的颁布和实施，失业救济工作被政府强有力的安置措施所取代，“失业”一词在计划经济时代已经淡出视野，甚至“消失”。改革开放后，随着企业所有制的多样化和国外先进管理制度的引入，企业背负的“责任”越来越重，“企业办社会”的局面亟须扭转，其中就包括改革失业保险制度。1986 年《国营企业职工待业保险暂行规定》的颁布实施，标志着我国失业保险制度初步建立。

海南建省办经济特区后，也加快了失业保险的立法工作，1991 年出台了海南省第一个失业保险方面的正式法规——《海南省职工待业保险暂行规定》，1993 年 12 月 30 日海南省第一届人民代表大会常务委员会第六次会议通过《海南经济特区城镇从业人员失业保险条例》，标志着海南省正式开启失业保险法制化、规范化的建设之路，同时海南省也开全国之先河，较早地使用了“失业保险”一词进行立法。

据统计：2016 年海南省全省城镇登记失业率 2.36%；失业保险参保人数 170.2 万人；全省新增申请失业金人数 22645 人，52046 人次领取失业保险金；全年失业基金共支出 9325.8 万元，其中，失业保险金支出 6951 万元，代缴医疗保险费 2336 万元，丧葬抚恤金支出 30 万元，转移支出 8.8 万元。①

① 2016 年就业指导处工作总结［EB/OL］. 海南省人力资源和社会保障厅官网.

第一节　海南省城镇从业人员失业保险制度的发展

海南建省办经济特区后，始终将改善民生、促进就业、完善制度、创新管理作为海南省失业保险改革与发展的重要基石。从 1991 年海南省颁布第一部具有失业保险性质的法规开始，通过近 30 年的不断修订和完善，目前已基本形成体系完善、制度健全、民生保障功能突出的失业保障和就业促进体系。

一、制度探索时期（1991—1999 年）

1989 年在确定海南省作为国务院全国社会保障制度综合改革试点省份之后，海南省也随之开启了失业保险的立法之路。1991 年 11 月 6 日，海南省人民政府颁布了《海南省职工待业保险暂行规定》，这是海南省第一个具有失业保险性质的正式法规。该法规就适用范围、筹资标准、待遇享受条件及标准等进行了详细的规定。基本内容如表 3－1 所示。

表 3－1　《海南省职工待业保险暂行规定》基本内容

目　的	完善待业保险制度，保障职工在待业期间的基本生活需要
适用范围	全民所有制企业、实行企业管理的事业单位、城镇集体所有制企业、内联企业的职工（含固定工、合同工、临时工和企业管理人员及技术人员）；外商投资企业的中方职工（含企业管理人员和技术人员）；私营企业招用的职工；国家机关、团体和事业单位的合同工、临时工
适用对象	（一）被宣告破产的企业的职工； （二）濒临破产的企业在法定整顿期间被精减的职工； （三）经政府批准停产或停业整顿的企业中被精减的职工； （四）企业、行政事业单位终止、解除劳动合同的职工； （五）企业、行政事业单位辞退解雇的职工（不含自愿离职人员）； （六）企业按照《企业职工奖惩条例》除名、开除的职工； （七）经省人民政府批准应享受待业保险的其他职工
筹资标准	按职工月工资总额（以国家统计局公布的《关于工资总额组成的规定》计算，下同）的 1% 缴纳。为方便计算，暂换算为：外商投资企业按每人每月 3 元缴纳，其他的企业、行政事业单位按每人每月 2 元缴纳，以后每年重新核定

续 表

支出范围	（一）待业职工的待业救济金； （二）待业职工在享受待业救济期间的医疗费、死亡丧葬补助费、供养直系亲属抚恤费、救济费； （三）待业职工的转业训练和生产自救费； （四）待业职工和基金的管理费； （五）经海南省人民政府批准，为解决待业职工生活困难，确需支付的其他费用
领取条件	待业职工须在待业后的一个月内到本人原所在企业的劳动就业管理机构申领《待业职工证》，并到职业介绍所登记
待遇标准	待业救济待遇分为待业救济金和医疗费； 待业救济金和医疗费从办理待业登记后 1 个月起逐月按期限和标准发放，但企业、行政事业单位已发给生活补助费的月份须扣除。按待业前的工龄计算，工龄满 1 年者发给 2 个月的待业救济金和医疗费，工龄超过 1 年者，每超过半年加发 1 个月的待业救济金和医疗费，但累计不得超过 12 个月；工龄 7 年及以下的每人每月 60 元，工龄 8 ~ 10 年的每人每月 70 元，工龄 11 年及以上的每人每月 80 元；医疗费不分工龄每人每月 5 元； 因违纪被辞退、除名、开除的待业职工的待业救济金，每人每月减少 5 元，待遇标准每年核定一次

为了适应海南省经济社会的发展和失业保险制度改革的需要，不断发挥失业保险制度在保民生、促就业方面的作用，1993 年 12 月 30 日海南省第一届人民代表大会常务委员会第六次会议通过了《海南经济特区城镇从业人员失业保险条例》（海南省人民代表大会常务委员会公告第 8 号）。该条例规定凡是在海南省的企业的从业人员，包括国家机关、事业单位和社会团体的从业人员，部队所属用人单位无军籍的从业人员，个体经济组织的从业人员均适用本条例。基金来源于用人单位缴纳的失业保险费，缴费标准为按单位从业人员月工资总额的 1% 缴纳（从业人员本人不用缴费）。失业救济金由失业保险管理机构按月发给失业人员，失业前连续工作满 1 年的，享受 2 个月的失业救济金，每连续工作多半年可多享受 1 个月，累计享受不超过 12 个月；再次失业的，已享受过失业救济待遇的工作年限不再计算，失业救济金的发放标准为按照所在市、县上年度从业人员月平均工资的 50% 计发。该条例也是我国较早正式确立的失业保险制度。

为了进一步推动海南省失业保险制度的实施，海南省人民政府于 1994 年 8

月 17 日颁布并实施的《海南经济特区城镇从业人员失业保险条例实施细则》明确指出：凡是在海南经济特区工作的城镇从业人员，不论户籍在何地，均应当按规定参加失业保险，以强化制度的严谨与规范，突出“应保尽保”的基本准则。此外，针对海南失业保险制度建设的实际，细则对失业人员培训费的开支范围、生产自救费有偿使用的范围和期限及失业人员在领取失业救济金期间患病的医疗费补助或期间内死亡的丧葬、抚恤费等都做了更为详细的规定。

二、制度确立时期（2000—2009 年）

为了不断适应新的经济和社会发展形势，落实《失业保险条例》（国务院令第 258 号）的精神，结合海南省失业保险发展实际，2000 年 12 月 1 日海南省第二届人民代表大会常务委员会第 17 次会议决定将《海南经济特区城镇从业人员失业保险条例》改为《海南省城镇从业人员失业保险条例》，修订内容包括目的、适用范围、筹资标准、待遇享受条件及标准等。基本内容如表 3 – 2 所示。

表 3 – 2　　《海南省城镇从业人员失业保险条例》基本内容

目　的	为保障城镇失业人员失业期间的基本生活，促进其再就业
适用范围	企业、事业单位的从业人员；按规定不参照公务员制度管理的社会团体的从业人员；国家机关及按规定参照公务员制度管理的其他机关、单位中签订劳动合同的从业人员；部队所属用人单位中无军籍的从业人员；个体经济组织的从业人员
领取条件	按照本条例规定参加失业保险，所在单位和本人已按本条例履行缴费义务满 1 年的；非因本人意愿中断就业的；已办理失业登记，并有求职要求的
筹资标准	企业、事业单位、社会团体和个体经济组织应当按照其从业人员月工资总额的 2% 缴纳失业保险费，从业人员应当按照本人月工资的 1% 缴纳失业保险费
基金支出范围	失业保险金；失业人员在领取失业保险金期间的医疗补助金；失业人员在领取失业保险金期间死亡的丧葬补助金和其供养的配偶、直系亲属的抚恤金；失业人员在领取失业保险金期间接受职业培训、职业介绍的补贴；国家规定和批准的与失业保险有关的其他费用

续 表

领取时限	失业人员失业前所在单位和本人按规定累计缴费时间满1年不足5年的，领取失业保险金的期限最长为12个月；累计缴费时间满5年不足10年的，领取失业保险金的期限最长为18个月；累计缴费时间10年以上的，领取失业保险金的期限最长为24个月；重新就业后，再次失业的，缴费时间重新计算，领取失业保险金的期限可以与前次失业应领取而尚未领取的失业保险金的期限合并计算，但是最长不得超过24个月

为加快推进失业保险制度的规范化和法制化建设，根据《海南省城镇从业人员失业保险条例》有关精神，2002年6月10日海南省人民政府第134次常务会议通过《海南省城镇从业人员失业保险条例实施细则》（海南省人民政府令第158号），2008年12月15日海南省人民政府第20次常务会议审议并通过《海南省人民政府关于修改〈海南省城镇从业人员失业保险条例实施细则〉的决定》（海南省人民政府令第220号）。

三、制度完善（2010年至今）

2010年10月28日第十一届全国人民代表大会常务委员会第17次会议通过的《中华人民共和国社会保险法》以专章的形式对失业保险的内容进行了规定。为了适应新的形势和变化，2011年9月28日海南省第四届人民代表大会常务委员会第25次会议通过了《海南省人民代表大会常务委员会关于修改〈海南省城镇从业人员失业保险条例〉的决定》。本次修订涉及覆盖范围、待遇给付时长等内容。条例规定海南省城镇企业及其从业人员，民办非企业单位、基金会、律师事务所、会计师事务所等组织及其从业人员，按规定不参照公务员法管理的事业单位、社会团体及其从业人员，国家机关及参照公务员法管理的事业单位、社会团体中应当签订劳动合同的从业人员，部队所属用人单位中无军籍的从业人员，个体工商户及其从业人员均要参加失业保险。为了解决历史遗留问题，该条例针对1994年1月1日以前从业的人员进行了特别规定，指出：从业人员于1994年1月1日以前按照国家规定计算的连续工龄或者工作年限，视同缴费年限，与参加失业保险后实际缴费年限合并计算领取失业保险金的期限。

2012年5月14日第五届海南省人民政府第78次常务会议审议通过《海南省人民政府关于修改〈海南省城镇从业人员失业保险条例实施细则〉决定》（海南省人民政府令第238号），以指导全省失业保险工作的开展。2012年8月6日第五届海南省人民政府第81次常务会议通过《海南省城镇从业人员失业保险省级统筹实施办法》提出：2012年城镇从业人员失业保险实行省级统筹，按照“六统一”原则建立与经济发展水平相适应的城镇从业人员失业保险省级统筹管理体系，即在全省范围内统一缴费标准（根据条例规定，全省实行一个缴费标准）；统一支付标准（失业保险金的计发标准为失业前12个月本人缴纳失业保险费月平均工资的60%，按前款规定标准计算的失业保险金，高于或者等于本省一类地区规定的职工最低月工资标准的，按照一类地区最低月工资标准的98%发放；低于或者等于海口市城市居民最低生活保障标准的150%，按照海口市城市居民最低生活保障标准的150%发放）；统一信息管理系统；统一业务经办流程；统一基金管理（失业保险基金实行全省统一的基金预算、分级实施、收支两条线管理）；统一调剂使用失业保险基金。

为了减轻企业失业保险负担，2012年11月22日海南省人民政府第五届第81次常务会议通过《海南省人民政府关于调整失业保险缴费费率的通知》（琼府〔2012〕67号）决定对全省失业保险缴费费率进行调整，失业保险缴费费率总额由3%降至1.5%，新的标准决定从2013年1月1日开始执行。具体标准为：用人单位按照其从业人员工资总额的1%缴纳失业保险费；从业人员按照本人月工资总额的0.5%缴纳失业保险费。

2016年8月4日，经海南省人民政府同意，海南省人力资源和社会保障厅、海南省财政厅下发《关于阶段性降低我省城镇从业人员基本养老保险和失业保险费率的通知》（琼人社发〔2016〕167号），决定从2016年5月1日至2018年4月30日阶段性降低本省城镇从业人员失业保险费率，参加城镇从业人员失业保险的用人单位，其失业保险单位缴费比例由1%降至0.5%，个人缴费费率仍为0.5%。

为了不断发挥失业保险在促进就业方面的作用，2017年8月11日海南省人力资源和社会保障厅、海南省财政厅下发《关于失业保险支持参保职工提升职业技能有关问题的通知》（琼人社发〔2017〕202号），规定依法参加失业保险，累计缴纳失业保险费36个月（含视同缴费年限）及以上的，且自2017年1月1日起，取得初级（五级）、中级（四级）、高级（三级）职业资格证书或职业技能等级证书的企业在职职工，可申领技能提升补贴。具体补贴标准为：取得初级（五级）职业资格证书或职业技能等级证书的，补贴800元；取得中级（四级）职业资格证书或职业技能等级证书的，补贴1300元；取得高级（三级）职业资格证书或职业技能等级证书的，补贴1800元。各市县（单位）可适当提高技能提升补贴，每个等级增加200元。同一职业（工种）同一等级只能申请并享受一次技能提升补贴。

海南省从1991年制定第一部失业保险性质法规开始，历经数次立法修订（见表3－3），基本形成法律法规完整、制度框架合理、内容齐全的失业保险体系。

表3－3　1991—2017年海南省城镇从业人员失业保险主要政策文件

发文时间	文件名称
1991.11.06	《海南省职工待业保险暂行规定》
1993.12.30	《海南经济特区城镇从业人员失业保险条例》（海南省人民代表大会常务委员会公告第8号）
1994.08.17	《海南经济特区城镇从业人员失业保险条例实施细则》
2000.12.01	《海南省城镇从业人员失业保险条例》
2002.06.10	《海南省城镇从业人员失业保险条例实施细则》（海南省人民政府令第158号）
2008.12.15	《海南省人民政府关于修改〈海南省城镇从业人员失业保险条例实施细则〉的决定》（海南省人民政府令第220号）
2011.09.28	《海南省城镇从业人员失业保险条例》
2012.05.14	《海南省城镇从业人员失业保险条例实施细则》（海南省人民政府令第238号）
2012.08.06	《海南省城镇从业人员失业保险省级统筹实施办法》
2012.11.22	《海南省人民政府关于调整失业保险缴费费率的通知》（琼府〔2012〕67号）
2016.08.04	《关于阶段性降低我省城镇从业人员基本养老保险和失业保险费率的通知》（琼人社发〔2016〕167号）
2017.08.11	《关于失业保险支持参保职工提升职业技能有关问题的通知》（琼人社发〔2017〕202号）

第二节　海南省城镇从业人员失业保险情况分析

一、参保情况

2016 年年底，海南省参加失业保险的人数为 168.95 万，比 1991 年年末增加了 143.31 万人，增长到原来的近 6.59 倍。海南省失业保险参保人数总体上呈不断上升趋势：1991—2007 年有升有降，参保人数增长速度缓慢；2007 年后呈较快上升趋势（见表 3－4）；城镇登记失业率从 2001 年的 3.5% 下降至 2017 年的 2.33%，总体而言，海南省失业率相对稳定，远低于国家规定的 4% 的控制线。

表 3－4　1991—2017 年海南省城镇从业人员失业保险参保情况

年份	参保数（万人）	失业率（%）	年份	参保数（万人）	失业率（%）
1991	25.64	NA	2005	56.75	3.6
1992	31.60	NA	2006	59.13	3.6
1993	46.90	NA	2007	66.23	3.49
1994	43.59	NA	2008	84.65	3.72
1995	45.22	NA	2009	102.55	3.48
1996	41.08	NA	2010	114.29	3.0
1997	39.37	NA	2011	128.26	1.73
1998	42.50	NA	2012	141.81	2.0
1999	56.21	NA	2013	152.60	2.17
2000	56.06	NA	2014	157.26	2.25
2001	56.10	3.5	2015	165.38	2.3
2002	57.05	3.5	2016	168.95	2.36
2003	57.72	NA	2017	168.15	2.33
2004	57.90	3.6	—	—	—

注：因统计口径差异，本数据来自历年《海南统计年鉴》，与就业局公布的参保人数存在差异。"NA" 代表统计数据缺失。

从 2011—2016 年全省各地区的数据来看，海口、三亚、省本级的年末失业保险参保人数较多，从数据上看均呈逐年递增的趋势；其他地区的年末失业保险参保人数有升有降，但幅度均不大（见表 3 –5）。

表 3 –5　　2011—2016 年海南省各地区失业保险参保人数情况　　单位：人

地区	2011 年	2012 年	2013 年	2014 年	2015 年	2016 年
省本级	NA	NA	423100	429782	466426	489606
海口市	316326	359956	388735	415950	468101	488739
三亚市	156750	168278	195718	199583	205841	210894
五指山市	17038	15817	13405	12489	12018	12053
文昌市	24515	38902	41625	43700	43760	46204
琼海市	33895	39329	44743	47684	48073	48403
万宁市	31772	36922	48555	48565	52035	52036
定安县	18683	18698	22088	22237	22238	22245
屯昌县	22822	22866	22878	23046	23100	23112
澄迈县	36621	40234	48036	44335	44990	40806
临高县	16008	18000	18340	24351	17818	23082
儋州市	48724	40098	57414	53668	51983	51983
洋浦经济开发区	14402	16800	16968	17756	17321	16029
东方市	24840	25451	28835	27500	28427	28537
乐东县	28295	24997	25038	25627	25627	25627
琼中县	25793	35525	37078	38640	25947	25765
保亭县	17643	18147	18136	18195	16484	16537
陵水县	16577	26638	29327	33156	34620	35706
白沙县	24035	24435	27507	28058	29625	13990
昌江县	16153	17295	18524	18305	19379	18180

注：不含三沙市，数据来自历年《海南统计年鉴》，“NA”代表统计数据缺失。

二、基金收支情况

2017 年，海南省失业保险基金收入 58966 万元，比上年减少 5949 万元，减幅为 9%，比 1991 年增加 58625 万元，增长到 1991 年的近 173 倍。2017 年，失业保险基金总支出约 52500 万元，比上年增加 7540 万元；失业保险基金累计结余 351065 万元，比上年增加 6466 万元。具体收支情况如表 3－6 所示。

表 3－6　1991—2017 年海南省失业保险基金收支情况　单位：万元

年份	收入	支出	累计结余	年份	收入	支出	累计结余
1991	340.89	NA	NA	2005	18358	7817	48928
1992	842.63	NA	NA	2006	24330	9957	63312
1993	1032	NA	NA	2007	31680	10947	84049
1994	1715.9	NA	NA	2008	37937	17449	104537
1995	1936	NA	NA	2009	38056	19778	122815
1996	2289	NA	NA	2010	37413	17519	142714
1997	2289.92	1487.5	NA	2011	73793	16108	200399
1998	2363.46	2293.94	627.62	2012	85500	25400	260490
1999	3414.67	2731.01	11300	2013	48144	23791	280567
2000	4516.1	3029.64	12720	2014	60495	43955	299514
2001	8249	4600	16364	2015	65430	42977	324643
2002	16411	5568	22416	2016	64915	44960	344599
2003	13224	6719	28719	2017	58966	52500	351065
2004	16713	7038	38387	—	—	—	—

注：数据来自历年《海南统计年鉴》，“NA”代表统计数据缺失。

从折线图来看，基金累计结余呈长期的、快速的增长态势；基金收入在 2013 年出现较大幅度的下降，这与费率变动有关，主要是由于总费率从 3% 下调至 1.5%，故基金收入出现了较大幅度的下降；随后在 2016 年基金收入又出现下降，同样也是费率下降的原因，总费率从 1.5% 下降至 1%。1997—2017 年基金支出在少数年份出现了下降，但从整体上来看还是呈增长趋势（见图 3－1）。如果以 2017 年支付标准测算，海南省累计结余的失业保险基金可支付 80 个月。

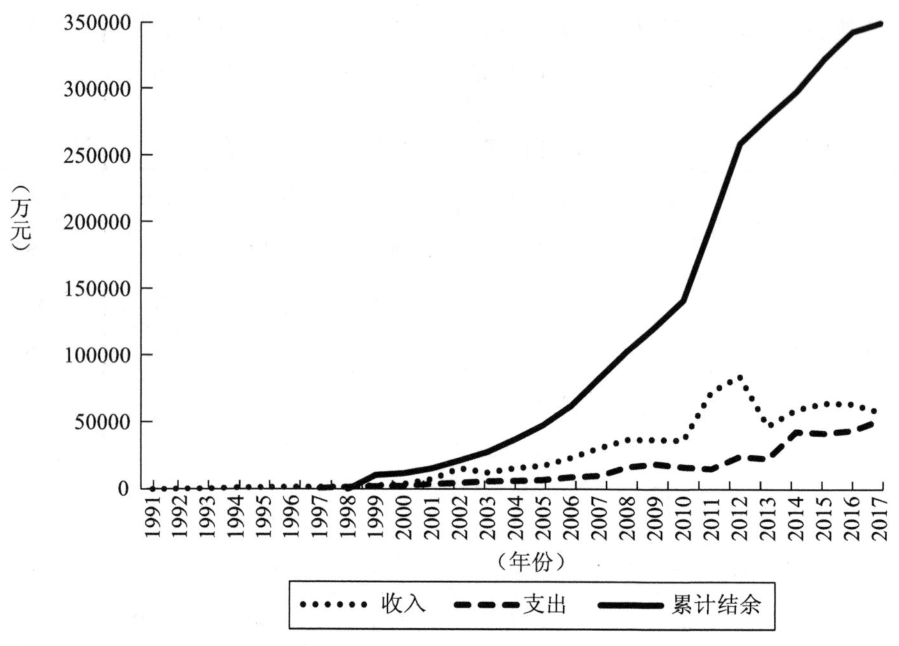

图3－1　1991—2017年海南省失业保险基金收支情况

注：数据根据历年《海南统计年鉴》整理。

三、缴费费率变动情况

海南省失业保险缴费费率一共经历了四次调整（见表3－7）。在试点初期，即1992—2000年10月，企业按照其员工月工资总额的1%缴纳失业保险费，个人不用缴费。为了不断适应经济社会发展的变化，2000年海南省人民代表大会常务委员会通过的《关于社会保险制度改革若干事项的决定》将失业保险缴费费率从2000年11月1日起上调至3%，其中个人缴费1%。海南省人民政府《关于调整失业保险缴费费率的通知》又决定对失业保险缴费费率进行调整，总费率由原来的3%调整为1.5%，其中企业缴纳1%，个人缴纳0.5%，新的费率从2013年1月1日开始执行。2016年为了响应人力资源和社会保障部、财政部关于阶段性降低社会保险费率的要求，经海南省人民政府同意，决定从2016年5月1日起降低失业保险缴费费率，失业保险参保企业缴费费率由1%降至0.5%，个人缴费费率仍为0.5%。

表 3－7　　1992—2017 年海南省失业保险缴费费率变动情况　　单位：%

起止时间	企业	个人	总费率
1992. 01—2000. 10	1	0	1
2000. 11—2012. 12	2	1	3
2013. 01—2016. 04	1	0. 5	1. 5
2016. 05—2017	0. 5	0. 5	1

注：数据根据历年政策文件整理。

四、享受待遇情况

1. 失业保险金

2016 年，海南省共有 39464 名失业人员领取了 32424 万元失业保险金，人均领取 8216 元。2016 年领取人数比上年减少 333 人，减幅为 0. 8%，但领取的失业保险金额却增长了 62. 84%；领取人数比 1993 年增加 38560 人，增长了 42. 65 倍。2017 年，海南省全年发放失业保险金 36856 万元，比上年增加 4432 万元（见表 3－8）。

表 3－8　　1991—2017 年海南省失业保险金待遇享受情况

年份	领取人数（人）	发放金额（万元）	年份	领取人数（人）	发放金额（万元）
1991	NA	5. 72	2005	NA	6356
1992	NA	16. 22	2006	34451	9266
1993	904	21. 8	2007	40232	9967
1994	2075	124	2008	55641	15945
1995	2493	176	2009	47568	19011
1996	5173	1304. 3	2010	36042	16642
1997	NA	496. 84	2011	32033	15021
1998	3536	814. 27	2012	18837	17711
1999	NA	1042	2013	38110	23791
2000	NA	2061	2014	38948	30927
2001	15377	3142	2015	39797	19912
2002	25256	4848	2016	39464	32424
2003	17160	6130	2017	NA	36856
2004	30108	6268	—	—	—

注："NA" 代表统计数据缺失；数据来自历年《海南统计年鉴》。

2. 医疗费用

根据《海南省城镇从业人员失业保险条例实施细则》的规定：失业人员应当缴纳的基本医疗保险费从失业保险基金中支付，其缴费基数为全省上年度在岗职工月平均工资，费率为企业和个人缴费费率之和。2000 年失业保险基金支付医疗费用 11.42 万元，2017 年支付 13316 万元，较 2000 年增长 1000 倍以上，2017 年人均次享受医疗费用待遇 3321 元（见表 3 －9）。医疗费用支出的数额之大可能与快速上涨的社平工资、领取失业金人数的绝对数有关。

表 3 －9　2000—2017 年海南省失业保险基金支付医疗费用情况

年份	支出（万元）	享受人次（万）	年份	支出（万元）	享受人次（万）
2000	11.42	NA	2009	38.04	NA
2001	19.68	NA	2010	11.77	NA
2002	32.17	NA	2011	103.63	NA
2003	33.88	NA	2012	6779.42	2.69
2004	69.85	NA	2013	8067.48	4.75
2005	43.00	NA	2014	9454.50	3.90
2006	46.00	NA	2015	9636.20	3.85
2007	34.26	NA	2016	11577.34	4.00
2008	91.29	NA	2017	13316.00	4.01

注：“NA”代表统计数据缺失；数据来自海南人力资源开发局统计报表。

3. 丧葬抚恤金

根据《海南省城镇从业人员失业保险条例实施细则》的规定：失业人员在领取失业保险金期间死亡的，由失业保险经办机构按全省上年度在岗职工月平均工资 4 个月的数额，发给丧葬抚恤金；有供养配偶和供养直系亲属的，由失业保险经办机构按全省上年度在岗职工月平均工资 20 个月的数额，一次性发给抚恤金。2017 年，全省失业保险基金共支出 367.94 万元，约为 2000 年的 38 倍（见表 3 －10）。

表 3－10　2000—2017 年海南省失业保险基金支付丧葬抚恤金补助情况　单位：万元

年份	支出	年份	支出
2000	9.68	2009	103.64
2001	0.38	2010	142.27
2002	3.07	2011	124.06
2003	8.99	2012	70.75
2004	8.45	2013	118.73
2005	12.00	2014	236.00
2006	22.00	2015	238.34
2007	23.50	2016	248.25
2008	29.62	2017	367.94

注：数据来自海南人力资源开发局统计报表。

4. 职业培训费

根据《海南省城镇从业人员失业保险条例实施细则》的规定：失业人员在领取失业保险金期间接受职业培训，其培训费用可以从失业保险基金中列支。2017 年，全省共支出职业培训费 645.14 万元，约为 2000 年的 7 倍；2017 年人均获得职业培训费用 1058 元（见表 3－11）。

表 3－11　2000—2017 年海南省失业保险基金支付职业培训费情况

年份	支出（万元）	年份	支出（万元）	享受人次（万）
2000	87.71	2009	552.80	NA
2001	201.88	2010	597.73	0.76
2002	306.58	2011	812.89	0.85
2003	439.59	2012	736.44	0.7
2004	649.98	2013	1523.26	1.32
2005	537.00	2014	755.92	0.59
2006	600.00	2015	828.36	0.67
2007	897.11	2016	340.48	0.28
2008	1314.60	2017	645.14	0.61

注："NA" 代表统计数据缺失；数据来自海南人力资源开发局统计报表。

5. 其他费用

根据《海南省城镇从业人员失业保险条例实施细则》的规定：失业保险基金还可用于失业人员失业期间的职业技能鉴定、职业介绍补贴费用及自主创业小额担保贷款贴息支出；失业人员在领取失业保险金期间被用人单位吸纳再就业的岗位补贴或者社会保险补贴费用；稳定就业岗位的在岗培训补贴或者社会保险补贴费用。据海南省人力资源开发局统计：2017年失业保险基金用于其他促进就业支出12.96万元、价格临时补贴10.25万人共233.99万元、稳定就业岗位补贴2.88万人共1045.56万元、转移支出10.09万元、技能提升补贴0.01万人共支出12.05万元。

第三节　制度评析与展望

一、主要成就

较早实现了失业保险立法。海南省是全国最早使用“失业保险”一词进行立法的地区之一，这为全国开展统一的失业保险立法提供了经验，也为在计划经济向市场经济转型过程中，进一步解放思想提供了理论与实践视角。

覆盖范围逐步扩大。失业保险覆盖范围已从1989年的企业职工、机关事业单位中的合同制工人等逐步扩大至海南所有企事业单位、机关团体等，做到了应保尽保，制度全覆盖。

实现了失业保险基金省级统筹。2012年海南省实行失业保险基金省级统筹，这是全国较早开展省级统筹的地区之一。省级统筹的开展，有利于化解基金风险和提高基金在促进就业方面的规模效应。

失业保险基金在促进就业方面的作用凸显。随着失业保险基金支付范围的逐步扩大，在经济下行压力增大、企业面临转型升级、职工失业风险加大的情况下，海南省失业保险基金充分发挥了预防失业、稳定就业岗位的政策导向作用，同时也发挥了保民生、促进劳动力再生产的作用。2017年海南省失业保险基金支出占基金收入的89%，其中失业金支出占基金支出的70%，极大地保证了失业人员基本生活。同时失业保险基金支出范围还包括职业介绍、职业培训、稳岗、技能提升、其他就业支出等项目，对促进就业均具有较大的意义。

二、制度展望

扩大失业保险参保范围。虽然目前海南省失业保险参保范围很广，但是仍然还有一些群体没有被纳入保险范畴，因此，要加大失业保险参保单位和参保人群的范围，将进城务工的居民、长期有雇佣关系的渔民等纳入保障范围。

适当延长领取失业保险金期限。当前海南省失业保险金最高领取年限为24个月，从发达国家的主要经验来看，海南省应开展领取失业保险金期限调研，延长领取时限，以符合当前经济社会发展的需要。

促进就业、能力提升与扶贫共举。要充分利用失业保险基金在促进就业、稳定就业方面的作用，进一步稳定企业就业岗位，通过购买公益性岗位、开发公共服务岗位等缓解下岗再就业压力；通过进一步扩大失业保险基金支出范围，提升相关产业人员、技能人员、适龄劳动力等各类群体的技能水平，满足经济社会发展的需要。同时，还应利用失业保险基金对贫困人群开展职业培训、技能培训，提高贫困人群的就业能力，不断降低贫困人口比例，扎实推进失业保险扶贫的作用。

第四章　海南省城镇从业人员工伤保险制度

工伤，顾名思义是“因工受到伤害”，通常指因工作原因遭受事故伤害或患职业病。提高工作场所的安全性和对工人进行安全生产教育是工伤预防的形式之一。在前工业化时期，外国资本家开办工厂，雇用大量工人，通过延长工人的工作时间，达到资本家攫取剩余价值的目的。超长的工作时间，大量伤害工人身体的产业的兴起，导致劳动者未老先衰和过早死亡。随着工业革命的到来，资本主义经济快速发展，工伤事故越发频繁，工人控诉雇主的事件日益增多。1837 年，英国第一例工人诉讼雇主的工伤案件开庭审理，从而确定了工伤赔偿原则——“雇主过失赔偿原则”；伴随社会发展和法律思潮的影响，19 世纪末又确立了工伤事故中的“无过错赔偿”原则。1884 年，德国颁布了第一部现代意义上的工伤事故保险法，该法律要求负责工伤保险的机构既要履行工伤预防和劳动保护职责，也要支付工伤待遇和消除雇员的工伤后果。在之后制定的法律中，工伤的内涵也不断丰富，工伤立法被更多地纳入社会保障立法中，逐渐成为职业健康保护的重要组成部分。国际劳工组织两次（1921 年，1964 年）拓展了工伤的内涵，工伤认定也从单纯的工伤事故逐步拓展到包含“职业病”等内容。

在中华人民共和国成立前夕，第一届政治协商会议（1949 年 9 月）通过的《中国人民政治协商会议共同纲领》明确了工矿安全检查制度，保护工矿工人的工作安全；1951 年颁布的《中华人民共和国劳动保险条例》对因工负伤的待遇享受、职业健康保护等进行了规定。伴随着改革开放的步伐，工业化、城镇化加速，工伤及职业危害的问题日益凸显，劳动者职业安全与健康问题已成为影响经济社会发展的重要因素。随着《企业职工工伤保险试行办法》(1996)、《中华人民共和国职业病防治法》(2002)、《工伤保险条例》(2004)、《中华人民共和国劳动合同法》(2008)、《中华人民共和国社会保险法》(2010)、《中华人民共和国安全生产法》(2014) 等一系列特殊疾病防治、劳动保护、安全生产等法律的颁布和实施，我国在劳动者职业安全和健康保护方面得到了较快的发展。

海南建省办经济特区后，工伤保险制度得到了较快的发展，据《2016 年海南省社会保险情况》显示：截至 2016 年年底，全省参加工伤保险的人数为 137.38 万人，其中参加工伤保险的农民工有 19.05 万人。工伤保险基金收入 3.83 亿元，基金支出 1.44 亿元，年末基金累计结存 12.94 亿元，储备金结存 1.39 亿元。2016 年全省有 3375 人享受了工伤保险待遇，伤残职工月人均伤残津贴 2015.09 元，月人均生活护理费 1860.25 元，供养亲属月人均抚恤金 1492.71 元。

第一节　海南省城镇从业人员工伤保险发展概况

一、制度起步时期（1989—2004 年）

1989 年，海南建省办经济特区后被国务院指定为全国首批社会保障制度综合改革试点省，其中就包括了工伤保险的改革。1989 年，海口市先行工伤保险制度改革试点，市劳动局出台了《海口市企业职工工伤保险暂行规定》，截至 1989 年年底，海口市参保单位 385 个，覆盖职工 3.2 万人，累计筹集资金 34 万元。此次试点成绩为下一步海南省全面开展工伤保险改革打下了坚实的基础。

在总结海口市工伤保险经验的基础上，1991 年 11 月 15 日，海南省人民政府颁布了《海南省职工工伤保险暂行规定》，文件对适用范围、筹资标准和经办管理等都进行了较为详细的规定（见表 4－1）。

表 4－1　《海南省职工工伤保险暂行规定》主要内容

覆盖对象	全民所有制企业、实行企业管理的事业单位、城镇集体所有制企业、私营企业、内联企业和外商投资企业（以下统称单位）的职工，包括管理人员、技术人员、固定工、合同工、临时工、学徒工、见习人员和农民轮换工（不含民工），本省驻军中没有军籍的固定工、合同工，国家行政机关和事业单位招用的合同工和临时工
筹资标准	用人单位按在职职工工资总额分行业按季度缴费，商业、贸易、饮食服务行业、邮电、环卫：0.5%；面包厂、皮革厂、造纸厂、玩具厂、电子、包装：0.8%；装修、建筑材料、家具：1%；金属结构、机器制造、煤炭、采掘、造船、汽车制造：1.2%；石油钻井、钢铁、火柴、爆竹厂、勘探、锅炉、煤：1.5%

续 表

工伤认定	从事本职工作，执行领导指定或同意的工作；从事与本职工作有关的科学研究、实验、发明创造或技术改造工作；紧急情况下虽未经单位领导指定而从事对单位有利的工作；在本单位的工作区域内工作时，遭受意外事故或灾害；从事抢险救灾或其他有利于社会和人民的工作；因职业病（符合卫生部发布的有关职业病的规定）导致死亡或永久性完全残废；按正常路线上下班或因公出差期间，非因本人责任而发生事故
工伤待遇	医疗费用、辅助生产劳动及日常生活必需的康复器具、工伤确定残废和死亡待遇

为了配合《海南省职工工伤保险暂行规定》的实施，1993 年海南省出台了《海南省职工劳动能力鉴定管理暂行规定》（琼府办〔1993〕94 号），采用国家标准《职工工伤与职业病致残程度鉴定》（GB/T 16180—1996）开展工伤鉴定。1993 年 12 月 30 日，在总结工伤保险经验的基础上，海南省人民代表大会常务委员会通过《海南经济特区城镇从业人员工伤保险条例》（海南省人民代表大会常务委员会公告第 9 号），全条例共分 9 章 64 款，这也使海南成为全国第一个以地方性法规确立工伤保险制度的省份。此次修订一是扩大了工伤覆盖范围，将“因公伤残的人员”纳入覆盖范围内；二是增加了工伤认定的范围；三是提高了工伤待遇标准；四是管理更加科学；五是确定了统筹层次。海南省人民政府根据“第 9 号”公告，对实施细则进行了重新修订并于 1994 年 8 月 17 日颁布了《海南经济特区城镇从业人员工伤保险条例实施细则》以加快工伤保险制度的构建。

根据经济社会发展和国家的有关部署，2001 年 7 月 9 日海南省人民政府办公厅印发的《海南省劳动能力鉴定管理办法》（琼府办〔2001〕54 号）进一步规范和完善了海南省从业人员因工伤残、职业病致残和非因工致残的伤残等级和护理依赖等级的鉴定工作。

2004 年 5 月 28 日，海南省第三届人民代表大会常务委员会第 10 次会议通过《海南经济特区工伤保险若干规定》针对省内参保对象问题再次进行了解释和说明，文件要求：各类企业、个体工商户、国家机关、事业单位、社会团体、民办非企业单位应当按照本规定参加工伤保险，为本单位全部从业人员缴纳工伤保险费。被雇（聘）用的退休人员和进行勤工助学及实习的学生，因工作遭受事故伤害或者患职业病被确认为工伤的，用人单位应当参照工伤保险待遇项目和标准，向其支付工伤费用。这也是海南省首次将实习学生和返聘的退休人员纳入工伤保险的范畴。

二、制度确立时期（2005—2010 年）

2005 年 3 月 3 日，海南省人民政府第 54 次常务会议审议通过《海南经济特区工伤保险实施办法》（海南省人民政府令第 186 号）对工伤经办管理、待遇标准进行了规定。文件将海南省社保经办管理机构分为四大类，一是省社保经办机构，主要经办驻海口地区的中央及省直属国家机关、事业单位、社会团体，驻海口地区的在省级以上工商行政管理部门和民政部门登记的企业、民办非企业单位；二是农垦系统所属用人单位，在省农垦总局社会保险经办机构办理参保手续；三是洋浦开发区内的用人单位，在洋浦管理局的社会保险经办机构办理参保手续；四是其他用人单位在所在市、县的社会保险经办机构办理参保手续。在待遇给付方面，提高了一次性工亡补助金标准，具体为因工死亡人员所在市、县上年度城镇从业人员月平均工资 48 个月至 60 个月的数额，其中：无供养亲属的，按 48 个月发放；有 2 名供养亲属的，按 52 个月发放；有 3 名供养亲属的，按 56 个月发放；有 3 名及 3 名以上供养亲属的，按 60 个月发放。2005 年 10 月 31 日海南省人民政府出台了《工伤预防和职业康复费用管理办法》（琼人劳保〔2005〕293 号）明确了工伤预防费经费来源、用途和范围。

2007 年 7 月 10 日，海南省人民政府办公厅关于印发《海南省劳动能力鉴定管理办法》（琼府办〔2007〕66 号）要求海南省劳动能力鉴定标准按照国家标准《劳动能力鉴定职工工伤与职业病致残等级》（GB/T 16180—2006）和《职工非因工伤残或因病丧失劳动能力程度鉴定标准（试行）》执行。2007 年 8 月 24 日，海南省人事劳动保障厅发布《关于加快推进我省农民工参加工伤保险工作的通知》（琼人劳保〔2007〕360 号），为加快海南省农民工参加工伤保险、稳步实施农民工“平安计划”、认真做好农民工参加工伤保险工作提供政策支持。

2009 年 9 月人力资源和社会保障部开展工伤预防试点工作，海南省成为试点省份。根据试点方案，在省本级、海口市、儋州市、昌江县等地开展工伤预防的试点工作，并根据各试点地区的行业特点开展集中度不同的预防宣传，如针对省本级和海口市大中型厂矿企业、建筑行业中的农民工大力开展事故伤害与职业病预防的宣传工作；在儋州市主要针对割胶、制胶工人开展有害化学物质（氨类等）对人体危害的检测以及割胶工人劳动强度大导致过劳死的预防工作；在昌江县主要针对采矿业、水泥生产业等粉尘作业工人进行矽肺职业健康普查与生产作业环境粉尘等有害因素的检测、评估，并做出防控建议。

为进一步解决工伤保险中的遗留问题，2010年1月25日海南省人力资源和社会保障厅下发的《关于将老工伤人员工伤保险待遇纳入工伤保险基金统筹管理有关问题的通知》要求：将1994年1月1日《海南经济特区城镇从业人员工伤保险条例》施行前、1998年9月行业统筹单位工伤保险纳入地方统筹管理前和2000年8月1日《海南经济特区农垦系统从业人员工伤保险暂行办法》施行前，因工死亡、因工受伤或者患职业病，当时与用人单位存在劳动关系的职工均可按规定享受相关工伤保险待遇。此文件解决了制度的历史遗留问题，进一步完善了海南省工伤保险体系。

三、制度完善时期（2011年至今）

根据《中华人民共和国社会保险法》和新修订的工伤保险的有关规定，结合海南省的实际情况，2011年9月28日海南省第四届人民代表大会常务委员会第25次会议通过了修订的《海南经济特区工伤保险若干规定》（海南省人民代表大会常务委员会公告第82号）对覆盖对象和待遇标准进行了调整。2012年5月14日，第五届海南省人民政府第78次常务会议审议通过《海南省人民政府关于修改〈海南经济特区工伤保险实施办法〉的决定》（海南省人民政府令第239号）再次对覆盖对象和待遇进行了详细的说明，该办法规定：凡在本经济特区的用人单位应当按照规定参加工伤保险；一次性工伤医疗补助金的标准分别为终止劳动关系时14个月、12个月、10个月、8个月的上年度全省在岗职工月平均工资；一次性伤残就业补助金标准分别为20个月、16个月、12个月、9个月的本人工资；将工伤预防康复费提取比例提高至上年度基金收入的15%。

根据国家有关工伤保险费率管理的规定，2012年6月8日海南省人力资源和社会保障厅制定出台的《海南省工伤保险浮动费率管理暂行办法》指出：用人单位属于第一类工伤保险行业基准费率的，不实行浮动费率，按行业基准费率（职工工资总额的0.5%）缴纳工伤保险费；用人单位属于第二类或第三类工伤保险行业基准费率的，在行业基准费率（职工工资总额的1%或1.5%）的基础上实行费率浮动，缴纳工伤保险费；工伤保险浮动费率上浮最高不超过本行业基准费率的150%，下浮最低不低于本行业基准费率的50%。

2012年8月6日海南省人民政府常务会议通过的《海南省工伤保险省级统筹实施办法》要求海南省工伤保险实行省级统筹，并逐步实现“五统一”，即

“统一缴费标准、统一待遇水平、统一经办业务、统一信息管理、统一基金调剂金”。根据省级统筹方案规定，全省工伤保险待遇也将在实行省级统筹后普遍得到提高。

2012 年 10 月 30 日，海南省人力资源和社会保障厅、海南省财政厅、海南省住房和城乡建设厅、海南省安全生产监督管理局和海南省地方税务局联合发布的《海南省部分行业企业单独计算缴纳工伤保险费暂行办法》对省内建筑施工企业、小型服务企业、小型矿山企业等难以确定工伤保险缴费基数的单位和费率进行了规定，文件要求建筑施工企业的缴费基数为该工程项目施工承包合同造价的 15%，根据工程的不同实行不同的缴费费率，房屋建筑工程类为 1.2%，市政公用、水利水电、公路桥梁、机电安装工程类为 1%。小型服务企业以全省上年度在岗职工月平均工资的 60% 作为个人缴费基数，缴费费率是 0.5%，如以营业面积大小核定参保人数的，那么商贸类企业每 20 平方米至少核定 1 人，住宿类企业每 100 平方米至少核定 1 人，餐饮、美容美发以及文体娱乐类企业每 10 平方米至少核定 1 人。小型矿山企业按矿种单独计算缴纳工伤保险费，小煤矿员工每人每月缴纳 100 元工伤保险费，小型非煤矿山员工每人每月缴纳 80 元工伤保险费，采石厂员工每人每月缴纳 40 元工伤保险费。此文件的发布使海南省各类企业职工的工伤权益得到进一步维护。

2013 年 8 月 2 日，海南省人力资源和社会保障厅、海南省财政厅联合下发《关于调整工伤保险伤残津贴、供养亲属抚恤金和生活护理费标准的通知》，全面上调了工伤保险的伤残津贴、供养亲属抚恤金、生活护理费标准，同时还特别调整了一级至六级工伤人员的伤残津贴，具体为每人每月再增加 100 元。此文件的印发极大地提高了海南省工伤人员待遇。

为了全面贯彻建筑业工伤保险的有关文件精神，2015 年 5 月 18 日，海南省人力资源和社会保障厅等六部门联合印发了《关于进一步做好建筑业工伤保险工作的通知》，就当前海南省建筑业工伤保险提出了明确要求，文件指出：海南将用三年左右时间实现建筑施工企业及建筑施工项目工伤保险全覆盖，建筑业从业人员全部参加工伤保险。具体目标为：2015 年，年内新开工的建筑施工项目员工全部参加工伤保险，在建项目 60% 以上员工参加工伤保险，建筑施工企业全部按用人单位参加工伤保险；2016 年，巩固新开工项目全员参保成果，在建项目 80% 以上员工参加工伤保险，工作基础较好、进展较快的地区，实现全部在建项目员工参加工伤保险；2017 年，实现建筑施工企业及建筑施工项目工伤保险全覆盖，建筑业从业人员全部参加工伤保险。

2015 年 9 月 1 日，海南省人力资源和社会保障厅印发的《关于进一步规范工伤认定行政行为的通知》对工伤认定工作程序、文书式样等作出统一规定，以规范全省工伤认定的行政行为，提高工伤认定的行政效率。

根据国务院和人力资源和社会保障部有关阶段性下调社会保险费率的精神，2015 年 9 月 30 日，海南省人力资源和社会保障厅、海南省财政厅和海南省地方税务局发布的《关于降低生育保险费率和调整工伤保险基准费率的通知》将行业类别由原来的 3 类细分扩大为 8 类，规定海南省从 2015 年 10 月 1 日起执行新的工伤保险基准费率，1 ~ 8 级的费率分别为 0.2%、0.4%、0.7%、0.8%、0.9%、1.0%、1.2%、1.5%。

为了进一步完善工伤保险待遇给付体系、减轻工伤人员负担，2016 年 4 月 29 日，海南省人力资源和社会保障厅印发《关于工伤保险住院伙食补助费和省外交通食宿费支付标准等有关问题的通知》，规定工伤从业人员的住院伙食补助费按住院自然（日历）天数实行定额支付，停工留薪期内支付标准为每人每天 100 元；超出停工留薪期后继续住院的，支付标准为每人每天 50 元。乘坐交通工具超过规定标准的，按规定标准报销，超支部分由个人自理；省外就医食宿费是指工伤从业人员经社会保险经办机构批准到省外治疗工伤，住院之前在当地入住宾馆、酒店或招待所而发生的住宿费用［住宿费在省财政厅发布的全国分地区住宿费限额标准内（其他人员类）］据实报销，伙食费用（含市内交通费）标准为定额每人每天 100 元。住院之前的等待期（含路途时间）按实际发生天数计算，但一般不超过 4 天，超出 4 天的食宿费由个人自理。

为实现国家工伤保险“总体降低、细化分类、健全机制”的要求，海南省人力资源和社会保障厅、省财政厅再次细化费率管理办法，于 2017 年出台的《海南省工伤保险浮动费率管理办法》要求工伤费率调整，体现不同工伤风险类别行业的雇主责任、体现浮动费率的经济杠杆作用。

根据《人力资源社会保障部关于印发〈国家基本医疗保险、工伤保险和生育保险药品目录（2017 年版）〉的通知》（人社部发〔2017〕15 号）要求，2017 年 8 月 23 日海南省人力资源和社会保障厅根据海南的实际情况印发的《海南省基本医疗保险、工伤保险和生育保险药品目录（2017 年版）调整工作方案》对海南省药品目录中甲类药品（594 个）不做调整，限定支付范围不做调整，仅限工伤保险使用的药品不调出。乙类药品的调整数量为 292 个，仅限工伤保险、生育保险使用的药品以及符合规定的民族药，其调整增加的数量不包括在 292 个以内。应该说，工伤保险药品目录的调整对完善工伤保险体系具有重要意义，同时进一步减轻了工伤人员的负担。

第二节　海南省城镇从业人员工伤保险情况分析

一、参保情况

1991 年 11 月 15 日，海南省人民政府颁布了《海南省职工工伤保险暂行规定》，自 1992 年 1 月 1 日起实施，使海南省工伤保险工作取得了很大进展，截至 1992 年年底，全省参加工伤保险的单位有 8161 个，占应参加单位的 53. 1%，参加工伤保险的职工有 246674 人。到 2016 年年底，海南省工伤保险参保人数达到 137. 3955 万人（见图 4 –1）。

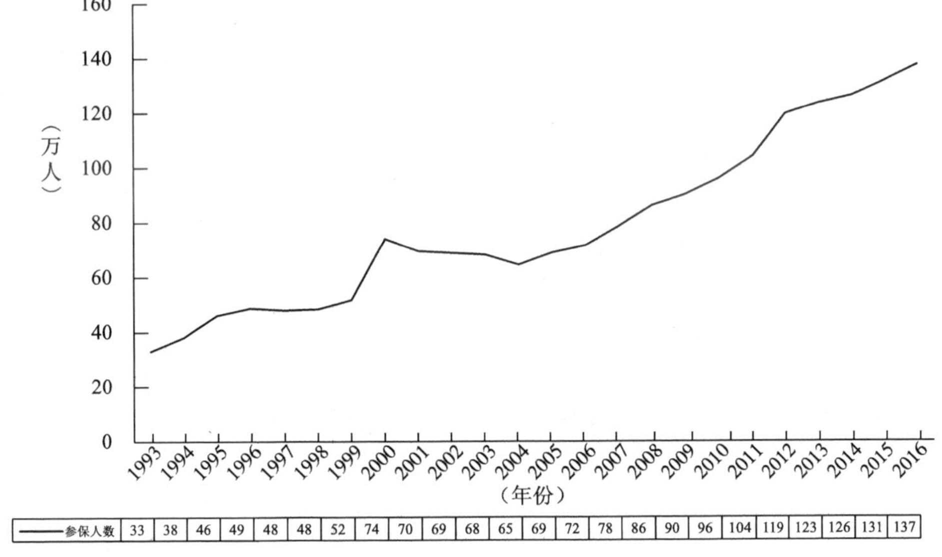

图 4 –1　1993—2016 年海南省工伤保险参保人数

注：数据来自历年《海南统计年鉴》。

从 2015 年各地区参加工伤保险的缴费率来看，海口市、陵水县、儋州市、文昌市的缴费率较高，均在 98% 以上；而定安县、乐东县缴费率较低，在 55%

以下，远低于全省88%的水平（见表4－2）。

表4－2　　2015年海南省各市县工伤保险缴费率情况　　单位：人

地区	参加人数	缴费人数	缴费率（%）	地区	参加人数	缴费人数	缴费率（%）
省本级	339089	311240	91.79	澄迈县	38740	31772	82.01
海口市	272318	272200	99.96	临高县	24972	16473	65.97
三亚市	172441	148756	86.26	白沙县	29868	17698	59.25
洋浦经济开发区	18813	17407	92.53	昌江县	27110	21364	78.80
五指山市	15793	13413	84.93	乐东县	35427	18643	52.62
琼海市	38976	35215	90.35	陵水县	26085	25876	99.20
儋州市	58861	57723	98.07	保亭县	18301	17408	95.12
文昌市	38614	38085	98.63	琼中县	25475	20466	80.34
万宁市	44013	37031	84.14	屯昌县	27275	16673	61.13
东方市	31095	28266	90.90	定安县	31416	16463	52.40
三沙市	—	—	—	全省合计	1314682	1162172	88.40

注：数据来自《海南省社会保险统计年鉴（2016）》。

二、工伤保险征缴率

2012年8月6日，海南省人民政府常务会议通过的《海南省工伤保险省级统筹实施办法》要求海南省工伤保险实行省级统筹，缴费标准和报销比例等5个方面执行全省统一标准，而工伤待遇水平也将在省级统筹后普遍得到提高。截至2015年年底，当期工伤保险费征缴率为97.4%，其中最低的为澄迈县（见表4－3）。

表4－3　　2015年海南省各地区工伤保险征缴率　　单位：%

地区	征缴率	地区	征缴率	地区	征缴率
全省总计	97.4	省本级	98.2	洋浦经济开发区	97.7
海口市	98.0	定安县	99.4	乐东县	100.0

续 表

地区	征缴率	地区	征缴率	地区	征缴率
三亚市	97.3	屯昌县	98.3	琼中县	100.0
五指山市	81.6	澄迈县	74.5	保亭县	100.0
文昌市	100.0	临高县	100.0	陵水县	100.0
琼海市	99.8	儋州市	97.7	白沙县	99.2
万宁市	99.8	东方市	100.0	昌江县	99.1

注：不含三沙市；数据根据《海南省社会保险统计年鉴（2016）》整理。

三、工伤保险费率

1992 年起，海南省用人单位缴纳工伤保险的费率为本单位从业人员缴纳工资总额的0.5% ~1.5%。到 2015 年 9 月 30 日，海南省人力资源和社会保障厅、海南省财政厅和海南省地方税务局联合下发的《关于降低生育保险费率和调整工伤保险基准费率的通知》，将工伤保险费率降低到0.2% ~1.5%（见表 4 –4）。

表 4 –4　　海南省工伤保险行业风险分类

行业类别	基准费率	国家费率	行业名称
一	0.2%	0.2%	软件和信息技术服务业，货币金融服务业，资本市场服务业，保险业，其他金融业，科技推广和应用服务业，社会工作，广播、电视、电影和影视录音制作业，中国共产党机关，国家机构，人民政协、民主党派，社会保障，群众团体、社会团体和其他成员组织，基层群众自治组织，国际组织
二	0.4%	0.4%	批发业，零售业，仓储业，邮政业，住宿业，餐饮业，电信、广播电视和卫星传输服务，互联网和相关服务，房地产业，租赁业，商务服务业，研究和试验发展，专业技术服务业，居民服务业，其他服务业，教育，卫生，新闻和出版业，文化艺术业

续 表

行业类别	基准费率	国家费率	行业名称
三	0.7%	0.7%	农副食品加工业，食品制造业，酒、饮料和精制茶制造业，烟草制品业，纺织业，木材加工和木、竹、藤、棕、草制品业，文教、工美、体育和娱乐用品制造业，计算机、通信和其他电子设备制造业，仪器仪表制造业，其他制造业，水的生产和供应业，机动车、电子产品和日用产品修理业，水利管理业，生态保护和环境治理业，公共设施管理业，娱乐业
四	0.8%	0.9%	农业，畜牧业，农、林、牧、渔服务业，纺织服装、服饰业，皮革、毛皮、羽毛及其制品和制鞋业，印刷和记录媒介复制业，医药制造业，化学纤维制造业，橡胶和塑料制品业，金属制品业，通用设备制造业，专用设备制造业，汽车制造业，铁路、船舶、航空航天和其他运输设备制造业，电气机械和器材制造业，废弃资源综合利用业，金属制品、机械和设备修理业，电力、热力生产和供应业，燃气生产和供应业，铁路运输业，航空运输业，管道运输业，体育业
五	0.9%	1.1%	林业，开采辅助活动，家具制造业，造纸和纸制品业，建筑安装业，建筑装饰和其他建筑业，道路运输业，水上运输业，装卸搬运和运输代理业
六	1.0%	1.3%	渔业，化学原料和化学制品制造业，非金属矿物制品业，黑色金属冶炼和压延加工业，有色金属冶炼和压延加工业，房屋建筑业，土木工程建筑业
七	1.2%	1.6%	石油和天然气开采业，其他采矿业，石油加工、炼焦和核燃料加工业
八	1.5%	1.9%	煤炭开采和洗选业，黑色金属矿采选业，有色金属矿采选业，非金属矿采选业

企业缴纳工伤保险的费率由所处行业风险及其自身发生风险事故的频率决定，因此，风险越大的企业所需要缴纳的工伤保险费率越高，一方面是为了提高企业自主防范工伤风险事故的可能性；另一方面是为了保障企业员工因工受伤后，能够及时、足额地获得工伤赔付。因此，工伤保险费率实际上实行浮动制，目前海南省工伤保险费率浮动区间为－50%～50%，最低为0.2%，最高为

2.25%（见表4－5）。

表4－5 海南省工伤保险浮动费率明细 单位：%

行业类别	1档（基准费率上浮50%）	2档（基准费率上浮20%）	3档（基准费率100%）	4档（基准费率下浮20%）	5档（基准费率下浮50%）
一	0.30	0.24	0.2	—	—
二	0.60	0.48	0.4	0.32	0.20
三	1.05	0.84	0.7	0.56	0.35
四	1.20	0.96	0.8	0.64	0.40
五	1.35	1.08	0.9	0.72	0.45
六	1.50	1.20	1.0	0.80	0.50
七	1.80	1.44	1.2	0.96	0.60
八	2.25	1.80	1.5	1.20	0.75

四、工伤认定与劳动能力鉴定

1. 工伤认定

《中华人民共和国工伤保险条例》（以下简称工伤保险条例）第三章对工伤认定做了明确的规定。符合第十四条（共七项）规定的认定为工伤；符合第十五条（共三项）规定的视同工伤，且职工有前款前两项情形的，按照本条例的有关规定享受工伤保险待遇；职工有前款第三项情形的，按照本条例的有关规定享受除一次性伤残补助金以外的工伤保险待遇。职工存在因犯罪或违反治安管理伤亡的、醉酒导致伤亡的、自残或者自杀行为的，不得认定为工伤。

因此工伤认定的情形有：在工作时间和工作场所内，因工作原因受到事故伤害的；工作时间前后在工作场所内，从事与工作有关的预备性或者收尾性工作受到事故伤害的；在工作时间和工作场所内，因履行工作职责受到暴力等意外伤害的；患职业病的；因工外出期间，由于工作原因受到伤害或者发生事故下落不明的；在上下班途中，受到非本人主要责任的交通事故或者城市轨道交通、客运轮渡、火车事故伤害的；法律、行政法规规定应当认定为工伤的其他情形。

视同工伤的情形有：在工作时间和工作岗位，突发疾病死亡或者在48小时之内经抢救无效死亡的；在抢险救灾等维护国家利益、公共利益活动中受到伤害的；职工原在军队服役，因战、因公负伤致残，已取得革命伤残军人证，到用人单位后旧伤复发的。

随着工伤保险覆盖范畴在不断地扩大，通过工伤认定的件数呈增加的趋势，2009—2017 年这九年间，海南省共通过了 23276 件工伤认定（见图4－2）。其中拟认定为工伤的共 22963 件，占 98.66%；视同工伤的共 313 件，占 1.34%（见图 4－2）。

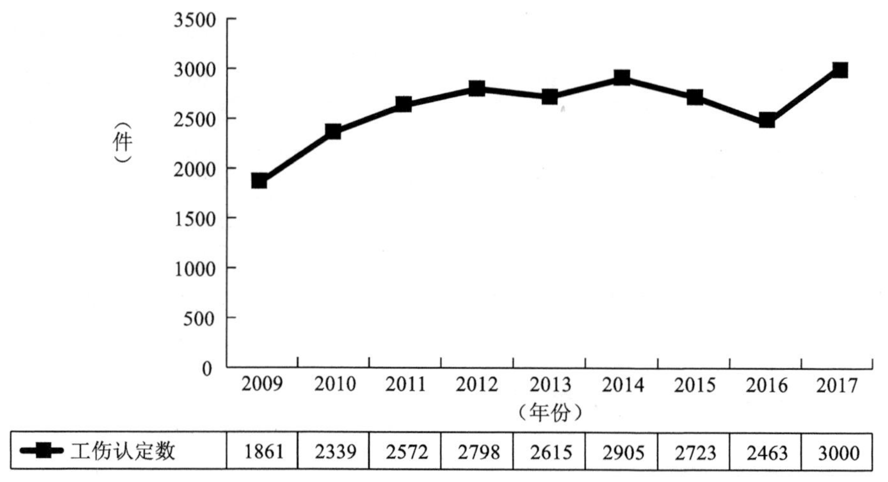

图 4－2　2009—2017 年海南省工伤认定总情况

注：数据根据 2009—2017 年海南省人社厅工伤认定案件数据库统计。

对工伤认定案件情况进行细分，发现每年均有不同程度的工伤案件不予认定（见表 4－6），与工伤申请人的工伤认定知识缺乏有关。

表 4－6　2009—2017 年海南省工伤认定案件情况　单位：件

年份	通过工伤认定件数	拟认定为工伤	视同工伤	不予认定	不予受理申请
2009	1861	1850	11	12	13
2010	2339	2304	35	25	4
2011	2572	2543	29	65	1
2012	2798	2772	26	68	3
2013	2615	2575	40	107	47
2014	2905	2863	42	113	43

续 表

年份	通过工伤认定件数	拟认定为工伤	视同工伤	不予认定	不予受理申请
2015	2723	2690	33	63	14
2016	2463	2417	46	64	31
2017	3000	2949	51	68	54

注：数据根据 2009—2017 年海南省人社厅工伤认定案件数据库统计。

在海南省 2009—2017 年拟认定为工伤的情形中，属于第十四条第 1 项“三工”情形认定为工伤的比例排在第一位，占 81.57%，属于第十四条第 6 项“上下班途中”情形认定为工伤的比例排在第二位，占 7.60%。接下来就是第 5 项、第 3 项、第 2 项、第 7 项和第 4 项，分别占 4.94%、4.05%、0.94%、0.60%和 0.29%（见表 4－7）。

表 4－7 2009—2017 年海南省拟认定为工伤案件（符合第十四条情形）情况 单位：件

年份	拟认定为工伤	第 1 项	第 2 项	第 3 项	第 4 项	第 5 项	第 6 项	第 7 项
2009	1850	1499	23	58	2	99	150	19
2010	2304	1809	43	106	9	113	207	17
2011	2543	2099	22	117	11	97	182	15
2012	2772	2361	21	111	0	111	155	13
2013	2575	2043	20	95	31	129	232	25
2014	2863	2265	36	213	4	97	223	25
2015	2690	2208	16	96	8	119	219	24
2016	2417	2002	20	66	1	171	157	0
2017	2949	2445	16	69	1	198	220	0

注：工伤保险条例第十四条，共 7 项，详细内容参考条例原文。
数据根据 2009—2017 年海南省人社厅工伤认定案件数据库统计整理。

2. 劳动能力鉴定

工伤保险条例第三章对工伤认定进行了明确的规定。职工发生工伤，经治疗伤情相对稳定后存在残疾、影响劳动能力的，应当进行劳动能力鉴定。劳动能力鉴定是指劳动功能障碍程度和生活自理障碍程度的等级鉴定。劳动功能障碍分为十个伤残等级，最重的为一级，最轻的为十级。生活自理障碍分为三个等级：生活完全不能自理、生活大部分不能自理和生活部分不能自理。劳动能力鉴定由用人单位、工伤职工或者其近亲属向设区的市级劳动能力鉴定委员会提出申请，并提供工伤认定决定和职工工伤医疗的有关资料。

五、工伤保险基金运行情况

工伤保险基金由用人单位缴纳的工伤保险费、工伤保险基金的利息和依法纳入工伤保险基金的其他资金构成。工伤保险费根据以支定收、收支平衡的原则确定费率。工伤保险基金存入社会保障基金财政专户，用于工伤保险待遇的发放，劳动能力鉴定，工伤预防的宣传、培训等费用，以及法律、法规规定的用于工伤保险的其他费用的支付。2016 年，全省工伤保险基金收入约 3.83 亿元，基金支出约 1.44 亿元，统筹基金当期结余 2.39 亿元，累计结余 12.94 亿元（见图 4 –3）。基金结余按 2016 年月支付标准可支付 108 个月。1992—2016 年统筹基金收支结余状态良好，基金累计结余量逐年上升，规模较大。

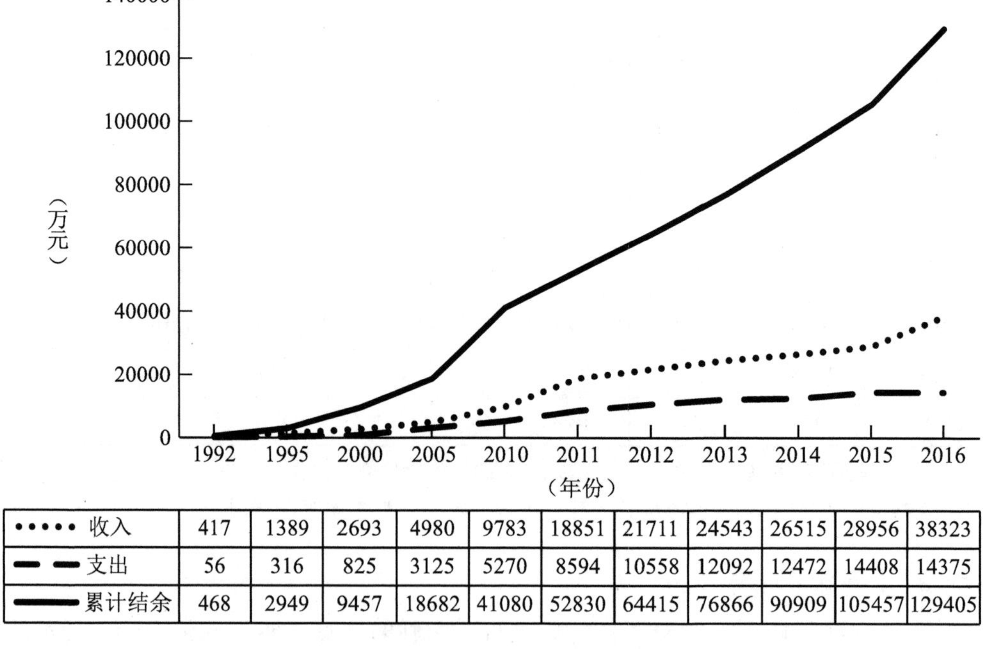

	1992	1995	2000	2005	2010	2011	2012	2013	2014	2015	2016
······ 收入	417	1389	2693	4980	9783	18851	21711	24543	26515	28956	38323
— — 支出	56	316	825	3125	5270	8594	10558	12092	12472	14408	14375
—— 累计结余	468	2949	9457	18682	41080	52830	64415	76866	90909	105457	129405

图 4 –3　1992—2016 年海南省工伤保险基金收支情况

注：数据来自历年《海南统计年鉴》。

六、工伤保险待遇享受情况

1. 享受人次

职工因工作遭受事故伤害或者患职业病进行治疗，享受工伤医疗待遇。治疗工伤所需费用符合工伤保险诊疗项目目录、工伤保险药品目录、工伤保险住院服务标准的，从工伤保险基金支付。海南省工伤保险待遇要符合海南省工伤保险诊疗项目目录、工伤保险药品目录、工伤保险住院服务标准的规定。职工住院治疗工伤的伙食补助费，以及经医疗机构出具证明，报经办机构同意，工伤职工到统筹地区以外就医所需的交通、食宿费用从工伤保险基金支付，基金支付的具体标准由统筹地区人民政府规定。职工因工致残被鉴定为伤残的，等级不一样所享受的待遇存在差异。2016 年，全省有 3375 人次享受了工伤保险待遇，伤残职工月人均伤残津贴 2015.09 元，月人均生活护理费 1860.25 元，供养亲属月人均抚恤金 1492.71 元。从地区分布来看，省本级享受工伤保险待遇的人次最多，为 856 人次，其次是海口和三亚；五指山和临高较少（见表 4－8）。

表 4－8　　2016 年海南省各地区享受工伤保险情况

地区	人次	地区	人次
省本级	856	临高县	21
海口市	731	儋州市	123
三亚市	669	洋浦经济开发区	118
五指山市	12	东方市	60
文昌市	107	乐东县	39
琼海市	119	琼中县	86
万宁市	67	保亭县	34
定安县	40	陵水县	57
屯昌县	35	白沙县	46
澄迈县	90	昌江县	65
三沙市	—	全省合计	3375

注：“—”代表数据缺失；数据来自《海南省社会保险统计年鉴（2016）》。

从 2011—2016 年工伤保险享受待遇人次数来看，2012 年人次最多为 3552 人次，最少为 2014 年的 3115 人次（见图 4－4）。

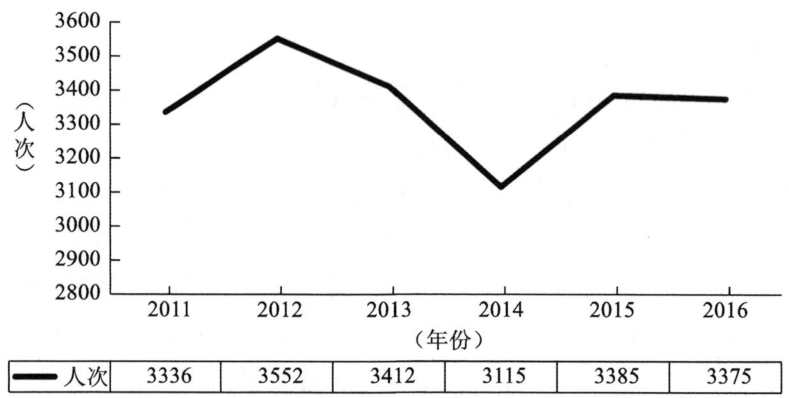

图 4－4　2011—2016 年海南省工伤保险待遇享受人次

注：数据来自《海南年鉴》。

从 2015 年全省各地区因工伤残人数来看，海南省因工伤残人员集中于未评定伤残等级的范围，约 2127 人，占当年总伤残人数的 79.87%，说明海南省因工致伤残严重程度较轻；职业病人数极少，仅为 2 名（见表 4－9），一方面反映海南省工伤预防成绩突出，另一方面与海南省的产业结构有关。

2. 待遇享受情况

2015 年全省因工伤残 2663 人，其中 1～4 级伤残 197 人、5～6 级伤残 60 人、7～10 级伤残 279 人，未定级的伤残 2127 人（见表 4－9）。

表 4－9　2015 年海南省分地区因工伤残人数　　单位：人

地区	合计		1～4 级		5～6 级		7～10 级		未评定伤残等级	
	伤残数	职业病	伤残数	职业病	伤残数	职业病	伤残数	职业病	伤残数	职业病
全省总计	2663	2	197	1	60	0	279	0	2127	1
省本级	791	0	65	0	16	0	94	0	616	0
海口市	554	2	31	1	27	0	74	0	422	1
三亚市	395	0	20	0	0	0	10	0	365	0
洋浦经济开发区	147	0	4	0	2	0	25	0	116	0
五指山市	23	0	1	0	0	0	0	0	22	0

续 表

地区	合计		1~4级		5~6级		7~10级		未评定伤残等级	
	伤残数	职业病	伤残数	职业病	伤残数	职业病	伤残数	职业病	伤残数	职业病
琼海市	75	0	0	0	6	0	0	0	69	0
儋州市	107	0	3	0	0	0	26	0	78	0
文昌市	46	0	6	0	0	0	0	0	40	0
万宁市	35	0	2	0	0	0	0	0	33	0
东方市	55	0	9	0	2	0	2	0	42	0
定安县	27	0	4	0	0	0	0	0	23	0
屯昌县	17	0	8	0	0	0	0	0	9	0
澄迈县	75	0	0	0	4	0	11	0	60	0
临高县	20	0	3	0	0	0	5	0	12	0
白沙县	29	0	1	0	0	0	14	0	14	0
昌江县	74	0	13	0	0	0	12	0	49	0
乐东县	26	0	5	0	2	0	0	0	19	0
陵水县	68	0	2	0	0	0	2	0	64	0
保亭县	36	0	4	0	1	0	0	0	31	0
琼中县	63	0	16	0	0	0	4	0	43	0

注：数据来自《海南省社会保险统计年鉴（2016）》；不含三沙市。

（1）因工伤残待遇情况。2015 年全省共有 4989 人次领取伤残待遇，工伤保险基金总支出约 2019 万元，其中，一次性伤残补助金约 852 万元，人均领取约 25670 元；伤残津贴约 444 万元，人均领取约 1867 元；生活护理费约 380 万元，人均领取约 1725 元；辅助器具安装配置费约 343 万元，人均领取约 45130 元（见表 4－10）。在所支出的费用中，一次性伤残补助金支出最多，约占全年伤残费用支出的 42.21%；在人均支出费用方面，因工伤残后辅助器具安装及配置费最高。

表 4－10　2015 年海南省分地区享受工伤保险伤残待遇情况

项目	费用合计（元）	一次性伤残补助金		伤残津贴		生活护理费		辅助器具安装配置费	
		费用（元）	领取人次	费用（元）	领取人次	费用（元）	领取人次	费用（元）	装配人次
省本级	6031173	2053463	76	1052583	516	1461961	740	1463166	51
海口市	2560434	1532318	73	631021	492	397095	240	N	N
三亚市	2642134	1647963	62	484356	233	322405	192	187410	4
洋浦经济开发区	1319681	1078496	28	98053	26	67632	23	75500	1
五指山市	188084	59800	1	24960	12	13664	12	89660	1
琼海市	230880	171943	6	38303	19	20634	11	—	—
儋州市	851968	429057	17	226714	132	193747	144	2450	1
文昌市	300109	145748	7	112251	72	41430	24	680	1
万宁市	84648	35005	2	49643	36	N	N	N	N
东方市	588434	222312	7	163620	72	198702	108	3800	1
定安县	141786	21169	2	98507	43	22110	12	N	N
屯昌县	495549	N	N	112663	60	135806	84	247080	4
澄迈县	1196128	186886	8	561464	128	128378	96	319400	3
临高县	244924	125384	5	73969	36	45571	36	N	N
白沙县	1075250	297029	15	147262	93	257089	151	373870	4
昌江县	792219	265010	12	278982	156	40068	48	208159	2
乐东县	209312	86344	3	78027	38	44941	24	N	N
陵水县	127005	47969	3	41296	24	37740	24	N	N
保亭县	603848	31337	1	43983	36	70978	64	457550	1
琼中县	508896	85442	4	124980	156	297364	168	1110	2
总计	20192462	8522675	332	4442637	2380	3797315	2201	3429835	76

注：数据来自《海南省社会保险统计年鉴（2016）》；不含三沙市；“N”代表数据缺失。

（2）因工死亡待遇情况。2015 年全省共有 7578 人领取因工伤死亡待遇总计约 6052 万元，其中，一次性工伤死亡补助金发放约 4902 万元，人均领取约

544650 元，这一标准是 2015 年全省在岗年平均工资 58406 元的 9.3 倍，相当于月平均工资的 112 倍；丧葬补助金发放约 218 万元，人均领取 23415 元；供养亲属抚恤金发放约 932 万元，人均领取约 1261 元（见表 4－11）。

表 4－11　2015 年全省分地区享受工伤保险因工死亡待遇情况　单位：人

地区	合计（元）	一次性工亡补助金		丧葬补助金		供养亲属抚恤金	
		费用（元）	领取人数	费用（元）	领取人数	费用（元）	领取人数
省本级	15357240	11585560	21	496049	21	3275631	2077
海口市	10715732	8794460	16	399432	17	1521840	1296
三亚市	6840736	5579900	10	263207	11	997629	788
洋浦经济开发区	1363700	1115980	2	48084	2	199636	184
五指山市	115672	0	0	0	0	115672	108
琼海市	1226103	1123776	2	45576	2	56751	24
儋州市	3995320	3234600	6	164532	7	596188	615
文昌市	1584113	1078200	2	45576	2	460337	353
万宁市	1199884	1078200	2	45576	2	76108	42
东方市	163216	0	0	0	0	163216	116
定安县	162551	0	0	0	0	162551	120
屯昌县	1968481	1692860	3	75888	3	199733	162
澄迈县	2440952	2216145	4	120475	5	104332	102
临高县	1784617	1607280	3	68112	3	109225	96
白沙县	3565999	3186800	6	133968	6	245231	200
昌江县	806474	539100	1	22788	1	244586	288
乐东县	1390756	1123776	2	45576	2	221404	408
陵水县	2094387	1814972	4	68364	3	211051	140
保亭县	1193767	1014922	2	38238	2	140607	86
琼中县	2550410	2231960	4	96168	4	222282	190
总计	60520110	49018491	90	2177609	93	9324010	7395

注：数据来自《海南省社会保险统计年鉴（2016）》；不含三沙市。

（3）医疗及康复费用情况。2015 年全省工伤保险医疗及康复费用支出 37341081 元，3309 人次享受待遇。其中门急诊就医 1328 人次，费用支出 1693540 元；住院 1506 人次，费用支出 29942690 元；工伤康复 475 人次，费用支出 5704851 元（见表 4－12）。

表 4－12　　2015 年全省分地区工伤保险医疗及康复费用情况

地区	门急诊		住院部		工伤康复	
	费用（元）	人次	费用（元）	人次	费用（元）	人次
省本级	896661	521	9491725	362	5304543	439
海口市	111379	78	463375	192	149168	19
三亚市	329033	371	5456794	247	0	0
洋浦经济开发区	25463	46	1473617	48	0	0
五指山市	320	1	448454	22	0	0
琼海市	56434	46	1473617	48	5973	1
儋州市	18471	18	1025228	72	0	0
文昌市	18663	14	1095746	51	0	0
万宁市	0	0	623705	51	0	0
东方市	66234	44	1076028	48	0	0
定安县	2814	4	283447	19	0	0
屯昌市	5435	31	51298	30	0	0
澄迈县	123828	41	2136161	86	0	0
临高县	0	0	657491	11	0	0
白沙县	0	0	289406	22	0	0
昌江县	5630	7	1138069	57	245167	16
乐东县	0	0	584688	25	0	0
陵水县	15361	28	969639	40	0	0
保亭县	10916	67	645722	26	0	0
琼中县	6898	11	558480	49	0	0
总计	1693540	1328	29942690	1506	5704851	475

注：数据来自《海南省社会保险统计年鉴（2016）》；不含三沙市。

第三节　建筑业农民工工伤保险情况调查分析

据国家统计局发布《2017 年农民工监测调查报告》显示，2017 年农民工总数为 28652 万人，其中从事建筑业的农民工比重为 18. 9%。而建筑业又属于工伤风险较高行业，工伤发生率较高。近年来，海南省非常重视维护建筑业农民工的工伤保障权益。据统计：自 2015 年 7 月海口市开展建筑业参加工伤保险专项政策实施以来，企业参加工伤保险积极性明显提高，参加的建筑单位从 2015 年的个位数飙升至 2016 年的 321 家，再到 2017 年新开工项目 100% 参加工伤保险；参保人数从 2015 年的 3260 人上升至 2016 年的 34075 人，一年提高了近 10 倍。截至 2017 年 6 月 30 日，海口市共有在建的建筑项目 194 个，其中房屋建筑类项目 144 个，市政类项目 50 个；参加工伤保险的项目 169 家，项目参保率 87. 11%，覆盖参保人数 19530 人，缴费金额 4007 万元，工伤认定人数 46 人，工伤待遇发放 221. 51 万元，个人最高领取 653103. 02 元，最低领取 920 元。为了进一步了解海南省建筑业农民工工伤权益保障情况，笔者的团队选取海口市 2017 年 4—6 月正在施工的 93 个工地的 1133 名农民工开展了问卷调查。

一、基本情况分析

对海口市 4 个区的 1133 名建筑工人进行调查（见表 4 - 13），其中男性 984 人，女性 149 人；省外籍贯的 926 人，省内籍贯的 207 人；初中及以下文化程度的 820 人，占调查总数的 72. 37%；年龄在 26 ~ 55 岁的建筑工人占调查总数 90. 82%；82. 17% 的农民工在海口从事建筑业不超过 5 年；66. 9% 的建筑工人表示对工伤知识不了解或不太了解。

表4-13　　建筑工人基本情况一览　　单位：人

类别	项目	人数	占比（%）	类别	项目	人数	占比（%）
性别	男	984	86.85	年龄	25岁及以下	75	6.62
	女	149	13.15		26～35岁	358	31.60
籍贯	省外	926	81.73		36～45岁	434	38.31
	省内	207	18.27		46～55岁	237	20.92
民族	汉族	1029	90.82		56岁及以上	29	2.56
	非汉族	104	9.18	工伤知识	不了解	139	12.27
文化程度	初中及以下	820	72.37		不太了解	619	54.63
	高中	150	13.24		了解	375	33.10
	中专	97	8.56	在海口市从事本工作年限	1年以下	288	25.42
	专科	58	5.12		1～5年	643	56.75
	大学本科及以上	8	0.71		5年以上	202	17.83

二、工伤待遇享受情况分析

在1133名建筑工人中，有68人次发生过工伤事故，工伤事故发生率约为6%，其中有50人次申请过工伤赔付，工伤赔付申请率73.53%，其中有46人次得到了赔付，赔付率达92%。46人次得到工伤赔付总金额10.28万元，最高赔付8000元，最低赔付100元，人均获得2234元赔付。

57.37%的人对工伤赔付比较满意，6.09%的人表示不满意，另有36.54%的人没有经历或身边没有工友发生过工伤赔付，他们表示不了解。说明海口市工伤赔付情况还是令建筑工人们较为满意的。

当发生工伤事故后，63.72%的人表示医疗救治较为及时，2.81%的人表示不及时，另有33.45%的人表示没有经历过或身边没有发生过工伤事故，他们表示不了解。说明建筑工地工伤救治措施较为方便。

在发生工伤事故后，17.74%的人表示应由用人单位和个人按比例分担工伤赔付，24.62%的人认为应当通过工伤保险获得补偿，3.97%的人认为应当自己承担工伤事故造成的损失，53.66%的人表示不知道具体的补偿渠道。说明在工伤预防和宣传中，对建筑工人工伤保险赔付的程序和补偿渠道宣传不到位。

三、工伤预防情况

85.08%的人表示建筑工地做过不少于1次有关工伤预防的宣传教育工作，其中仅接受1次的有162人，接受2次的有232人，接受3次的有246人，接受4次及以上的有324人，未接受工伤预防宣传教育的仅为14.92%（见表4－14）。虽然海口市建筑工地做了工伤预防宣传教育，但是宣传力度还不够，考虑到建筑农民工流动性强的特点，建筑工地应经常性地进行工伤预防的宣传教育工作。

表4－14　　建筑工人接受工伤预防宣传教育情况

	人数	占比（%）
未接受	169	14.92
1次	162	14.30
2次	232	20.48
3次	246	21.71
4次及以上	324	28.60

94.26%的建筑工人对自己所处工作环境的安全情况总体上比较认可；仅有5.74%的人认为工作环境不安全（见表4－15）。

表4－15　　建筑工人对工作环境的安全认知情况

	人数	占比（%）
非常安全	122	10.77
安全	597	52.69
还可以	349	30.80
不安全	25	2.21
非常不安全	40	3.53

通过对单位工伤预防措施的调查了解到，98.06%的人认为工地的安全预防措施可以接受；1.94%的人认为措施不到位，影响自己的人身安全（见表4－16）。

表 4 - 16　建筑工人对工伤预防措施认知情况

	人数	占比（%）
非常安全	137	12.09
安全	568	50.13
还可以	406	35.83
不安全	15	1.32
非常不安全	7	0.62

四、工伤知识问答分析

从设计的工伤知识测试中得知，32.04% 的农民工对工伤了解充分，2.12% 的农民工对工伤基本没有了解（见表 4 - 17）。

表 4 - 17　工伤知识得分情况

得分	人数	占比（%）
0	24	2.12
1	14	1.24
2	45	3.97
3	81	7.15
4	175	15.45
5	107	9.44
6	324	28.60
7	363	32.04
合计	1133	100

进而对工伤知识得分情况进行相关性分析，发现男性比女性更了解工伤知识、年龄越小知道的工伤知识越多、工作年限越长越了解工伤知识、文化程度越高越了解工伤知识。同时，也看到在海口市工作年限与工伤知识得分为反向变化关系，这可能与在海口市工作年限较长的农民工因为文化程度较低，不愿意学习工伤知识有关。工伤知识得分与相关因素的相关性分析如表 4 - 18 所示。

表 4－18 工伤知识得分与相关因素的相关性分析

项目	性别	年龄	工作年限	在海口市工作年限	工作时间	文化程度
工伤知识得分	－0.1908***	－0.1184***	0.058*	－0.1238***	－0.0197	0.1284***

注："***""*"分别代表在1%、5%水平下显著。

五、影响工伤事故因素分析

通过构建影响建筑工人工伤事故的多因素回归模型，进一步分析农民工工伤事故的原因，假设有

$$Y = \alpha + \beta_1 X_1 + \beta_2 X_2 + \cdots + \beta_n X_n + \varepsilon$$

其中，Y 表示工伤发生的次数，X 表示影响工伤发生次数的因素，ε 表示随机变量，α 为常数，β 为系数。

选取工伤发生的次数为因变量，文化程度、工伤知识是否了解、在海口市工作年限、工作时间、安全措施、工伤预防设备、工伤知晓率 7 个变量为自变量，建立回归模型进行分析。具体变量定义及信息说明如表 4－19 所示。

表 4－19 变量定义及信息说明

变量定义	信息说明	变量赋值
工伤发生的次数（*Hap*）	过去一年中发生工伤次数	随机变量
文化程度（*Edu*）	文化程度	1＝初中及以下；2＝高中；3＝中专；4＝大专；5＝本科及以上
工伤知识是否了解（*Kno*）	对工伤知识了解情况	1＝不了解；2＝不太了解；3＝了解
在海口市工作年限（*Year*）	在海口市从事建筑行业的年限	随机变量
工作时间（*Time*）	每天工作多少小时	随机变量
安全措施（*Sec*）	工作环境安全	1＝非常安全；2＝安全；3＝还可以；4＝不安全；5＝非常不安全
工伤预防设备（*Pre*）	工作场所工伤预防设备	1＝非常到位；2＝到位；3＝还可以；4＝不到位；5＝非常不到位
工伤知晓率（*Rat*）	下列哪些情况属于工伤范畴	随机变量

通过 Stata12. 0 统计软件建立数据库并进行分析，回归结果如表 4 –20 所示。

表 4 –20　　多元回归统计结果

	Coef.	*Std. Err.*	*P* 值
Edu	0. 0255037	0. 0124338	0. 040 * *
Kno	–0. 0379563	0. 0190939	0. 047 * *
Year	0. 0121823	0. 0031378	0. 000 * *
Time	0. 0184603	0. 0107705	0. 087 *
Sec	–0. 0560685	0. 0179977	0. 002 * *
Pre	0. 0370702	0. 0217305	0. 088 *
Rat	–0. 1046803	0. 048828	0. 032 * *
_cons	0. 0544199	0. 1071972	0. 612

注："* *""*"分别表示在 10%、5% 水平下显著。

从回归结果中可以看出，农民工文化程度越高，发生工伤事故概率越低；工伤知识了解得越多，工伤事故概率越低；在建筑业工作年限越长（年龄越大），越容易发生工伤事故；每天工作时间越长，越容易发生工伤事故；工地环境越安全，工伤事故概率越低；工作场所工伤预防设备与安全措施越到位，工伤事故概率越低；对工伤知识回答的正确率越高，工伤事故概率越低。

六、政策建议

为了降低建筑业农民工工伤发生率，保障其合法权益，要加强工伤预防、工伤宣传与教育，优化工作场所的安全设施等。

进一步做好工伤预防工作。一是将安全生产奖励、健康体检、三级预防体系、技术设备检测改造纳入工伤预防范畴。二是强化费率经济杠杆作用，提高工伤预防功能，例如，实施浮动费率政策，在基础费率基础上，将工伤发生率、死亡人数、安全生产达标、职业危害因素监测等指标纳入浮动费率考核体系，强化费率经济杠杆作用，以促使企业重视安全生产，降低工伤事故。三是探索工伤预防成果与考核奖惩挂钩的办法，将考核奖励纳入基金支出。

宣传教育要“精准”到人。工伤保险宣传教育的“精准”就是要确保相关政策及政策的执行确实能击中工伤保险宣传的弱点与盲点。对年龄较大的农民工要多宣传、多教育，宣传的重点要集中到工伤预防、工伤事故处理程序、时效的掌握、合理的维权方式等方面。在宣传的方式上，要采用工友们喜闻乐见的方式，如电视广告宣传、现场抢红包、专项问答等方式。

强化企业工伤责任。进一步完善制度建设，推行建筑业社会责任管理体系，在道德责任、持续发展责任、法律责任方面细化标准，促进企业自觉维护农民工的工伤保险利益。同时，在监督检查方面，进一步加大力度，由人社、安监、建设、工会等部门联合建立企业工伤保险核查机制，从源头上减少工伤事故的发生。

第四节 制度评析与展望

海南省产业结构的分布，决定了海南省工伤保险与国内其他兄弟省市具有不同的制度特点。由于制度起步早，海南的工伤保险制度发展较快，也取得了较好的成绩。

一、主要成就

制度覆盖率高。1992 年年底，全省参加工伤保险的单位有 8161 个，占应参加单位的 53%，参加工伤保险的职工约有 24.7 万人。到 2000 年，随着农垦系统工伤保险制度启动，海南省也成为全国第一个工伤保险全覆盖的省份。2017 年年底，海南省工伤保险参保人数约达到 141.4 万人。全省工伤保险参保人数逐年递增，基本实现工伤保险制度全覆盖。

待遇稳步提高。2010 年社会保险法对工伤保险基金支出的范围进行了扩展，被认定工伤的参保人享受工伤的范围扩大。按照社会保险法的规定，海南省对工伤保险的范围及待遇享受条件做出了及时的调整，并与国家政策保持一致。2016 年，全省伤残职工月人均伤残津贴 2015.09 元，月人均生活护理费 1860.25 元，供养亲属月人均抚恤金 1492.71 元。

事故发生率低。2009 年海南作为人力资源和社会保障部工伤预防试点地区，开展一系列工伤预防工作，通过“社保走基层”、视频宣传等活动普及工伤知识，工伤发生率较低。2016 年全国参保 21889 万人，其中 103.6 万人获得工伤认定，工伤认定率（发生率）0.47%；海南省 2016 年工伤认定率（发生率）0.18%。这一数据远低于全国水平，一方面说明了海南工伤事故发生概率低，另一方面说明了海南工伤预防措施得力、效果突出、成绩显著。

二、制度展望

扩大工伤保险覆盖面。目前，海南省企事业单位均实现工伤保险的“应保尽保”，但是对两个特殊的群体还需要加大宣传和政策突破。一是要继续巩固建筑业农民工参加工伤保险的成果，扩大覆盖面；二是要研究海南省渔民参加工伤保险的政策制定，为海南省渔民提供理更加安全的职业保障。

完善工伤认定内容。工伤保险中的工伤认定行为涉及所有职工的切身利益，工伤的待遇和非工伤的待遇存在很大的差别，只有被认定为工伤时才能从工伤保险制度中获得救济待遇。因此，要根据工伤发生的特点，对工伤认定中的部分条款进行完善，如“上下班途中”条款、“48 小时”条款等内容。

拓展工伤认定范畴。在我国工伤及职业病赔偿中，国务院安全生产委员会下发的《职业病危害因素分类目录》(国卫疾控发〔2015〕92 号）列明的危害职业病的因素包括粉尘类 52 种、化学因素类 375 种、物理因素 15 种、放射因素 8 种、生物因素 6 种、其他因素 3 种，共 6 类 459 种。而对于学术界普遍关心的“过度劳动”造成的生理、心理疾病并未纳入其中，因此，对工作引发的疾病进行职业病界定时，出现了“新型职业病”法律判定的真空，因而无法受到法律保护和进行工伤赔付。海南省可以适时开展“过度劳动”造成生理和心理伤害纳入工伤保险范畴的研究和试点。

开展工伤康复医院试点。虽然海南省工伤发生率较低，但是长年地累积使海南省工伤人员在数量上也拥有一定的体量。仅 2015 年全省 1 ~4 级工伤伤残就有 197 人。因此，海南省应组建或是指定专门的工伤康复医疗机构，为工伤职工提供医疗康复、职业康复、社会康复、康复辅助器具装配等服务，为工伤康复、工伤定级提供更加科学的评价标准和依据。

创新工伤管理体系。当职工申请工伤认定后，工伤管理部门会及时开展工伤调查，启动工伤补偿程序，这是传统的工伤管理，即将重点放在工伤补偿上。这样的管理方式不仅不会降低工伤事故的发生率和基金支出，反而会因缺乏工伤预防知识和措施而提高工伤的发生率和基金支出规模。因此，应从重工伤补偿转向建立工伤预防、工伤补偿、工伤康复三位一体的工伤保险制度体系。

第五章　海南省城镇从业人员生育保险制度

自古以来我国就有对生育妇女及其家庭的相关奖励、补贴政策，如越王勾践、汉高祖、唐太宗、清圣祖等均通过减税、发放粮食等对生育妇女及其家庭给予奖励和补贴，以保证人口的增长。马克思主义的“两种生产理论”指出人类自身生产对人类生存和发展有重要作用，其中人的生产包括物质生产和人口生产。人口生产中，一部分由家庭内部承担的是私人领域，另一部分由社会承担的是公共领域，因而人口生产成本中应有社会共同承担的部分。在进入现代社会后，政府出台各种政策和措施以弥补女性因生育出现收入中断、生活水平降低、发生与生育有关的疾病等造成的经济损失。德国在1883年出台的《企业工人疾病保险法》中对参保女职工生育过程中所产生的疾病的补偿进行了规定，此时对因生育导致的疾病进行的补偿仅作为疾病保险待遇支付的一部分，而不是一项独立的险种。

中华人民共和国成立后，我国出台的劳动保险条例中有专门的条款对女性职工因生育出现休假、检查、医疗、补贴等的待遇进行了规定，可视作中华人民共和国成立后第一部包含生育保险的法规，后来在《女职工保健工作暂行规定》《女职工劳动保护规定》《企业职工生育保险试行办法》、人口与计划生育条例、劳动法、劳动合同法、社会保险法等法律法规中从不同侧面为女性的生育待遇提供了保障。

海南建省办特区以来，在国家法律法规及相关政策的基础上，不断整合相关制度，于2001年出台了符合海南省自身发展的生育保险法规——《海南省城镇从业人员生育保险办法》，后经过多次修订和完善，目前已形成体系健全、制度基本合理、覆盖全体城镇职工及其配偶的生育保险体系。

据《2016年海南省社会保险情况》统计显示：2016年年底全省参加生育保险人数为136.48万人，基金收入2.6亿元，支出2.41亿元，基金累计结存5.35亿元。全省有59513人次享受了各项生育保险待遇，人均生育医疗待遇3280.48元。

第一节 海南省城镇从业人员生育保险制度发展脉络

一、制度设立（1988—2010 年）

自建省办特区起，海南省主要按照劳动部在 1994 年印发的《企业职工生育保险试行办法》（劳部发〔1994〕504 号）及国家其他有关生育保险政策，实施生育保险管理。在实践中，海南省在生育保险领域不断改革、探索，将分散于各项法律法规中关于生育保险的内容进行了整合，2001 年 9 月 14 日，海南省人民政府印发《海南省城镇从业人员生育保险办法》（琼府〔2001〕59 号），开启了海南省生育保险立法之路。此办法在覆盖范围、待遇享受范围等多个条款上较《企业职工生育保险试行办法》有更大的突破（见表 5－1）。

表 5－1 《海南省城镇从业人员生育保险办法》与《企业职工生育保险试行办法》比较

项目	《海南省城镇从业人员生育保险办法》	《企业职工生育保险试行办法》
覆盖范围	机关、事业单位、企业、社会团体、民办非企业单位及其全部从业人员	城镇企业及其职工
费率水平	用人单位从业人员月工资总额的 0.5%	不得超过工资总额的 1%
生育保险基金支付范围	从业人员妊娠期、分娩期和产褥期内，因生育发生的符合规定的检查费、接生费、手术费、住院床位费、药费以及分娩并发症的医疗费用；从业人员因实施计划生育手术（放置及取出宫内节育器、流产术、引产术、绝育及复通手术）及其并发症发生的符合规定的医疗费用等	生育津贴；符合要求的女职工生育的检查费、接生费、手术费、住院费和药费；生育引起疾病的医疗费等

2003 年 10 月 22 日，海南省第三届人民代表大会常务委员会第 5 次会议通过的《海南省人口与计划生育条例》再次强调了“城镇从业人员已参加生育保险的，依照生育保险的有关规定执行”，同时规定女职工在产假期间，工资照发，享受全勤待遇。

二、制度完善（2011 年至今）

2011 年 9 月 28 日海南省第四届人民代表大会常务委员会第 25 次会议通过了《关于修改〈海南省城镇从业人员生育保险条例〉的决定》（海南省第四届人民代表大会常务委员会公告第 80 号），该条例规定将生育津贴列入生育保险基金支付范围，并明确从业人员享受生育津贴期间，用人单位不再为其发放工资，生育津贴低于其产假工资的，由用人单位予以补足。生育津贴由社会保险经办机构拨付给用人单位。享受生育津贴的天数：妊娠 7 个月以上生产或者引产的，妊娠不满 7 个月早产的，按 3 个月计算；难产的，增加半个月；多胞胎生育的，每多生育一个婴儿，增加半个月；妊娠 3 个月以上、不满 7 个月终止妊娠的，按一个半月计算；妊娠不满 3 个月终止妊娠的，按 1 个月计算；女性从业人员施行输卵管结扎手术的，按 1 个月计算。男性从业人员施行输精管结扎手术的，享受生育津贴的天数按半个月计算。同时该条例进一步扩大了生育保险的覆盖范围，将基金会、律师事务所、会计师事务所等组织和个体工商户中的从业人员都纳入保障范畴，且外国人在海南省范围内就业的可按规定参加生育保险；统筹层次也要求生育保险实行全省统筹。

为了加快生育保险条例的实施与落地，2012 年 5 月 14 日第五届海南省人民政府第 78 次常务会议审议通过的《海南省城镇从业人员生育保险条例实施细则》（海南省政府令第 240 号）对全省生育政策进行了调整与细化，如规定：用人单位缴纳生育保险费的费率从本单位从业人员月缴费工资总额的 0.5%，调整为本单位从业人员月缴费工资总额的 0.6%；从业人员或者从业人员未就业的配偶在分娩当月符合条例规定条件的，可以按照条例规定享受相应的生育保险待遇；女性从业人员生育同时符合难产和多胞胎生育条件的，增加的享受生育津贴天数累计计算；因生育或者计划生育手术引起的并发症的医疗费用，由生育保险基金支付；已经参加两份或者两份以上生育保险的参保人，其重复获得的生育保险统筹基金支付待遇，由社会保险经办机构予以追回。参保人跨省流动的，应当办理生育保险关系转移手续。

为了保证生育保险向着更加公平、更加安全的方向发展，2012 年 8 月 6 日第五届海南省人民政府第 81 次常务会议审议通过《海南省城镇从业人员生育保险省级统筹实施办法》（琼府〔2012〕56 号），文件指出了海南省构建生育保险省级统筹的实施原则，即按照全省“统一缴费标准、统一待遇水平、统一经办业务、统一信息管理、基金统一调剂使用”的原则建立保障制度规范、抗风险能力强、与海南省经济社会发展水平相适应和可持续发展的城镇从业人员生育保险省级统筹管理体系。为了加强生育保险省级统筹落到实处，确实提高管理水平和效率，发挥省级统筹的制度优势，2012年9月12日海南省人民政府办公厅印发的《海南省城镇从业人员生育保险省级统筹调剂金管理使用暂行办法》（琼府办〔2012〕147号）规定：生育保险调剂金用于各地区（单位）生育保险基金出现缺口的补贴，生育保险调剂金按本地区（单位）上年度生育保险基金征缴收入的10%提取，存入省本级生育保险基金财政专户，分账核算，专款专用。

根据国家阶段性降低社会保险费的通知和要求，不断减轻海南省参保单位生育保险费负担，2015年9月30日，海南省人力资源和社会保障厅、海南省财政厅和海南省地方税务局联合发布了《关于降低生育保险费率和调整工伤保险基准费率的通知》（琼人社发〔2015〕216号），将参保单位缴纳生育保险费率由原来的从业人员缴费工资总额的0.6%降低为0.5%。

2016年3月31日海南省第五届人大常务委员会第20次会议审议通过了《关于修改〈海南省人口与计划生育条例〉的决定》，该决定指出：符合国家及海南省计划生育政策且取得生育服务证的生育保险参保人员，可按《海南省城镇从业人员生育保险条例》有关规定，享受生育保险待遇。

为提高经办效率，保障参保人员生育的基本医疗需求，合理控制定点医疗机构生育保险医疗费用支出，规范医疗服务行为，确保生育保险基金平稳运行，2018年1月5日海南省人力资源和社会保障厅、海南省财政厅联合下发了《海南省生育保险医疗费用结算暂行办法》（琼人社发〔2018〕8号）对海南省城镇从业人员生育保险实行定额结算及基金支付并发症病种范围进行了规定。

经过多年的发展，海南省城镇从业人员生育保险制度基本覆盖全体城镇从业人员（主要政策文件见表5－2）。

表5－2　2001年以来海南省城镇从业人员生育保险主要政策文件

发文时间	文件
2001.09.14	《海南省城镇从业人员生育保险办法》（琼府〔2001〕59号）
2011.09.28	《关于修改〈海南省城镇从业人员生育保险条例〉的决定》（海南省第四届人民代表大会常务委员会公告第80号）
2012.05.14	《海南省城镇从业人员生育保险条例实施细则》（海南省政府令第240号）

续 表

发文时间	文 件
2012. 08. 06	《海南省城镇从业人员生育保险省级统筹实施办法》(琼府〔2012〕56号)
2015. 09. 30	《关于降低生育保险费率和调整工伤保险基准费率的通知》(琼人社发〔2015〕216号)

第二节 海南省城镇从业人员生育保险情况分析

一、参保情况

2001年7月1日海南省正式实施《海南省城镇从业人员生育保险办法》，到2001年年底全省参保人数10.78万人，到2016年年底全省参保人数136.48万人，是2001年的12.7倍（见图5-1）。

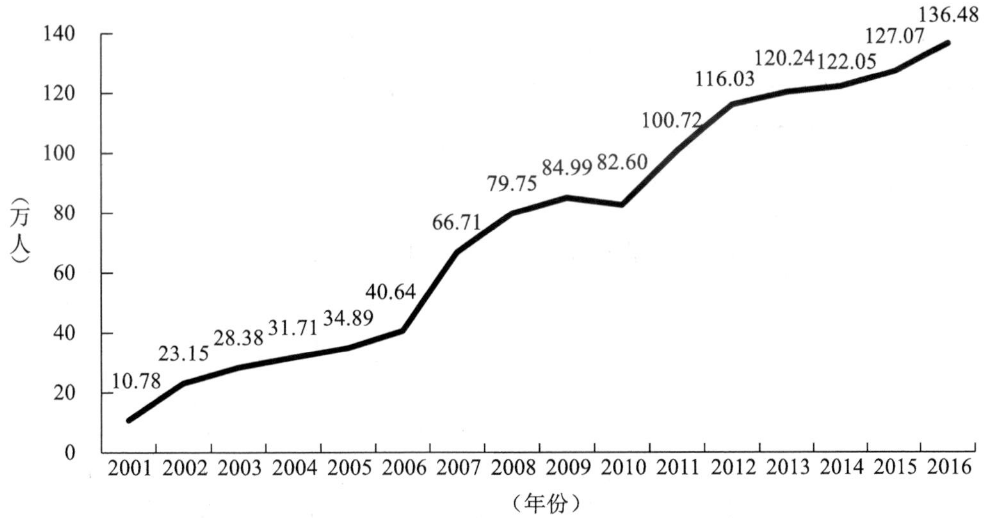

图5-1 2001—2016年海南省城镇从业人员生育保险参保情况

注：数据来自历年《海南统计年鉴》。

从各地区来看，在2016年全省136.48万参保人中，海口市、三亚市占比较高，两地约占总参保人数的35.1%（见表5-3）。

表 5－3　2016 年海南省各地区参加城镇从业人员生育保险情况　单位：人

地区	参保人数	地区	参保人数	地区	参保人数
海口市	298573	屯昌县	27561	琼中县	25323
三亚市	180337	澄迈县	40896	保亭县	22447
五指山市	13781	临高县	21937	陵水县	27431
文昌市	40993	儋州市	58741	白沙县	22329
琼海市	43144	洋浦经济开发区	19214	昌江县	26201
万宁市	41125	东方市	34189	三沙市	—
定安县	27128	乐东县	35445	总计	1006795

注：数据来自《海南统计年鉴（2017）》，表中未包含省本级数据。2016 年全省生育保险参保人员总计 1364829 人（含省本级）。

二、征缴率情况

2001 年 7 月 1 日正式实施《海南省城镇从业人员生育保险办法》并开始征收生育保险费。海南省人民代表大会常务委员会通过了《关于修改〈海南省城镇从业人员生育保险条例〉的决定》，新条例自 2012 年 1 月 1 日起施行，生育保险由“逐步实行全省统筹”修改为“实行全省统筹”以提高征缴率。2015 年年底，全省生育保险费平均征缴率为 97.7%，其中有 5 个市县缴费率达到 100%，乐东县征缴率最低，为 73.8%（见表 5－4）。

表 5－4　2015 年海南省各地区参加生育保险情况征缴率　单位：%

地区	征缴率	地区	征缴率	地区	征缴率
全省总计	97.7	省本级	99.0	洋浦经济开发区	95.2
海口市	98.4	定安县	99.4	乐东县	73.8
三亚市	97.5	屯昌县	99.0	琼中县	100.0
五指山市	90.7	澄迈县	90.1	保亭县	100.0
文昌市	98.9	临高县	100.0	陵水县	100.0
琼海市	99.2	儋州市	99.7	白沙县	98.8
万宁市	99.3	东方市	100.0	昌江县	99.0

注：不含三沙市；数据来自《海南省社会保险统计年鉴（2016）》。

三、费率变动情况

自2001年7月起海南省用人单位缴纳生育保险费率为本单位从业人员缴纳工资总额的0.5%，个人不缴费。从2012年7月1日起海南省城镇从业人员生育保险实行省级统筹，要求全省“统一缴费费率、统一缴费基数”。参加城镇从业人员生育保险的用人单位按本单位从业人员月工资总额的0.6%缴纳生育保险费。为了降低用人单位生育保险费负担，2015年10月1日起，用人单位缴纳生育保险费费率由本单位从业人员缴费工资总额的0.6%降低为0.5%（见表5－5）。

表5－5　2001—2017年海南省用人单位生育保险费率变动情况

起止时间	费率（%）
2001.07—2012.06	0.5
2012.07—2015.09	0.6
2015.10—2017.12	0.5

四、基金收支运行情况

生育保险基金按照“以支定收、收支基本平衡”的原则筹集，实行全省统筹。至2016年年底，海南省生育保险统筹基金收入28393万元，统筹基金支出26574万元，统筹基金当期结余1819万元，当期统筹基金结余率6.4%；统筹基金累计结余53541万元，基金结余按2016年月支付标准可支付24个月，基金处于安全状态。2001—2016年统筹基金收支结余状态良好，基金累计结余量逐年上升，规模较大（见图5－2）。

从2016年全省城镇从业人员生育保险基金收支来看，已有5个地区出现了当期收不抵支的情况，分别是海口市、三亚市、五指山市、文昌市、洋浦经济开发区。按2016年支出标准测算，当期结余不足支付1个月的有琼海市、东方市；不足支付3个月的有屯昌县、澄迈县、保亭县、陵水县、昌江县（见表5－6）。

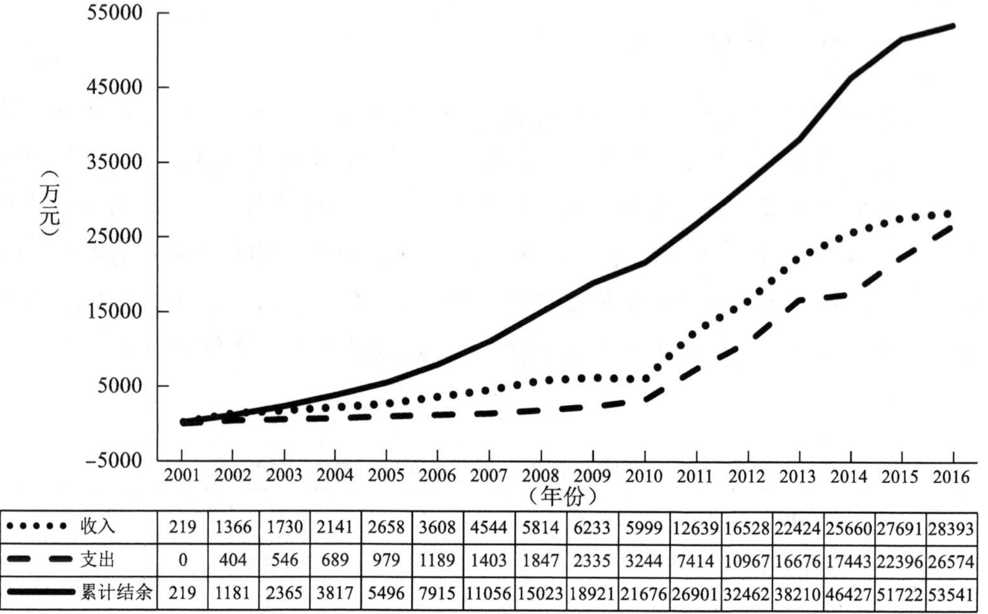

	2001	2002	2003	2004	2005	2006	2007	2008	2009	2010	2011	2012	2013	2014	2015	2016
收入	219	1366	1730	2141	2658	3608	4544	5814	6233	5999	12639	16528	22424	25660	27691	28393
支出	0	404	546	689	979	1189	1403	1847	2335	3244	7414	10967	16676	17443	22396	26574
累计结余	219	1181	2365	3817	5496	7915	11056	15023	18921	21676	26901	32462	38210	46427	51722	53541

图 5－2　2001—2016 年海南省城镇从业人员生育保险基金收支情况

注：数据来自历年《海南统计年鉴》。

表 5－6　　2016 年海南省各地区城镇从业人员生育保险基金收支情况　　单位：万元

地区	基金收入	基金支出	当期结余	地区	基金收入	基金支出	当期结余
海口市	5423	6571	－1148	儋州市	1101	732	369
三亚市	3474	3701	－227	洋浦经济开发区	518	585	－67
五指山市	221	435	－214	东方市	559	551	8
文昌市	791	823	－32	乐东县	491	297	194
琼海市	809	797	12	琼中县	415	230	185
万宁市	702	557	145	保亭县	338	303	35
定安县	361	142	219	陵水县	608	493	115
屯昌县	322	294	28	白沙县	338	232	106
澄迈县	762	638	124	昌江县	406	340	66
临高县	378	215	163	总计	18017	17936	81

注：数据根据《海南统计年鉴（2017）》整理；不含三沙市。

五、待遇享受情况

2012 年 7 月 1 日起，海南省城镇从业人员生育保险实行省级统筹。全省执行统一的城镇从业人员生育保险待遇，其中包括生育医疗费用和生育津贴。符合生育保险条例规定的生育医疗费用由生育保险基金全额支付，具体包括生育的医疗费用和计划生育的医疗费用。生育津贴月标准为用人单位上年度从业人员月平均工资。当年成立的用人单位，其从业人员的生育津贴月标准为全省上年度在岗从业人员月平均工资。2016 年，全省有 59513 人次享受了各项生育保险待遇（见图 5－3），人均享受生育医疗待遇 3280.48 元。

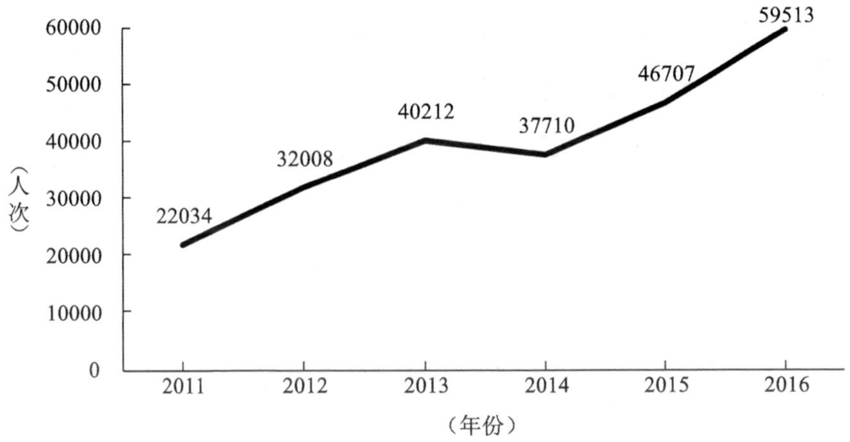

图 5－3　2011—2016 年海南省城镇从业人员生育保险享受人次

注：数据来自历年《海南统计年鉴》。

从 2016 年各地区享受生育保险待遇的人次来看，海口市生育保险享受待遇人次最多，约占海口市参保人数的 7%，远高于全省 3.7% 的平均水平；最低为陵水县，约为 0.35%（见表 5－7）。

表 5－7　2016 年海南省各地区享受生育保险待遇人次　单位：人

地区	参保人数	享受待遇人次	地区	参保人数	享受待遇人次
海口市	298573	21022	儋州市	58741	1106
三亚市	180337	5382	洋浦经济开发区	19214	658

续　表

地区	参保人数	享受待遇人次	地区	参保人数	享受待遇人次
五指山市	13781	175	东方市	34189	826
文昌市	40993	1150	乐东县	35445	552
琼海市	43144	1261	琼中县	25323	447
万宁市	41125	714	保亭县	22447	536
定安县	27128	197	陵水县	27431	97
屯昌县	27561	435	白沙县	22329	550
澄迈县	40896	1488	昌江县	26201	541
临高县	21937	259	总计	1006795	37396

注：①本数据不含三沙市；②本数据来自历年《海南统计年鉴》，与海南省人社厅公布的数据存在出入，本次分析以统计年鉴为准。

目前，生育保险待遇的发放，主要是生育医疗费用和生育津贴。从海南省的生育保险统筹基金收支运行情况看，生育保险基金将长期处于平稳运行的状态。但由于“全面二孩”政策放开，生育需求将会集中爆发，生育高峰来临，享受待遇人数增加，支出也会相对增加，生育保险基金面临较大挑战。

第三节　制度评析与展望

生育保险制度在保障参保人及其配偶在享受生育保险待遇方面发挥了积极的作用。海南省在生育保险制度的改革与探索中，积累了经验，完善了制度，使参保人的获得感和满足感得到了提升。

一、主要成就

参保人数逐年上升。2001—2016 年，海南省生育保险参保人数相对期初增长了近 13 倍，绝对数也从 10 万人升至 136 万人，制度基本实现全覆盖。而随着城镇化的加快，海南省产业结构的调整以及新领域、新业态的形成，参保人数会进一步增加。

待遇范围逐步提高。生育保险待遇支出主要是生育医疗费用和生育津贴两大块。因此，海南省的生育保险待遇支出实行动态调整，一是生育医疗费用随着医疗费用的增加而动态调整；二是生育津贴也会根据社会平均工资的变动而变动。

降低生育保险费率。海南省生育保险费率经过一升一降两个过程。从2015年10月1日起，用人单位缴纳生育保险费费率由本单位从业人员缴费工资总额的0.6%降低为0.5%；生育保险费率降低0.1%。费率的降低并没有影响待遇的享受，而是减轻了用人单位的生育保险负担，提高了用人单位参保积极性。

二、制度展望

研究制订生育保险与职工医保合并方案。在全国12个市县逐步整合生育保险与基本医疗保险的背景下，海南省将尽快实施生育保险与职工基本医疗保险合并，届时将会提高基金共济能力，有利于更好地保障参保人员。制度合并围绕着五点开展——“四统一、一不变”，即统一参保登记、统一基金征缴和管理、统一医疗服务管理、统一经办和信息服务，生育期间生育保险待遇不变。合并后，参加职工基本医疗保险的人员同步参加生育保险，费率按照生育保险和职工基本医疗保险缴费费率之和征缴。生育保险基金并入职工医疗保险基金，实行统一收支，不再单列生育保险基金收入，在职工医疗保险待遇支出中设置生育保险待遇支出项目。执行职工基本医疗保险、生育保险目录，以及基本医疗保险诊疗项目和医疗服务设施范围。

深化生育医疗待遇支付方式改革。随着“全面二孩”政策的放开，生育小高峰的到来，人口生育将会出现较大幅度的增长。2015年享受待遇人次较2014年增长了23.86%，2016年又在2015年的基础上增长了27.42%；基金支出分别增长了28.74%、18.75%。生育保险费率下降，享受生育保险待遇的人次又在增加，基金支出将会出现较大的增长。在生育保险待遇支付中，生育医疗费用支出是大头，2016年生育医疗费用支出1.48亿元，约占全年生育保险基金支出的55.64%。因此，要不断深化生育医疗费用支付方式改革，降低生育医疗费用负担，在不降低女性生产体验的前提下，遏制生育医疗费用的快速增长。

开展生育津贴的统一标准发放。在开展生育保险统收统支的前提下，可实现生育津贴全省统一标准发放。虽然全省各地区社平工资存在差异，但是各单位缴费则是按照社平工资的一定比例缴纳，因此，在发放生育津贴时，可以参照生育保险缴费基数在全省社平工资中的比例，实行全省统一标准发放，减少不同地区、不同单位之间生育津贴不平衡的现象，最大限度地保证生育保险的相对公平。

第六章　海南省职业年金制度

职业年金是伴随养老金制度的发展而逐步发展起来的。1874 年，美国运通公司（American Express）为其雇员提供了企业自有自营的退休计划，随后美国各大公司开始纷纷设立职业年金计划（Pension Plan），而设立年金计划的企业大多集中于铁路、银行、公共事业等领域，在这些公共领域开展的年金计划可视为最早的职业年金计划。一般来说，在国外，职业年金制度首先在公共部门建立，随后扩展到私人部门。20 世纪中后期，OECD（经济合作与发展组织）国家普遍开展了职业年金计划（Occupational Pension Plan），并取得了极大的成功。

我国的职业年金制度有别于西方国家的职业年金制度。在中国，职业年金是仅针对机关事业单位及其工作人员（不含编外人员）建立的补充养老保险制度。1992 年，原国家人事部在《关于机关、事业单位养老保险制度改革有关问题的通知》中提出要建立国家统一的、具有中国特色的机关事业单位社会养老保险制度。2008 年 3 月 14 日，国务院印发的《事业单位工作人员养老保险制度改革试点方案的通知》（国发〔2008〕10 号）要求建立职业年金制度。随后，广东、重庆、上海、山西、浙江 5 个省市作为事业单位养老金改革首批试点区域。此后，职业年金开始正式成为机关事业单位养老保险改革的重要抓手。

海南省从 2016 年正式启动职业年金制度，截至 2017 年年底，全省所有符合参加职业年金标准的机关事业单位人员均实现参保，参保率 100%。

第一节　海南省职业年金制度的发展

一、初探时期（1991—2014 年）

海南省的事业单位养老保险制度随着海南社会保障制度综合改革试点而逐步展开。1991 年海南省人民政府颁布的《海南省职工养老保险暂行规定》将“实行企业管理的事业单位”纳入职工养老保险范畴。这也是海南省首次要求事业单位缴纳养老保险费用，并实行职工养老保险制度。在缴费方面，机关事业单位为职工缴纳的基本养老保险费用从行政事业经费中列支，计入社会共济基金账户；个人缴纳部分计入个人养老金账户。1993 年《海南经济特区城镇从业人员养老保险条例》的颁布，进一步明确机关事业单位的养老保险问题，要求国家机关、事业单位和社会团体的从业人员依法参加养老保险。同时规定：国家机关公务员（包括参照国家机关公务员待遇执行的人员）在本条例实施后退休的，其基本养老金低于国家规定公务员退休待遇标准的，其差额部分予以补足。1999 年新修订的《海南经济特区城镇从业人员养老保险条例》颁布，要求国家机关、非企业化管理的事业单位和社会团体的从业人员，按本人月工资总额的 3% 缴纳基本养老保险费。

2000 年，正值海南省机关事业单位养老保险改革进入快速发展时期，海南省人民代表大会常务委员会颁布《关于社会保险制度改革若干事项的决定》暂停了国家公务员（含参照国家公务员制度管理的工作人员）执行从业人员养老保险制度。2000 年年底，仅有事业单位从业人员参加基本养老保险。

虽然海南针对事业单位从业人员的养老保险制度建立时间较长，仍不能称为职业年金，只是探索建立了社会养老保险制度，从体制机制上解决了“双轨制”的问题。虽然没有建立职业年金制度，但是已经建立起来的基本养老保险制度为下一阶段开展职业年金制度建设打下了良好的基础。

二、建立与发展时期（2015 年至今）

2008 年国务院在广东等五地启动了事业单位养老保险改革试点，其中最主要的内容之一就是建立符合试点地区特点的职业年金制度。2015 年 1 月 3 日，国务院下发了《关于机关事业单位工作人员养老保险制度改革的决定》（国发〔2015〕2 号）要求各地建立职业年金制度，本决定从 2014 年 10 月 1 日起执行。随后，海南省人民政府转发了该决定，并要求将海南省按照公务员法管理的单位、参照公务员法管理的机关（单位）、公益一类和公益二类事业单位，纳入海南省机关事业单位基本养老保险参保范围，并从当年 7 月起预扣养老保险费和职业年金，以提高机关事业单位养老保险待遇。2015 年 3 月 27 日，国务院办公厅印发的《机关事业单位职业年金办法》（国办发〔2015〕18 号）对机关事业单位建立职业年金作出了详细的规定。

2017 年 12 月 19 日，海南省人力资源和社会保障厅、海南省财政厅联合下发了《海南省机关事业单位职业年金实施办法》对海南省建立职业年金制度作出了系统的规定（基本内容见表6－1）。

表6－1　《海南省机关事业单位职业年金实施办法》基本内容

覆盖对象	机关事业单位及其工作人员（编制内）
筹资标准	单位缴纳职业年金费用的比例为本单位工作人员缴费工资基数之和的8%；个人缴费比例为本人缴费工资基数的4%
管理方式	单位和个人缴费全部计入职工个人账户，并实行个人账户方式管理
领取条件	符合国家规定的退休条件并依法办理退休手续；出国（境）定居人员的职业年金个人账户资金，可根据本人要求一次性支付给本人；工作人员在职期间死亡的，其职业年金个人账户余额可以继承
领取方式	按月直至领取完为止或一次性领取

第二节　海南省职业年金情况分析

一、参保情况分析

自2014年10月1日启动职业年金参保计划以来，整体情况运行良好。据海南省社会保险事业局统计：截至2018年5月，全省参加职业年金计划的人数为226030人，其中缴费222014人，缴费率98.22%。从不同单位参加职业年金人数来看，机关单位参保65821人，缴费人数64453人，缴费率97.92%；事业单位参保159227人，缴费人数157064人，缴费率98.64%；其他参保单位982人，缴费人数497人。

二、基金运行情况分析

1. 收支情况

按照海南省职业年金实施办法的规定：对财政全额供款的单位，单位缴费根据单位提供的信息采取记账方式，非财政全额供款的单位，单位缴费实行实账积累。2016年单位缴费6032.33万元，个人缴费26302.62万元，累计结余32372.37万元，而到2017年年底累计结余达到161531.65万元，仅一年时间基金累计结余增长了近4倍。由于职业年金制度建立时间较短，正式出台实施办法是2017年12月19日，因此，2016—2017年职业年金待遇支出为零。仅在2018年第一季度出现了10.50万元的职业年金支出（见表6-2）。

表6-2　　2016—2018年第一季度海南省职业年金收支情况　　单位：万元

时间	缴费收入		支出	累计结余
	单位缴费	个人缴费		
2016年	6032.33	26302.62	0	32372.37
2017年	24568.22	103263.71	0	161531.65
2018年第一季度	8805.44	29198.60	10.50	200177.95

注：数据来自海南省社会保险事业局统计报表。

2. 运营情况

按照职业年金管理有关规定，海南省人力资源和社会保障厅对职业年金集中委托投资运营实行统筹管理，通过投资运营的方式实现基金的安全、保值增值。从近两年的运营收入来看，海南省职业年金运营收入以利息收入为主，仅2017年利息收入就达1350.36万元，此外委托投资还未正式启动，其他收入又较低（见表6-3），职业年金主管部门正在积极谋划更加积极、稳健的基金运营管理方案。

表6-3　　2016—2018年第一季度海南省职业年金运营情况　　单位：万元

时间	利息收入	委托投资收益	其他收入	转移收入
2016年	37.28	0	0.14	0
2017年	1350.36	0	38.49	0
2018年第一季度	651.28	0	1.48	0

注：数据来自海南省社会保险事业局统计报表。

3. 待遇享受情况

从统计数据来看，职业年金待遇从2018年开始可以享受。2018年5月，全省有314人领取待遇，其中机关单位92人，事业单位221人，其他单位1人。截至2018年6月，全省共804人领取待遇，职业年金共支出159.6万元，人均领取1985元。

第三节 职业年金问题研究回顾

习近平总书记十分关注社会保障制度建设，并多次强调要建立“更可靠的社会保障”。习近平总书记在党的十九大报告中明确指出：按照“兜底线、织密网、建机制”的要求，全面建成覆盖全民、城乡统筹、权责清晰、保障适度、可持续的多层次社会保障体系。职业年金作为机关事业单位工作人员多层次养老保障体系的重要内容，有关部门、专家学者直到2010年才开始系统研究。通过查阅中国知网（CNKI），输入职业年金进行“全文”和“篇名”检索，结果如表6－4所示。

表6－4　对职业年金进行“全文”和“篇名”检索结果　单位：篇

年份	“全文”检索	“篇名”检索	年份	“全文”检索	“篇名”检索
1992	1	0	2006	39	0
1993	0	0	2007	28	1
1994	0	0	2008	48	2
1995	1	0	2009	76	8
1996	4	0	2010	131	19
1997	3	0	2011	114	12
1998	0	0	2012	105	7
1999	3	0	2013	179	10
2000	9	0	2014	377	29
2001	18	1	2015	504	62
2002	18	0	2016	389	35
2003	29	1	2017	369	38
2004	28	0	2018	482	54
2005	33	0	合计	2988	279

注：检索时间为2018年7月1日，2018年数据为CNKI预测数。

由此，可以看出我国学者对职业年金研究起步较晚，在检索到的1992年文献中，学者周庆瑞介绍了人口老龄化背景下西方国家养老保险制度改革的主要经验，其中介绍了发达国家养老保险体系的“三柱”，即国家提供的基本养老金（或叫退休年金）、补充的专业或职业年金、个人储蓄。周庆瑞所提及的职业年金是指在西方国家，企业或政府为雇员建立的补充养老金，是基本养老金的重要补充，而在周庆瑞随后的政策建议中虽谈及建立多层次的养老保险体系（法定养老金、企业补充养老金和储蓄人寿保险相互补充的计划），但并没有建议我国建立机关事业单位的职业年金制度。

同样从表6－4中可以看出，我国学者从2010年开始发表较多关于职业年金的论述，这与2010年开始试点机关事业单位养老保险改革有关。早期的研究，学者们更多的是介绍国外职业年金建设的经验，并探讨如何将这些理念与中国实际相结合，以解决制度缺失问题。而近年的研究聚焦于更加微观的领域：职业年金的运行。

1. 关于职业年金账户“虚”“实”的探讨

2008年2月，国务院常务会议讨论并原则通过了《事业单位工作人员养老保险制度改革试点方案》，确定在山西、上海、浙江、广东、重庆五省市先期开展试点，标志着我国开始试水事业单位与社会养老保险“并轨”，也标志着事业单位补充养老保险制度（职业年金制度）改革试水。2008年虽然提及“职业年金”，但由于方案不细，各试点地区未能很好地落实和推进；2015年国务院下发了《关于机关事业单位工作人员养老保险制度改革的决定》，标志着我国机关事业单位职业年金制度正式建立，同年3月国务院办公厅下发了《关于印发机关事业单位职业年金办法的通知》进一步明确了职业年金建立的基本内容，其中在账户建立上选择了“虚实结合”。虚账指全额拨款的机关事业单位采用记账式缴费的方式，而非全额拨款的事业单位采用做实单位缴费的方式。可以说，这种“虚实结合”有利也有弊。

张盈华（2017）通过测算，认为“虚实结合”短期内避免了财政支出负担过重，但从中长期来看将会给职业年金带来更加沉重的负担，不利于职业年金持续稳定和健康发展。在张盈华看来：“虚账”运行忽视了财政支出刚性增长的规律，也忽视了“实账”运行形成基金积累和降低缴费率的积极作用。此外，长期的“虚账”运行不利于机关事业单位工作人员流动，特别是跨统筹区流动时，职业年金账户的转移接续困难；实账积累基金可以进行委托投资，而虚账运行部分则无法进行投资，影响了投资收益，如果由财政承担投资损失，则又增加了财政负担，因不同事业单位人员的账户收益率不同，容易引发攀比、质疑和矛盾。

从西方国家职业年金（补充养老保险）建设的经验来看，国家规定补充养老保险缴费不能采用记账方式，即使允许，也要求计划发起人必须有破产担保。因此，做实职业年金账户可带来长期的收益。经过测算：如果年均投资收益率达到 7%，到 2050 年全国的职业年金基金将积累到 33 万亿元，其中 3/4 都是投资收益。没有做实账户的正反两个例子同时存在：全国社保基金和企业年金基金自运营以来，到 2016 年，两个基金的年均投资收益率分别达到 8.82% 和 8.09%；而企业养老保险“空账”惨痛教训是记账利率远低于市场收益率。

韩克庆（2014）虽没有直接对职业年金的虚账运行进行论述，但他分析了职工养老保险名义账户的弊端，他认为：空账运行是养老保险统账结合模式的倒退。名义账户运行将会带来产权不清、信任危机、制度混淆、缴费动力下降等问题。诸艳霞，朱红兵（2014）则从养老金个人账户“空”“实”的货币价值率的视角进行了分析，他们认为：在现行模式下，个人账户给付的高货币价值率是难以持续的，所造成的损失必定由财政负担，造成财政负担过重。

2. 关于职业年金运营管理的探讨

职业年金运营管理参照企业年金管理的运营方式，作为代理人的中央国家机关养老保险管理中心及省级社会保险经办机构负责职业年金的集中管理与运营。在“安全性”作为社会保险基金投资运营首要原则的前提下，职业年金更多的是存在银行或购买国债，投资收益不高，且至今仍然缺乏有效的监管体系。戴卫东、陶纪坤（2011）基于 OECD 国家建立的职业年金（Occupational Pension）研究发现：职业年金非常注重保值增值，但也非常重视对投资工具的选择和数量控制原则的慎用等。在职业年金运营监管方面，OECD 国家主要有三种类型：一是以澳大利亚政府机构（税务、证券和投资委员会、谨慎管理局等）监管为代表的“信托投资和政府监管的组合”；二是以奥地利为代表的“金融机构和专业养老金机构联手”的监管方式；三是以法国为代表的专业养老机构操作，采用社会化监督。我国职业年金可以借鉴 OECD 国家的实践，采用外部管理模式（Externally Administrated），不仅可以规避年金的腐败风险，而且可以增强保值增值的能力。考虑我国机关事业单位特点，在具体操作上可以是政府进行政策的顶层设计，审计、财政等部门共同参与监管，具体运营上则交由保险公司、商业银行等金融机构信托投资。刘艺戈（2013）认为要借鉴国外成熟的职业年金管理经验，采取信托模式进行市场化运营，拓宽投资渠道，分散投资风险是现阶段实现职业年金保值增值计划较优的选择，此外，还应成立专门的职业年金监管机构，强化运营监管。

房连泉（2017）、孙守纪（2016）在总结美国公共部门职业年金投资运营管理经验的基础上，认为我国职业年金要坚持DC（确定缴费型）运营模式、进行市场化投资运营、适当提高股票投资比例、完善职业年金投资的委托代理治理结构、保持信息透明等。周利光（2017）则认为做好职业年金管理，首先要厘清利益相关方的关系，明确各自的职责和义务。因此，在运营管理过程中还需要进一步注意职业年金基金财产独立性、机构人员兼任、投资方式和范围等问题。

3. 关于职业年金治理结构的讨论

职业年金治理结构的讨论源于对企业年金问题的关注，邓大松等（2004）认为对企业年金科学合理的治理结构应该包括内控制度、托管人委托限定、信息披露和中介机构监管等。杨长汉（2011）认为受托人在企业年金投资决策和绩效贡献上发挥了关键作用。林义（2007）认为企业年金的运营和监管需要约束。因此，对于职业年金的治理，无论是管理还是投资都不同于企业年金。张云野，赵丹龄等（2014）认为职业年金应该进行集中管理和市场化运作。何小伟、郑伟（2014）认为从国外经验来看，我国职业年金采用信托型管理模式较为稳妥，信托型管理模式有助于确保职业年金财产的法律独立性，有助于充分发挥投资机构的专业优势，有助于降低各种运营成本。徐婷婷（2016）对机关事业单位职业年金治理结构进行了利弊分析，她认为：现有的职业年金治理结构有利于推动改革和制度的建立，有利于降低财政短期压力、防止通货膨胀、投资损失；不利之处有投资收益低、监督能力弱、专业化程度不够等。因此，从长远来看，职业年金的治理结构必定会走向企业年金的信托模式。

除此之外，郑伟（2015）还对职业年金的功能进行了讨论，认为职业年金的缴费安排应兼顾“激励”和“约束”机制，才能实现效率与公平。张留禄，姜柯戎（2016）对职业年金的计发问题进行了讨论；周艳（2013）、张兴（2014）对职业年金构建的模式进行了讨论等。

海南省机关事业单位职业年金建设才刚刚起步，没能积累太多运营和管理经验。但是需要在实际的管理、运营中不断提升经办管理水平和业务技能，总结发达地区经验，做实全额拨款事业单位的账户、厘清相关权益人的权责等，以更加积极稳妥的方式加快海南省职业年金的发展。

第七章　海南省社会保险经办机构

社会保险经办机构是对社会保险事业进行经办管理的单位、机构。我国的社保经办机构可以追溯到明清时期的备荒机构和由政府设立的面向鳏寡孤独群体的“养济院”“育婴堂”等。在北洋政府时期，对社会保障进行经办管理的主要是内务局，当然这一时期的社会保障还不是真正意义上的现代社会保障制度，而是以救济和慈善等为主的“济贫”事业。到了南京国民政府时期，劳工局设置行政处行使劳动保险、工人失业及伤害救济、调节劳资纠纷等职责，这也是我国首次将劳动保险列为政府职责。

中华人民共和国成立后，建立了现代意义上的社会保险制度（劳动保险），符合社会保险经办管理特点的机构也随之成立。经办管理机构大体经历了劳动部、中华全国总工会、民政部、卫生部（现卫健委）、社会保险事业管理中心等。但由于我国社会保险险种管理机构分散，目前负责社会保险经办管理的有社会保险管理部门、卫健部门、地方税务等部门，均按各自的职责进行管理。海南省社会保险经办机构主要有社会保险事业局、医疗保障局（截至 2017 年年底还未组建）、社会保险费征稽局、新型农村合作医疗领导小组办公室等部门按规定经办涉保业务。

第一节　社会保险事业局

按照行政区划，海南省共有 19 个市县、1 个经济开发区，1 个行政区对应 1 个社会保险事业局。目前海南共有 20 个社会保险事业局，其中 1 个省级社会保险事业局，19 个市县社会保险事业局（不含三沙市）。而海南省社会保险事业局既是省级社会保险经办机构又是全省社会保险业务指导机构。海南省社会保险事业局（原名为海南省社会保障局）成立于 1991 年 12 月 10 日。1992 年 1 月 1 日，海南省社会保障局正式挂牌开始工作，全省各市县、农垦、海南铁矿社会保障局（处）也相继成立，1992 年年底全省共有社会保障机构 22 个，工作人员 374 人。截至 2017

年4月，全省社会保险系统工作人员共820人（含聘用人员），如表7－1所示。

表7－1　　2017年海南省社会保险系统法人代表及单位地址

单位	法人代表（局长）	工作人员人数	单位地址
海南省社会保险事业局	张霄峰	237	海口市美兰区金坡路8号
海口市社会保险事业局	陈基波	107	海口市大同一横路3号
三亚市社会保险事业局	孙定鸿	45	三亚市迎宾路189号人力资源市场6楼
文昌市社会保险事业局	陈泽清	42	文昌市文城镇文蔚路55号
琼海市社会保险事业局	梁文超	29	琼海市嘉积镇爱华东路
儋州市社会保险事业局	全新建	34	儋州市中兴大道人力资源和社会保障大厦
万宁市社会保险事业局	李衍亮	32	万宁市万城镇红专街
五指山市社会保险事业局	陈佳彦	11	五指山市理文路
东方市社会保险事业局	黄泽诚	20	东方市八所镇福民南路中国建设银行3楼
定安县社会保险事业局	王聘锦	19	定安县定城镇见龙大道628号定安县人才劳动力市场大楼
屯昌县社会保险事业局	莫壮平	33	屯昌县屯城镇环东一路就业和社会保障服务中心1楼
澄迈县社会保险事业局	王学裕	21	澄迈县金马四横东路
临高县社会保险事业局	王　靖	42	临高县临城镇文明东路县委大院2号楼5楼
昌江黎族自治县社会保险事业局	林　文	10	昌江黎族自治县人民北路96号
乐东黎族自治县社会保险事业局	韩安畴	12	乐东黎族自治县抱由镇尖峰路5号（人力资源市场1楼）
陵水黎族自治县社会保险事业局	许达兴	13	陵水黎族自治县就业培训中心旧楼3楼
白沙黎族自治县社会保险事业局	范文辉	13	白沙黎族自治县牙叉镇滨河路33号人力资源和社会保障大楼2楼

续 表

单位	法人代表（局长）	工作人员人数	单位地址
保亭黎族苗族自治县社会保险事业局	黄一桓	37	保亭黎族苗族自治县保城镇保兴东路
琼中黎族苗族自治县社会保险事业局	林　琼	30	琼中黎族苗族自治县海榆中线人才劳动力市场 3 楼
洋浦经济开发区社会保险事业局	李忠银	33	洋浦经济开发区海关大楼 10 楼

注：①各社会保险事业局长排名不分先后；②数据来自海南省社会保障研究会 2017 年 4 月统计数据，工作人员数为各单位上报人员数（含在编和非在编人员）。

1. 海南省社会保险事业局简况

1989 年，国务院确定海南经济特区为全国社会保障制度综合改革试点省份。1991 年成立了正处级社会保险经办机构——海南省社会保险事业管理局，隶属海南省人事劳动保障厅（海南省人力资源和社会保障厅前身）；1991 年 12 月 10 日海南省机构编制委员会印发了《关于调整全省各级社会保险机构问题的通知》，将海南省社会保险事业管理局更名为海南省社会保障局，定级为副厅级单位，隶属关系不变；2002 年 1 月海南省机构编制委员会印发了《关于全省各级社会保险经办机构更名的通知》，又将海南省社会保障局更名为海南省社会保险事业局，隶属关系不变；2002 年 3 月，海南省人事劳动保障厅（海南省人力资源和社会保障厅前身）将海南省社会保险事业局列为参照公务员制度管理的副厅级事业单位，隶属海南省人力资源和社会保障厅。

近 30 年来，海南省社会保险事业局三次更名，历经高荣海、谢冠洲、王一频、高荣海、邓光华、王卓、张霄峰七位法人代表（局长），如表 7－2 所示。

表 7－2　　1991—2017 年海南省社会保险事业局历任局长

局　长	任职时间	机构名称
高荣海	1991. 01—1991. 10	海南省社会保险事业管理局
谢冠洲	1991. 11—1996. 06	海南省社会保障局
王一频	1996. 07—1998. 12	海南省社会保障局
高荣海	1999. 03—2003. 05	海南省社会保险事业局

续 表

局　长	任职时间	机构名称
邓光华	2003.05—2010.12	海南省社会保险事业局
王　卓	2011.04—2016.09	海南省社会保险事业局
张霄峰	2016 年 9 月起	海南省社会保险事业局

截至 2017 年，海南省社会保险事业局有工作人员 237 人，内设 15 个处室［办公室、机关党委、工会、保险关系管理处、基金结算处、企业养老保险处、医疗保险处（异地就医结算处）、工伤生育保险处、信息统计处、宣传教育处（社会化管理服务处）、矿区管理处、城乡居民养老保险处、社会保险稽核处、职业年金管理处、机关事业养老保险处］，负责省本级和指导全省各级社会保险统筹地区养老、医疗、工伤、生育四项社会保险的经办工作。

2. 海南省社会保险事业局主要职责

海南省社会保险事业局在成立时就担负着省直单位、中央垂管单位和海口大型企业养老、医疗、工伤、生育等社会保险的登记、保费征收、待遇支付、基金管理等工作。按照海南省权力清单和责任清单要求，海南省社会保险事业局承担如下职责。

（1）执行国家和本省有关社会保险工作的方针政策，指导并监督全省社会保险经办机构养老、医疗、工伤、生育保险业务管理工作。具体工作事项为：负责全省城镇从业人员养老、基本医疗、工伤、生育保险业务指导和经办能力建设；全省社会保险基金财务和统计报表，精算和制度运行分析；负责社会保险政策法规、工作信息宣传、经办管理宣传工作；指导全省社会保险登记、缴费、基数核定及各项社会保险待遇条件审核和待遇计发；城镇从业人员社会保险业务系统维护管理，综合业务标准化管理；机关事业单位养老保险并轨后各项业务经办。

（2）负责省本级参保单位从业人员各项社会保险待遇审核发放工作。主要包括参保人员退休审核；基本养老保险待遇核定拨付；基本医疗保险待遇核定拨付；工伤保险待遇核定、发放；开展工伤预防和职业病预防；生育保险待遇核定、发放；定点医疗服务机构协议履行监督；工伤、生育保险定点医疗服务机构监督；社会保险待遇领取资格认证。

（3）承担省本级参保单位参加各项社会保险的从业人员和离退休人员参保

关系管理、档案建立、登记与变更管理工作。主要包括：用人单位及从业人员参保登记；灵活就业人员参保登记；缴费基数和应征收数额核定；工伤保险费率核定和费率浮动；社会保险费补缴核定；社会保险费退费核定；基本养老保险关系转移接续经办和个人账户管理；基本医疗保险关系转移接续经办；省本级离退休人员社会化管理服务；省本级参保人员社会保险权益记录告知；业务档案整理、归档工作。

（4）按国家和本省有关规定，负责各项社会保险基金结算。主要包括：指导全省社会保险经办机构的基金结算工作；负责全省社会保险基金财务报表工作；办理省本级社会保险基金的审核拨付和基金结算。

（5）负责养老、医疗、工伤、生育保险等省级统筹调剂基金的管理。主要包括：定期向财政报送省本级养老、医疗、工伤、生育保险养老基金用款计划；管理省级养老保险调剂基金会计核算工作。

（6）负责全省社会保险的统计和本系统计算机管理工作。主要包括：负责全省社会保险统计和信息工作；管理计算机信息系统；负责局域网与定点医院间的联网建设工作，为全省社会保险经办机构提供信息技术服务。

（7）负责省本级异地就医结算工作和全省指导。主要包括：对基本医疗保险参保人员在参保统筹地区（参保地）以外的其他统筹地区（就医地）定点医疗机构就医的费用进行结算；指导全省开展异地就医结算工作。

（8）负责组织实施全省城乡居民基本养老保险工作开展，处理农垦移交地方管理历史遗留问题。主要包括：负责农垦社会保险移交市县管理的遗留问题；负责组织实施城乡居民基本养老保险政策，负责扩面征缴；拟订全省城乡居民基本养老保险（含被征地农民基本养老保险）各项业务经办规程；负责指导和监督本省各级经办机构开展城乡居民基本养老保险经办管理服务工作、培训经办人员；汇总、编制、上报全省城乡居民基本养老保险基金的财务报告和统计报表，参与会审基金预决算和全省城乡居民基本养老保险基金清理整顿工作。

（9）承担省本级社会保险稽核工作。主要包括：负责社会保险经办机构内部监督和风险管控，依照有关规定对社会保险缴费核定、待遇审批、发放等经办业务进行审计；负责依法对用人单位和个人参保缴费情况进行稽核；指导全省社会保险经办机构开展稽核审计工作。

（10）承办上级主管部门交办的其他工作。矿区社会保险管理工作主要有：执行国家和本省有关社会保险工作的方针政策。负责海南矿业联合有限公司和原海南钢铁公司养老、医疗、工伤、生育、失业保险费待遇审核支付工作。承担海南矿业联合有限公司和原海南钢铁公司参加各项社会保险的从业人员和离退休人员参保档案建立、登记与变更管理工作。按照国家和本省有关规定，负责各项社会保险基金结算。承办上级主管部门交办的其他工作。机关事业单位养老保险并轨后各项业务经办工作：机关事业单位人员参保登记；机关事业单位人员缴费基数和应征收数额核定；机关事业单位人员职业年金管理；机关事业单位人员基本养老保险关系管理；机关事业单位人员基本养老保险待遇计发。

3. 海南省社会保险事业局主要成就

1992 年开始，海南省相继成立了各级社保经办机构，出台了养老、医疗、工伤和生育保险暂行办法。1994 年，省人大正式通过了养老保险和工伤保险条例和细则。1995 年 7 月出台了医疗保险条例和细则，由此，海南省成为全国第一个对社会保险立法的省份。其间，原国务委员彭珮云，国家体改委、劳动保障部等领导先后视察海南省，高度赞扬了海南省社会保险试点工作，特别是医疗保险“总额定额预付制”得到了充分肯定，被定为“海南模式”，对推进全国医疗保险制度改革工作起到了示范作用。

海南省工伤保险比国家立法提前了十年，工伤预防和职业病健康检查工作被劳动部充分肯定，并于 2009 年 4 月 14 日长沙召开的全国工伤保险工作会议上被列为全国工伤预防试点省份。2001 年，海南省启动了生育保险制度。

多年来，海南省社会保险事业局始终把“内强素质，外树形象”作为工作目标，得到了上级部门的表彰。1997 年获全国劳动战线优秀服务窗口先进单位，2005 年和 2007 年海南省社会保险事业局养老保险处和工伤生育保险处均获得全国劳动战线优秀服务窗口先进集体。海南省社会保险事业局被评为全国 2016 年度基金报表一等奖单位、2016 年度全国统计报表一等奖单位。

海南省社会保险工作，在国家和海南省委、省政府的高度重视和亲切关怀下，经过全省社保经办机构的共同努力，社会保险工作取得了长足发展，日益彰显出社会保障工作在海南省社会经济发展和国际旅游岛建设中的“安全网”和“减震器”的重要作用。

截至 2016 年年底，全省参加城镇职工基本养老保险的有 224.93 万人、参加职工基本医疗保险的有 201.04 万人、参加城镇居民基本医疗保险的有 186.21 万人、参加工伤保险的有 137.38 万人、参加生育保险的有 136.48 万人、参加城乡居民基本养老保险的有 283.99 万人，离退休人员养老金按时足额发放，有力地维护了全省社会稳定。

第二节　失业保险经办机构

海南省失业保险管理机构没有独立的经办机构，一直以来由省人力资源开发局（就业局）设置专门的处室经办失业保险业务。目前，全省各市县均设有人力资源开发局（就业局），并设置相应部门负责失业保险经办。

1. 海南省人力资源开发局简况

为了促进就业工作，妥善处理城镇职工的待业问题，1991 年设立正处级事业单位海南省劳动就业管理局，隶属海南省人事劳动厅。1993 年海南省机构编制委员会将海南省劳动就业管理局与海南省人才交流服务中心进行合并，更名为海南省职业介绍服务中心，机构规格及隶属关系均不变。2000 年，海南省机构编制委员会又将海南省职业介绍服务中心更名为海南省人才交流服务中心，加挂海南省就业局牌子，实现两块牌子一套班子管理，机构规格隶属均不变。2002 年，海南省机构编制委员会再次对海南省人才交流服务中心进行更名，改为“海南省人力资源开发局”，升级为副厅级事业单位，隶属海南省人力资源和社会保障厅。

目前，海南省人力资源开发局下设五个处室和两个中心，分别是综合处、就业指导处、职称考试处、职业技能鉴定处、人才管理服务处及海南省就业创业指导服务中心和海南省人力资源培训中心。其中就业指导处负责制定失业保险工作规划，并组织实施；负责省属单位失业人员登记、失业保险金发放和转业培训，开展下岗职工再就业服务指导工作；做好全省失业保险的统计和上报。

2. 海南省人力资源开发局失业保险经办职责

按照海南省权力清单和责任清单要求，海南省人力资源开发局在失业保险经办管理方面承担指导、协调全省社会保险经办机构失业保险业务工作，核定和发放省本级参保人员失业保险待遇；管理省本级就业经费和扶持生产资金。主要包括：失业保险报表统计；核发失业保险金，为正在领取失业保险金的失业人员办理缴纳医疗保险费手续，核发丧亡失业人员的丧葬补助费和抚恤金，发放失业人员在领取失业保险金期间的物价补贴，跨统筹地区失业保险关系的转移和接收等失业保险条例规定的失业保险基金管理具体事项。参与制订全省失业保险的年度工作计划并组织实施，草拟与组织实施省本级失业保险基金收支预决算。草拟省本级就业专项资金预算。初审公益性岗位认定申报材料，对提供公益性岗位的单位进行定期考核检查。负责省本级公益性岗位、社会保险补贴、就业见习补贴、职业介绍补贴、职业培训补贴、职业技能鉴定补贴、档案管理补贴及促进就业资金奖励补贴等初次补贴的初审，以及后续补贴的审核。

3. 海南省人力资源开发局失业保险经办成就

在海南省人力资源开发局的领导下，海南省失业保险工作开展顺利，各项工作稳步推进，主要表现①如下。

失业保险统计有序推进。截至 2016 年 12 月，全省城镇新增就业人数 9.2 万人，完成全年预定目标 9 万人的 102.2%；失业人员实现就业 3.41 万人，就业困难人员实现就业 1.01 万人，城镇登记失业率 2.36%；农村劳动力转移就业 14 万人，其中贫困家庭劳动力转移就业 2.4 万人。全省失业保险参保人数 170.2 万人；全省新增申请失业金人数 22645 人。

全面开展失业人员保障和促进就业工作。2016 年为 4926 人办理失业登记，累计发放失业保险金 52046 人次，共计 6951 万元；代缴医疗保险费 2336 万元；丧葬抚恤金支出 30 万元，转移支出共 8.8 万元。失业基金共支出 9325.8 万元，与上年基本持平。通过公开招投标确定海南华南技师培训学院等三家机构承接领金失业人员的职业培训任务，截至 2018 年组织了 60 个班 2300 名失业人员开展职业培训。按照海南省人民政府“服务民生，加快推进社会保障一卡通”的要求，与海口市农商行签署了《海南省社会保障卡失业保险金代发协议》，自 2017 年 1 月起，省本级登记的失业人员失业金全部通过社保卡发放，同时在柜台配置了两台社保金融查询自助一体机，让失业人员便捷享受公共就业服务的同时，享受到更多金融服务，实现“一卡多用”。

第三节　海南省社会保险费征稽机构

2000 年 10 月以前，海南省失业保险费用由各级人力资源开发局委托企业、行政事业单位开户银行扣缴，专款专用。从 2000 年 11 月起，社会保险费用的征收由地税机关负责，随后各市县地税部门成立专门的社会保险费征稽局负责城镇从业人员的基本养老、医疗、工伤、失业、生育五项社会保险费用的征收。

① 2016 年就业指导处工作总结［EB/OL］. 海南省人力资源和社会保障厅官网.

社会保险费征稽局的主要职责是负责国家和省规定的地方各税、费、基金的征收管理、税源管理、纳税评估和稽查工作。主要包括：指导和监督检查社会保险费、残疾人就业保障基金的征收工作，牵头指导和监督城镇居民医疗保险的征收工作。

以三亚市地方税务局社会保险费征稽局为例，该局主要负责办理社会保险费缴费登记，接受缴纳社会保险费的申报，核定缴费单位和缴费个人的缴费基数，确认缴费人数，依费率征收社会保险费；按时将收缴的社会保险费分险种、按统筹级次缴入社会保障基金财政专户；向社会保险经办机构提供缴费单位和缴费个人的明细情况；催缴社会保险费；对单位和个人缴纳的社会保险费进行监督检查和违规行为处罚；接受海南省地方税务局社会保险费征稽局的业务指导和完成上级交付的其他任务。其部门分工及主要职责见表 7 – 3。

表 7 – 3　三亚市地方税务局社会保险费征稽局各部门职责

办公室	制定并组织实施内部管理规章制度；起草和审核有关综合性文件和重要报告，负责会议组织、文秘事务、信息综合、文件处理、文书档案管理、机要保密、政务公开；负责对社会保险费、工会经费、残疾人就业保障基金及海南省人民政府规定的其他规费法律、法规、政策及征收办法的宣传；与信息管理科共同承担社会保险费、工会经费、残疾人就业保障基金及海南省人民政府规定的其他规费征管信息技术支持和技术保障工作
征管一科、二科	负责社会保险费、工会经费、残疾人就业保障基金及海南省人民政府规定的其他规费的登记、缴费核定、费款征收工作；负责社会保险费工会经费、残疾人就业保障基金及海南省人民政府规定的其他规费申报缴纳的监督、管理、检查；负责缴费登记的注销管理；负责缴费年检；负责征管资料收集、整理、归档及移交工作等；负责参保登记信息的接收、缴费信息的传递；提供社保费法律、法规政策咨询
会统科	编制、分配社会保险费、工会经费、残疾人就业保障基金及海南省人民政府规定的其他规费的征收计划，督促检查各项规费的执行情况；监督检查费款缴、退库情况；组织开展各项规费费源调查，收入分析预测，重点税收会计、统计核算和票证管理工作；负责社保费收入数据的管理和发布；协调社保费收入奖励资金；负责入库费款的明细处理
稽查大队	负责社会保险费、工会经费、残疾人就业保障基金及海南省人民政府规定的其他规费的稽查工作（包括立案、检查、审理、执行及案件依法移送）；负责受理社会保险费、工会经费、残疾人就业保障基金及海南省人民政府规定的其他规费的举报并查处

续 表

信息管理科	承担社会保险费、工会经费、残疾人就业保障基金及海南省人民政府规定的其他规费征管信息技术支持和技术保障工作
征收大厅	负责社会保险费、工会经费、残疾人就业保障基金及海南省人民政府规定的其他规费的申报受理、缴费核定、费款征收；负责社会保险费、工会经费、残疾人就业保障基金及海南省人民政府规定的其他规费申报资料的采集、录入、整理、归档和移交；负责办理单位和个人缴费登记和注销信息录入

资料来源：国家税务总局海南省税务局官方网站。

第四节　海南省新型农村合作医疗经办机构

2003 年 11 月 27 日，海南省人民政府下发的《海南省新型农村合作医疗试点意见》(琼府办〔2003〕84 号）对海南省新型农村合作医疗经办机构进行了规定，文件指出：海南省人民政府成立以政府领导为组长，卫生、财政、发展与改革、农业、民政、人事劳动保障、审计和扶贫办等部门领导为成员的海南省农村合作医疗协调小组，协调小组下设办公室，挂靠在省卫生厅；试点市、县政府成立由政府主要领导为主任，政府分管领导为常务副主任，有关部门领导和参加合作医疗的农民代表组成的农村合作医疗管理委员会，管理委员会下设经办机构(管理中心或结算中心)，挂靠市、县卫生行政部门，配备专职人员，经办机构人员及其派出机构人员属于行政事业编制，经办机构专职人员由市、县政府调剂解决；乡（镇）政府要成立农村合作医疗工作机构。截至 2014 年年底，全省(除三亚市）共 151 人（其中在编人员 128 人）负责新型农村合作医疗的业务经办。2017 年全省共 20 个新型农村合作医疗管理机构（三亚市于 2009 年实现城乡居民基本医疗保险一体化，取消了合作医疗管理办公室；陵水县于 2016 年启动三医联运改革，整合城镇居民医疗保险和新型农村合作医疗，取消了合作医疗管理办公室)。2017 年海南省各新型农村合作医疗管理机构名称及联系电话见表 7 -4。

表 7 -4　2017 年海南省各新型农村合作医疗管理机构名称及联系电话

序号	机构名称	联系电话（区号 0898）
1	白沙黎族自治县合管办	27728075
2	保亭黎族苗族自治县合管办	83666131、83600563

续　表

序号	机构名称	联系电话（区号0898）
3	昌江黎族自治县合管办	26631069、26631059
4	澄迈县合管办	67633001、67633663
5	儋州市合管办	23322456、23315335
6	定安县合管办	63825829、63820508
7	东方市合管办	25501918、25500183
8	海口市龙华区合管办	66568389、68916320
9	海口市美兰区合管办	65399096
10	海口市琼山区合管办	65887550、31360018
11	海口市秀英区合管办	68633863、68634542
12	乐东黎族自治县合管办	85526097
13	临高县合管办	28278089
14	琼海市合管办	62833616、62823810
15	琼中黎族苗族自治县合管办	86229953、86227161
16	屯昌县合管办	67833411、67811869
17	万宁市合管办	62135933、62136383、62135633、62239589
18	文昌市合管办	63220591、63232156、63232196
19	五指山市合管办	86639553、86638839
20	洋浦社会保险事业局	28827707、28827708、28827713、28827705

资料来源：海南省卫生和计划生育委员会官方网站。

海南省新型农村合作医疗协调小组在海南省人民政府的领导下开展工作，根据琼府办〔2003〕84号文件规定，负责制定全省农村合作医疗发展规划和相关政策，指导和监督各地的工作，协调解决工作中的重大问题；负责调查研究、草拟政策、督办检查、信息收集等工作。各市（县、区）农村合作医疗管理委员会负责制订本地区具体的实施方案，做好组织、协调、管理和指导工作；乡（镇）政府要成立农村合作医疗工作机构承担本市（县、区）合作医疗管理委员会委托的有关工作，负责宣传、发动、组织辖区内农民参加合作医疗，按照政策规定代收农民个人缴费和乡村集体经济组织的扶持资金，协调处理本乡（镇）合作医疗的其他事宜。

按照海南省权力清单和责任清单对海南省卫生和计划生育委员会的要求，海南省卫生和计划生育委员会在新型农村合作医疗方面的职责主要有：拟订新型农村合作医疗政策、规划、规范并组织实施。目前主管机构为海南省卫生和计划生育委员会基层卫生处，负责全省新型农村合作医疗政策咨询，并为群众提供新农合有关缴费标准、报销比例、大病医疗保险、跨区域报销等有关政策解释。同时，新型农村合作医疗经办机构还要负责对新农合定点医疗机构进行监督检查、新型农村合作医疗基金的监管等。

新农合系统运行多年，已将信息系统拓展到全省（除三亚市）各市（县、区）定点医疗机构，部分村卫生室也接入了新农合系统。

第五节　海南省社会保险经办信息化建设

1995 年 6 月 16 日，海南省机构编制委员会设立专门机构——海南省人事劳动信息中心，负责全省人事劳动保障信息系统建设。20 多年来，海南省人事劳动信息中心为海南省社会保险经办信息化建设提供了服务保障。

（1）城镇职工社会保险信息管理系统。2008 年海南省开始启动金保工程一期建设，陆续建成了省市（县）两级含经办、服务等在内的多个信息系统。2014 年，海南省基于国家人力资源和社会保障部核心平台三版开发了全省统一的城镇职工社会保险信息管理系统（以下简称“核三系统”）。2014 年 10 月先在省本级上线运行，2015 年 12 月在文昌市试点推广，2016 年上半年陆续在琼海、儋州、海口等地上线运行，如今已实现全省应用。核三系统的应用克服了过去全省社保经办机构四套（养老、医疗、工伤、生育）业务经办系统分开运行、数据隔离的弊端；核三系统集参保登记、关系转移、职工养老、医疗、工伤、生育、失业及居民医疗等社保经办业务于一体，实现了全省参保数据共享、数据互联互通，做到“同人、同省、同库”。2017 年 1 月 12 日，海南省成为全国第一个信息系统接入国家异地就医直接结算系统的省份，实现与接入国家系统的统筹区和原有 107 个协议统筹区的异地就医结算。

（2）“12333”公共服务平台。“12333”是人力资源和社会保障部全国统一公共咨询服务热线，为城乡居民提供人力资源和社会保障政策业务咨询和信息查询服务，覆盖了公共就业、社会保险、社会保障一卡通等政策信息。可以为群众提供社保、养老、医疗、工伤、生育、失业等相关保险的咨询服务。据不完全统计，2016 年海南“12333”热线总呼入量 313177 通，自动语音服务量 173619 通，人工台服务量 80697 通，网站累计访问量 1074 万人次。此外，海南省人力资源和社会保障厅还开通了“海南 12333”微信公众号，为全面推进社会保险政策宣传提供更快捷的平台和通道。

（3）社会保障卡服务。2010 年海南省启动社会保障卡建设项目，2012 年 12 月正式发行社会保障卡。为了加快社会保障卡的发放工作，海南省陆续发布了《海南省社会保障卡管理办法》（琼人社发〔2013〕224 号）、《海南省社会保障卡发放与应用实施方案》（琼府办〔2014〕141 号）、《海南省社会保障卡业务经办操作规程（试行）》（琼人社发〔2015〕202 号）等文件。截至 2016 年年底，全省累计发放社会保障卡 544.38 万张。目前，参保人持卡初步实现就医挂号、待遇发放、个人权益记录查询等功能。省本级、三亚、儋州、琼海等 17 个市县（单位）已实现部分社保待遇（养老待遇、个人医疗账户、公务员医疗补助和失业金等待遇）通过社会保障卡发放。

参考文献

［1］刘德增．古代中国的养老与敬老［J］．民俗研究，1992（1）：36－41.

［2］岳宗福．新中国60年社会保险立法的回顾与展望——兼评《社会保险法（草案）》的立法模式［J］．山东理工大学学报（社会科学版），2009，25（4）：39－43.

［3］胡木生，张光耀．广东职工养老保险制度改革［J］．社会学研究，1993（5）：72－74.

［4］迟福林．中央决定海南建省办特区有三个重要历史背景［EB/OL］.

［5］张璐琴，嵇安奕．完善基本养老保险个人账户制度的方向选择［J］．经济与管理研究，2017，38（1）：111－118.

［6］吴凯．海南省社会保障制度改革纪实［J］．山东劳动，1994（10）：8－9.

［7］马燕．海南省社会保障制度改革方案国际咨询会议纪要［J］．管理世界，1991（4）：192－194.

［8］黄佳豪．建国60年来农村养老保险制度的历史探索［J］．理论导刊，2009（11）：65－67.

［9］姚力．中国共产党对医疗保障制度的探索与经验［J］．当代中国史研究，2011（4）：28－35，124－125.

［10］中华全国总工会中国职工运动史研究室．中国历次全国劳动大会文献［M］．北京：工人出版社，1957.

［11］李晓蕊，邹长青．改革开放以来城市社会医疗保障体系演进［J］．人民论坛，2016（8）：161－163.

［12］张世飞．1978年至1992年北京市社会保障事业的恢复与发展［J］．北京党史，2008（5）：8－12.

［13］熊先军，孟伟，严霄，等．探析城乡医保的二元成因——统筹城乡基本医疗保险制度与管理系列之二［J］．中国社会保障，2011（7）：78－80.

[14] 孙树菡，朱丽敏．新中国工伤保险制度六十年的发展变迁［J］．河北学刊，2009，29（6）：1－6.

[15] 陈林，刘国君．美国的职业健康保护：经验与启示——基于职业病诊断和工伤赔付的视角［J］．环境与职业医学，2017，34（7）：657－663.

[16] 孙树菡，张思圆．工伤保险的历史沿革［J］．劳动保障通讯，2003（6）：22－25.

[17] 周弘．欧洲社会保障的历史演变［J］．中国社会科学，1989（1）：89－106.

[18] 周贤奇．德国劳动、社会保障制度及有关争议案件的处理［J］．中外法学，1998（4）：108－117.

[19] 向春华．工伤保险改革的三个跨越［J］．中国社会保障，2008（12）：82－87.

[20] 刘家邦．海南省工伤保险改革与实践［J］．劳动保护，2000（3）：25－27.

[21] 潘锦棠．中国生育保险制度演变与发展［C］．社会保障国际论坛，2009：136－139.

[22] 龚晓莺，甘梅霞，乔文瑄．两种生产理论的扩展及其对我国人口新政实施的启示——马克思主义两种生产理论的再阐释［J］．毛泽东邓小平理论研究，2015（5）：35－40，91－92.

[23] 吴欢．国家干预生育的历史、法理与限度［J］．学习与探索，2016（3）：64－70.

[24] 魏殿金．新中国初期的失业工人救济制度评析［J］．北京党史，2011（2）：18－21.

[25] 魏春晖．现阶段关于我国失业保险制度功能转型研究［J］．西安建筑科技大学学报（社会科学版），2017，36（2）：30－35.

[26] 龙玉其．国外职业年金制度比较与启示［J］．中国行政管理，2015（9）：144－148.

[27] 李俊，方鹏骞，陈王涛，等．经济发展水平、人口老龄化程度和医疗费用上涨对我国医保基金支出的影响分析［J］．中国卫生经济，2017，36（1）：27－29.

[28] 陈林，刘国君，徐琼花，等．海口市住院患者医疗费用调查分析

[J]．重庆医学，2015（10）：1383－1385.

［29］王超群．老龄化是卫生费用增长的决定性因素吗？［J］．人口与经济，2014（3）：23－30.

［30］陈林，李建红，云天侦．我国事业单位雇员养老保险制度设计——兼谈美国联邦政府雇员退休保障计划［J］．科技创业月刊，2012（3）：104－105.

［31］陈林，董登新，刘国君．美国企业年金的发展对我国企业年金的借鉴意义——推行企业年金计划制度应先行［J］．中共四川省委党校学报，2006（4）：44－46.

［32］李军山．医疗费用增长控制——理论基础与制度设计［M］．北京：经济科学出版社，2013.

［33］钱振伟．覆盖城乡居民社会保障管理体制研究——基于对部分州（市）县实践的调查［D］．成都：西南财经大学，2010.

［34］阮凤英．社会保障通论［M］．济南：山东大学出版社，2004.

［35］黄颖，黄静雯，郭云琪．统筹城乡医疗保障制度典型模式的比较——以坊子区、成都市和东莞市为例［J］．法制与社会，2013（21）：214－215.

［36］陈天祥，饶先艳．“渐进式统一”城乡社会保障一体化模式——以东莞市为例［J］．华中师范大学学报（人文社会科学版），2010（1）：16－24.

［37］周庆瑞．人口老龄化和养老保险制度［J］．经济评论，1992（4）：63－66.

［38］张盈华．中国职业年金制度的财政负担预测与“实账运行”必要性［J］．开发研究，2017（4）：26－33.

［39］张盈华．职业年金：单位缴费实缴更稳健［J］．中国社会保障，2017（3）：45－47.

［40］韩克庆．名义账户制：养老保险制度改革的倒退［J］．探索与争鸣，2015（5）：57－62.

［41］诸艳霞，朱红兵．个人账户“空账”还是“做实”：一个货币价值率的评价［J］．中国地质大学学报（社会科学版），2014（6）：138－146.

［42］房连泉，孙守纪．美国公共部门职业年金投资运营的经验启示［J］．中国财政，2017（19）：67－69.

［43］周利光．厘清利益相关方关系　做好职业年金基金管理工作［J］．中国财政，2017（13）：66－67.

［44］孙守纪，房连泉．美国公务员职业年金债务风险及其借鉴［J］．探索，2016（1）：140－144.

［45］戴卫东，陶纪坤．OECD国家职业年金运行模式及其启示［J］．河南社会科学，2011，19（3）：80－83.

［46］徐婷婷．机关事业单位职业年金治理结构探析［J］．中共福建省委党校学报，2016（4）：79－85.

［47］何小伟，郑伟．机关事业单位职业年金：可行性分析与制度设计［J］．江西财经大学学报，2014（5）：60－67.

［48］张云野，赵丹龄，周洁．社会养老保险改革进程中的职业年金制度探索［J］．中国高等教育，2014（10）：52－54.

［49］郑伟．美国TSP计划及其对中国机关事业单位职业年金制度的借鉴启示［J］．经济社会体制比较，2015（1）：152－160.

［50］张留禄，姜柯戎．职业年金问题研究［J］．上海金融，2016（4）：88－93.

［51］周艳．基于财务绩效视角下职业年金DB模式与DC模式比较［J］．企业经济，2013（7）：64－68.

［52］张兴．机关事业单位职业年金方案研究［J］．社会保障研究，2014（5）：10－16.

［53］刘艺戈．事业单位职业年金运营管理建议［J］．宏观经济管理，2013（11）：73－75.

附录1　我国医疗保险制度融合的基本经验对海南省的借鉴意义①

由于我国三大基本医疗保险制度覆盖对象是以城乡居民的户籍、工作性质来决定的，因此，有雇主的雇员、灵活就业人员参加职工医保；没有纳入职工医保的城镇居民参加居民医保；农村居民参加新农合。这样的制度设计，人为地将城乡居民进行了划分，使得基本医疗保险的公平性备受诟病。因此，国内不少城市开展了一些制度融合的探索，融合的目的旨在提高制度公平性、适应流动性和可持续性。通过梳理，大体有两种融合方式：一是分步整合，将居民医保与新农合制度融合形成城乡居民医保一体化，或将职工医保与居民医保整合形成城镇医疗保险制度；二是一步到位，即将“三大基本医疗保险”制度进行整合，形成覆盖城乡的社会基本医疗保险制度。

国内实践中，三大基本医疗保险融合路径有三种方式：一是将三种制度直接融合，实现“三险合一”；二是先将居民医保与新农合融合，再与职工医保融合，最终实现“三险合一”；三是先将居民医保与职工医保融合，再与新农合融合，实现“三险合一”。通过梳理，大致可分为青岛模式、东莞模式、苏州模式三种模式。

一、青岛模式：三险直接融合，分档缴费，待遇分开

青岛市地处山东半岛东南部沿海，胶东半岛东部，东、南濒临黄海，隔海与朝鲜半岛相望，地处中日韩自贸区的前沿地带，是实施海上丝绸之路、践行国家“一带一路”倡议的重要枢纽型城市，是全国15个副省级城市之一。2015年全市生产总值9300.07亿元；全市居民人均可支配收入32885元，其中城镇居民人均可支配收入40370元，农村居民人均可支配收入16730元。2015年青岛市常住

① 内容节选自陈林主持的海南省哲学社会科学2010年规划课题“海南省基本医疗保险制度整合及运行机制研究”[HNSK（YB）16－29]。

人口 909.7 万人。青岛市作为山东省经济发展的大市，一直走在全国各项改革的前列。在社会保障方面，青岛市在完成统一城乡户籍、统一医疗保险经办管理等基础上，于 2014 年提出了整合城乡基本医疗保险制度的构想，并实现了社会医疗保险的大整合，为全国开展基本医疗保险整合蹚出了一条路子，为全国各地医疗保险整合提供了范本和经验。

（一）制度整合的路径

20 世纪 90 年代中期，青岛市开展企业职工医疗保险试点，确立了统账结合的模式，并在四方区、平度市、胶州市试点，于 1997 年在全市推行。企业职工医疗保险改革的顺利进行，为青岛市医疗保险制度改革提供了丰富的经验。在国家决定开展城镇职工医疗保险工作的背景下，青岛市于 2000 年 7 月 1 日正式实施职工医保制度，从此，城镇职工医疗保险制度实现了全市覆盖。2003 年在原国家卫生部、山东省人民政府和卫生厅的指导下，青岛市于 4 月 1 日起正式试点新型农村合作医疗，农村居民实现基本医疗保险制度覆盖；2007 年 1 月 1 日起全面实施城镇居民医保制度，至此，青岛市三项基本医疗保险制度全面建立，青岛市实现了基本医疗保险制度全覆盖。

除了三项基本医疗保险制度之外，青岛市还颁布实施了一系列与城乡居民医疗保险有关的制度，如大病医疗保险、大病医疗救助、长期护理保险等制度。但大体上来看，与医疗保险制度有关的管理部门基本上包括人力资源和社会保障部门、卫生行政主管部门、民政部门，三个部门相互独立，医疗保险制度分开运行，效率较低，增加了百姓看病负担，也加大了管理成本。在综合多方考虑后，青岛市决定整合三个部门的医疗保险制度。

2014 年 9 月，青岛市人民政府颁布了《青岛市社会医疗保险办法》（青岛市人民政府令第 235 号，以下简称《办法》）。《办法》于 2015 年 1 月 1 日起实施，根据青岛市医疗保险管理的实际，将城镇职工基本医疗保险、城镇居民基本医疗保险、新型农村合作医疗制度进行整合。青岛市不仅整合了“三大基本医疗保险”，还将大病医保、大病医疗救助、长期护理保险也纳入社会医疗保险体系中，还建议适时开展意外医疗保险的工作。通过制度整合与优化，青岛市社会医疗保险基本实现了“制度统一、经办统一、支付结算统一、信息系统统一”。具体制度变迁如附表 1 所示。

附表 1　20 世纪 90 年代以来青岛市基本医疗保险主要政策及制度亮点

年份	文件名称	主要制度亮点
1995	《青岛市企业职工医疗保险暂行办法》（青岛市人民政府令第 40 号）	确立了社会统筹金、单位调剂金、个人账户金的统账结合基金筹集模式；医疗保险待遇包括门诊和住院两类，并规定 1995 年 10 月 1 日起在四方区、平度市、胶州市试行
1997	青岛市人民政府关于在全市实施《青岛市企业职工医疗保险暂行办法》的通知	全市全面实施企业职工医疗保险，并进一步细化和扩大列入社会统筹金报销范围的病种
2000	《青岛市城镇职工基本医疗保险暂行规定》（青岛市人民政府令第 104 号）	明确了基本医疗保险费实行市级统筹，分步实施。市南区、市北区、四方区、李沧区的基本医疗保险费由市社会医疗保险经办机构统一负责筹集和管理；其他区（市），由当地社会医疗保险经办机构负责筹集和管理，适时纳入全市统筹
2003	《关于建立新型农村合作医疗制度的意见》（鲁政办发〔2003〕第 12 号）	对户籍为农业户口的农村居民实行新型农村合作医疗制度
2004	《青岛市城镇职工基本医疗保险规定》	进一步扩大覆盖范围，市级统筹范围不断扩大，建立以基本医疗保险为基础，与大额医疗补助、单位补充医疗保险和社会医疗救助相结合的多层次医疗保障体系。个人参保可转移接续，参保人未达到法定最低缴费年限，可补缴后享受待遇
2007	《青岛市城镇居民基本医疗保险暂行办法》（青岛市人民政府令第 191 号）	未参加职工医保的城镇居民纳入城镇居民基本医疗保险范畴
2014	《青岛市社会医疗保险办法》	打破城乡限制，建立统一的社会医疗保险体系。社会医疗保险分为职工社会医疗保险和居民社会医疗保险，具体包括基本医疗保险、大病医疗保险、大病医疗救助、长期护理保险等制度，并与社会医疗救助、职工医疗互助、补充医疗保险等制度相衔接

（二）基本做法

2014年，在青岛市委、市政府的高度重视下，社会医疗保险付诸实施，三项基本医疗保险制度统一到一个保险体系中，实现了一体化管理，基本做法如下。

制度统一。青岛市将职工医保、居民医保、新农合三项制度进行有效整合，并将大病医疗保险、大病医疗救助等制度纳入“社会医疗保险”管理范畴，新实施的《办法》所构建的制度，基本上破除了城乡居民身份差别，打破了制度“壁垒”，实现了管理制度的统一。

经办统一。按照《办法》的规定，社会保险经办机构负责社会医疗保险的基金征缴、支付和经办管理工作。将原来职工医保经办机构、居民医保经办机构、新农合经办机构的经办业务统一纳入社会保险经办机构中，既节约了人力资源，也节省了管理成本。

支付结算统一。按照《办法》的规定，一个年度内，职工和居民社会医疗保险参保人在定点医药机构发生的住院、门诊大病医疗费用，以职工身份参保的参保人住院医疗费用最高支付20万元，以居民身份参保的参保人住院医疗费用最高支付18万元；参保人患重大疾病的，大病医疗保险基金支付，最高为60万元，确定为大病救助对象的，可从大病医疗救助基金中支付，最高为10万元。基本医疗保险统筹基金支付的住院和门诊大病医疗费用设立起付标准。一级、二级、三级定点医疗机构起付标准分别为200元、500元、800元，社区定点医疗机构起付标准按照一级定点医疗机构执行。参保人在定点医疗机构就诊、购药、付费等实行“一卡通”及时结算。

信息系统统一。整合后的社会医疗保险信息系统，由社会保险经办机构统一构建，各定点医药机构按照社会医疗保险联网结算和实时监控的要求，配备必要的信息管理系统，遵守社会医疗保险信息技术规范和信息安全相关规定。

（三）基本经验

缴费档次分多档，满足不同群体的参保需要。青岛市在基本医疗保险缴费上实现多档缴费，城乡居民拥有更多的选择权。职工医保体系内，延续了原有的两档缴费；居民医保体系内，考虑各参保人的收入来源，有四档供参保人选择，一般来说，参保人缴费参照整合前参保基数，遵从“就高不就低”原则，因此，整合前参加居民医保的原则上不得选择较低缴费档次，原参加新农合的参保人，可以自由选择较高档次或维持原有档次。如《办法》规定，原参加居民医保的参保人，只能选择参加居民医保一档或更高档次。

待遇与缴费关联，既着眼于制度公平，又体现权利义务。社会医疗保险的基本特征之一，就是其开放性。青岛市的居民，不分年龄、身份均可按自身条件参加到社会医疗保险体系中来，按照参加的医疗保险项目享受相应的医疗保险待遇。由于考虑到制度可持续发展，在保证不同参保人基本医疗的同时，鼓励多缴费、多享受，因而，选择参加不同档次的基本医疗保险、大病医疗保险，享受的待遇就有所差别。如选择参加职工医保缴费档次，统筹基金最高支付限额为 20 万元，选择参加居民医保缴费档次，统筹基金最高支付限额为 18 万元；如同样都选择居民医保，选择一档缴费的参保居民在补偿比例上就要高于选择二档缴费的参保居民。

管理资源丰富，有利于信息共享。将“碎片化”的制度进行有效整合，将青岛市近 900 万人口纳入同一个医疗保险制度中进行管理，全市定点医药机构管理归口一个经办机构，丰富了管理内容，也提高了效率。第一，可以有效剔除重复参保人，避免财政重复补贴，造成不必要的基金损失。第二，可以使用同一个信息系统，加强定点医药机构的监督，防止医疗保险基金流失。第三，发挥经办机构谈判优势，引导各方合理控费。第四，利用信息共享，充分挖掘“医保大数据”，为制定更加科学、有效的医疗保险政策提供数据支撑。

（四）制度评价

从新构建的青岛市社会医疗保险体系可以看出，青岛市已经打造起了一个大的社会医疗保险网（见附图 1），将分散于各部门的医疗保险制度纳入一个统一的管理体系，极大丰富了社会医疗保险的内涵。新制度的实施，在提高制度效能、方便参保人就医、降低参保人疾病经济负担、增加基金抗风险能力等方面发挥了重要的作用。同时，也可看到，新制度在待遇给付标准上，不同的参保人群因缴费的差异还存在一定差距，继而影响到制度的公平。此外，在医疗服务治理和提升农村居民医疗服务品质方面，还有一段路要走。

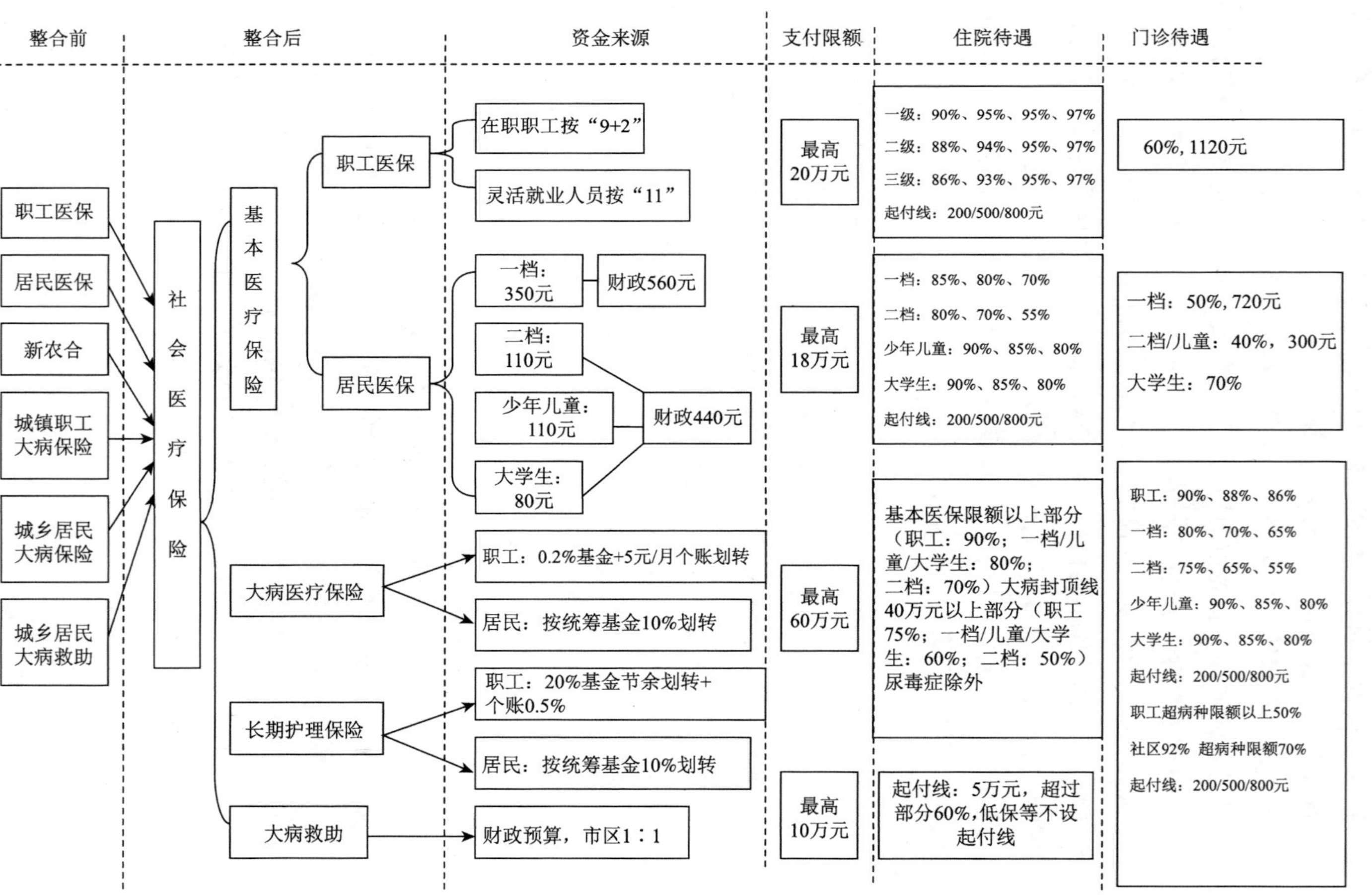

附图 1　2016 年青岛市社会医疗保险体系、资金来源及待遇框架

二、东莞模式：先城乡后职工，基数缴费，待遇统一

广东省东莞市是我国改革开放的前沿阵地之一，经济社会发展水平较高，在社会医疗保险制度的改革与发展中做出了有益的尝试。医疗保险制度整合也走在全国的前列。

东莞是广东历史文化名城，有着 1700 多年的郡县史，距今 1700 多年前的三国时期建郡，是岭南文明的重要发源地、中国近代史的开篇地和改革开放的先行地。同时，东莞市还是广东省重要的交通枢纽和外贸口岸，是全国 5 个不设县的地级市之一。现在东莞市下辖 4 个街道、28 个镇，管理 248 个社区、350 个村。初步核算，2015 年东莞生产总值 6275.06 亿元，比 2014 年增长 8.0%；年末全市户籍人口 195.01 万人，常住人口 825.41 万人，其中城镇常住人口 733.13 万人，人口城镇化率为 88.82%。2015 年居民人均可支配收入 38651 元，其中，城镇常住居民人均可支配收入 39793 元，农村常住居民人均可支配收入 24225 元。2015 年东莞市有 601.92 万人次参加基本医疗保险。

东莞市是我国较早进行社会保障制度改革的地区之一，有着丰富的经验。社会医疗保险制度作为保民生的基本制度安排之一，东莞市从 20 世纪 90 年代就开始进行了一系列的改革，从体制建设到机制完善，无不倾注东莞人民的智慧和勇气。基本医疗保险制度最终从“分散化、碎片化”的二元格局形成了独具特色的一体化管理，成为中国社会医疗保险制度城乡统筹的典范。

（一）制度整合的路径

东莞市从 2000 年 1 月 1 日起开始实施城镇职工基本医疗保险，于 2003 年 5 月启动新型农村合作医疗保险制度，覆盖对象是农村居民。2004 年 1 月，东莞市人民政府根据东莞市实际情况，颁布了《东莞市农（居）民基本医疗保险暂行办法》(东府〔2004〕2 号)，将未参加职工医保的城乡居民纳入农（居）民基本医疗保险制度中来，较早地实现了基本医疗保险制度的全覆盖。此外，2004 年 4 月，东莞市社会保障局正式启用“5 + 2”社保管理服务系统，将 5 项社保（养老、医疗、工伤、失业、生育）和 2 项社保（农村居民养老、医疗）这两种不同政策、不同业务的社保管理信息系统进行集成，最终实现社会保险管理与服务一体化，实现了社保部门与地税、银行、定点医药机构及参保单位之间的实时联网，整体技术和应用水平属国内领先。2004 年 7 月东莞市社会保障局把农村合作医疗制度调整为农（居）民基本医疗保险。

2008 年 1 月 28 日，东莞市人民政府根据《国务院关于开展城镇居民基本医疗保险试点的指导意见》(国发〔2007〕20 号）并结合东莞市医疗保险制度发展实际，制定并颁布了《东莞市城乡居民基本医疗保险暂行办法》(东府〔2008〕17 号)，再次明确了覆盖对象，即具有东莞市户籍（包括城镇户籍和农村户籍）且未参加职工基本医疗保险（以下简称“职工医保”）的城乡居民。2008 年 4 月 25 日，东莞市人民政府颁布了《关于建立东莞市社会基本医疗保险制度的通知》(东府〔2008〕51 号)，通知要求“按照统一制度、统一标准、统一管理、统一基金调剂使用”的原则，城镇职工、城乡居民、灵活就业人员、退休人员及失业人员平等参保缴费，同等享受医保待遇，彻底打破医保的城乡二元分割。从 2008 年 7 月 1 日起，在全市范围内建立统一的社会基本医疗保险制度。

2009 年 6 月 1 日起，东莞市整合社会医疗保险及生育保险制度实行统一管理、统一征缴，生育保险不再另行缴费。9 月起，东莞市大中专院校（含中等职业教育院校）在校学生被纳入社会基本医疗保险范围，享受门诊和住院保险待遇。2013 年 9 月 12 日，东莞市人民政府颁布了《东莞市社会基本医疗保险规定》《东莞市重大疾病医疗保险试行办法》和《东莞市补充医疗保险办法》，率先在全国建立城乡一体化的多层次医疗保险制度。对原有政策做了新的调整，基本实现“制度统一、政策标准统一、待遇统一、经办统一、信息系统统一、基金统一使用”。

可以说东莞市统筹城乡医疗保障之路始于 2000 年，从打破就业人员户籍界限将非本市户籍从业人员纳入本市城镇职工基本医疗保险体系，到 2004 年打破城乡居民的户籍界限设立城乡居民基本医疗保险制度，最终于 2007 年突破职业界限，实现就业人员与非就业人员的医疗保险并轨，并于 2008 年全市范围建立起“制度统一、标准统一、管理统一、基金调剂使用统一”的社会基本医疗保险制度。历经数十年的理论探索与实践检验，东莞市现已成功地设立了能够覆盖所有人群的社会基本医疗保险制度，实现了城乡医疗保险的统一制度模式、统一管理服务、统一缴费标准和统一补偿水平。

可以看出，东莞市城乡医疗保险一体化进程是“渐进式的统一”，一步一个脚印地不断探索与改进，一点一点地融合成一个整体。具体制度变迁及政策内容如附表 2 所示。

附表 2　20 世纪 90 年代以来东莞市基本医疗保险制度主要政策及制度亮点

年份	文件名称	主要制度亮点
1992	《东莞市职工社会医疗保险试行办法》（东劳保字〔1992〕3 号）	对原劳保医疗和公费医疗基础上开始了建立新医疗保险制度的探索，并推行大病住院医保试点。覆盖范围为市属企业，按职工工资总额的 6% 征收医疗保险基金（其中单位缴纳 4.5%，个人缴纳 1.5%）。医疗费支付管理基本沿用原劳保医疗管理形式，统筹基金由市劳动局下属的社会劳动保险公司管理，报销参保患者的门诊及住院医疗费。其中门诊医疗费由个人医疗专户基金按一定比例报销，住院医疗费则先在个人医疗专户按限额报销，超出部分再由统筹基金按比例支付
1994	《关于东莞市职工社会医疗保险试行办法的修订补充通知》	建立了对就医者和指定医院的约束机制，探索解决医疗费不合理增长的问题。将医疗保险待遇支付范围确定为大病住院医疗费报销，普通门诊医疗费由单位负责报销，同时对医疗保险保障基本医疗的性质作较为系统的界定，如具体规定大病、严重慢性大病、常见急性病医疗保险范围，医疗保险、单位、个人三方的医疗费分担比例，就诊约定医院名单及转院规定，自费药品参考目录，自费诊疗项目范围等，进一步加强医疗保险制度化管理，使医疗费支出开始得到有效控制，当年基金达到“收支平衡、略有节余”的目标
1996	《东莞市职工社会医疗保险暂行规定》《东莞市职工社会医疗保险暂行规定实施细则》	较为突出的两项改革一是首次建立了“大病特批门诊”待遇形式，解决罹患危重疾病参保人门诊治疗费用大的问题，为后来设立“特定门诊”待遇形式打下了基础。二是制定了较为全面的“住院医疗保险疾病入院治疗病种范围”和《东莞市社会医疗保险用药报销范围》，为医疗保险费用报销实行目录管理提供了政策准备
1999	《东莞市职工基本医疗保险暂行规定》	对社会医疗保险制度进行深化改革，实施范围一步到位，包括市内所有企业、事业单位、国家机关、社会团体、民办非企业单位、城镇个体经济组织及其职工、退休人员。建立实行社会统筹与个人账户相结合的综合基本医疗保险及只有社会统筹的住院基本医疗保险。与此同时，加强对医疗机构和参保人的管理和服务工作，研发了社会保险智能卡，全市共签订 77 家社会保险定点医疗机构，39 家定点零售药店，方便了参保患者就医，合理使用医疗资源

续 表

年份	文件名称	主要制度亮点
2002	《发展和完善农村合作医疗保障制度的意见的实施办法》	选取麻涌镇、寮步镇进行农村合作医疗试点
2004	《东莞市农（居）民基本医疗保险暂行办法》	保险费用由个人、镇财政、市财政三方承担，参保范围覆盖全市所有未参加职工医疗保险的东莞户籍的农（居）民。农（居）民基本医疗保险是以“保大病、保住院”为主要特征的医疗保险模式，同职工基本医疗保险相比较，除缴费标准和待遇支付标准有所不同外，其支付范围、就医管理及结算办法等均按职工基本医疗保险有关规定执行
	《东莞市社会保障局正式启用“5 + 2”社保管理服务系统》	将 5 项社保（养老、医疗、工伤、失业、生育）和 2 项社保（农居民养老、医疗）这两种不同政策、不同业务的社保管理信息系统进行集成，最终实现社会保险管理与服务一体化，实现了社保部门与地税、银行、定点医药机构及参保单位之间的实时联网，整体技术和应用水平属国内领先
2007	《关于解决社会保障若干问题的意见》（粤发〔2007〕14 号）	要求条件成熟的地区可以开展城乡居民医疗保险统筹
	《关于开展城镇居民基本医疗保险试点的指导意见》	深圳、珠海、佛山、东莞、中山五市先行。2007 年，东莞实现全覆盖，成为全国唯一实现农（居）民医保全覆盖的地级市
2008	《关于建立东莞市社会基本医疗保险制度的通知》（东府〔2008〕51 号）	东莞全市范围建立起“制度统一、标准统一、管理统一、基金调剂使用统一”的社会基本医疗保险制度。城镇职工、城乡居民、灵活就业人员、退休人员及失业人员平等参保缴费，同等享受医保待遇，彻底打破医保的城乡二元分割

续 表

年份	文件名称	主要制度亮点
2009	《关于整合我市社会医疗保险及生育保险制度的通知》《关于调整东莞市社会基本医疗保险待遇结构及标准的通知》（东社保〔2009〕86 号）	东莞市从 2009 年 6 月 1 日起整合社会医疗保险及生育保险制度，9 月起，东莞市大中专院校（含中等职业教育院校）在校学生纳入社会基本医疗保险范围，享受门诊和住院保险待遇。实行统一管理、统一征缴，生育保险不再另行缴费。在校大学生医保费缴费标准为 391. 2 元/人 · 年，其中个人负担 195. 6 元/人 · 年，财政补贴 195. 6 元/人 · 年（省属学校省级财政全额负担，其他学校由市级财政负担）
2013	《东莞市社会基本医疗保险规定》《东莞市重大疾病医疗保险试行办法》《东莞市补充医疗保险办法》	东莞市率先在全国建立城乡一体化的多层次医疗保险制度。主要特点是通过继续实施“基本险”的住院和门诊“双统筹”，在基本医疗保险层面搭建起全市统一、公平的医疗保险制度，参保人同缴费、同保障，享受相同财政补贴。层次分明，按“基本险”（含“大病险”）和“补充险”分类实施，保障层次由低向高、循序渐进，“补充险”可自愿选择参保

通过东莞市社会医疗保险制度的变迁，可以看出东莞市的社会医疗保险制度在特定的历史时期，抓住了改革的机遇，从开始的职工医疗保险改革到后来的城乡居民一体化再到最后的全面一体化管理，无不体现了东莞人民的智慧，东莞市社会医疗保险制度变迁的主要时间节点如附图 2 所示。

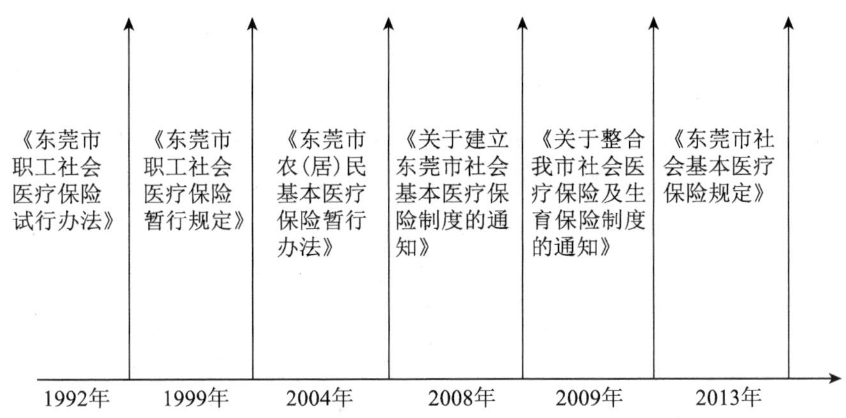

附图 2　东莞市社会医疗保险制度变迁的主要时间节点

（二）基本做法

东莞市基本医疗保险制度经过多次改革与发展，最终在 2013 年形成统一的体系，成为全国典型的制度整合模式之一。具体做法如下。

制度统一。通过对三大医疗保险制度的两次整合，将城乡居民医疗保险纳入社会医疗保险体系中，基本做到“政出一门”，提高了制度执行效率，同时也有效地避免了城乡居民相互攀比。

政策标准统一。新构建的社会医疗保险体系，在筹资上，仅存在单位缴费和个人缴费，如有雇主的单位，则个人每月仅需缴纳上年度社平工资的 1%；而无雇主的个人缴费则要每月缴纳上年度社平工资的 1.5%。从门诊缴费来看，无论是有雇主的个人还是无雇主的个人均只需缴纳 0.5%。

待遇统一。凡是符合东莞市社会医疗保险规定的参保人，享有高度一致的待遇支付标准，不再以缴费作为待遇高低的享受条件。

经办与信息统一。在东莞第一次整合过中，即《东莞市农（居）民基本医疗保险暂行办法》就规定由社会保障部门管理农（居）民基本医疗保险，信息系统也按当时职工医保系统运行。

基金统一使用。东府〔2008〕51 号文件规定了新构建的社会医疗保险制度仍然实行属地管理，基金调剂使用。然而东府〔2013〕135 号文件，已将“统一基金调剂使用”删除，要求整个医保基金不再分类建账，而是统收统支，避免了基金分散管理带来的基金风险。

（三）基本经验

东莞市职工医保、新农合、居民医保制度，通过两次调整，形成了独具特色的社会医疗保险制度。其基本经验如下。

分步实施，逐步整合制度。从东莞市三大医疗保险制度发展的脉络来看，制度发展经历了两个重要的整合阶段：第一个阶段是实施城乡居民基本医疗保险制度；第二个阶段是将职工医保与城乡居民医保进行整合，实施社会基本医疗保险制度。如 2004 年，在国家还未建立城镇居民基本医疗保险制度时，东莞市就根据实际情况，参加新型农村合作医疗保险，建立农（居）民基本医疗保险，基本构建了符合城乡居民特点的基本医疗保险制度。2008 年出台的东莞市社会基本医疗保险制度，将城乡居民医保与职工医保进行整合，将两项制度纳入同一个体系进行管理、运行。待时机成熟后，再进行政策的调整，使之更能适应经济社会发展要求。

政策内容逐渐统一。制度统一是实现“一体化”的前提条件。从东府〔2008〕51 号文件到东府〔2013〕135 号文件，政策内容进行了调整，最终基本实现了“缴费基数统一”。

创新体制机制，将城乡生育保险纳入社会医疗保险范畴。通过制度整合，东莞市将城乡居民生育保险统一纳入社会医疗保险体系，形成了普通门诊/住院、特殊门诊、生育保险待遇三大待遇支付体系。

（四）制度评价

东莞市社会基本医疗保险通过两次整合，实现了制度高度的融合。新构建起的制度，以搭建“全民医保”为出发点，进一步突出了“广覆盖、保基本、可持续”的原则。在筹资标准上，实现了“全民”筹资费率的统一，在医疗保险待遇上达到了高度的统一，是我国社会医疗保险领域改革的一次重大实践。但是，东莞市社会基本医疗保险还没能将医疗救助、大病医疗保险等制度进行有效的衔接和整合，给部分特殊人群享受医疗保险待遇和医疗服务带来了少许的不便。2016 年东莞市社会医疗保险制度演变、筹资及待遇框架如附图 3 所示。

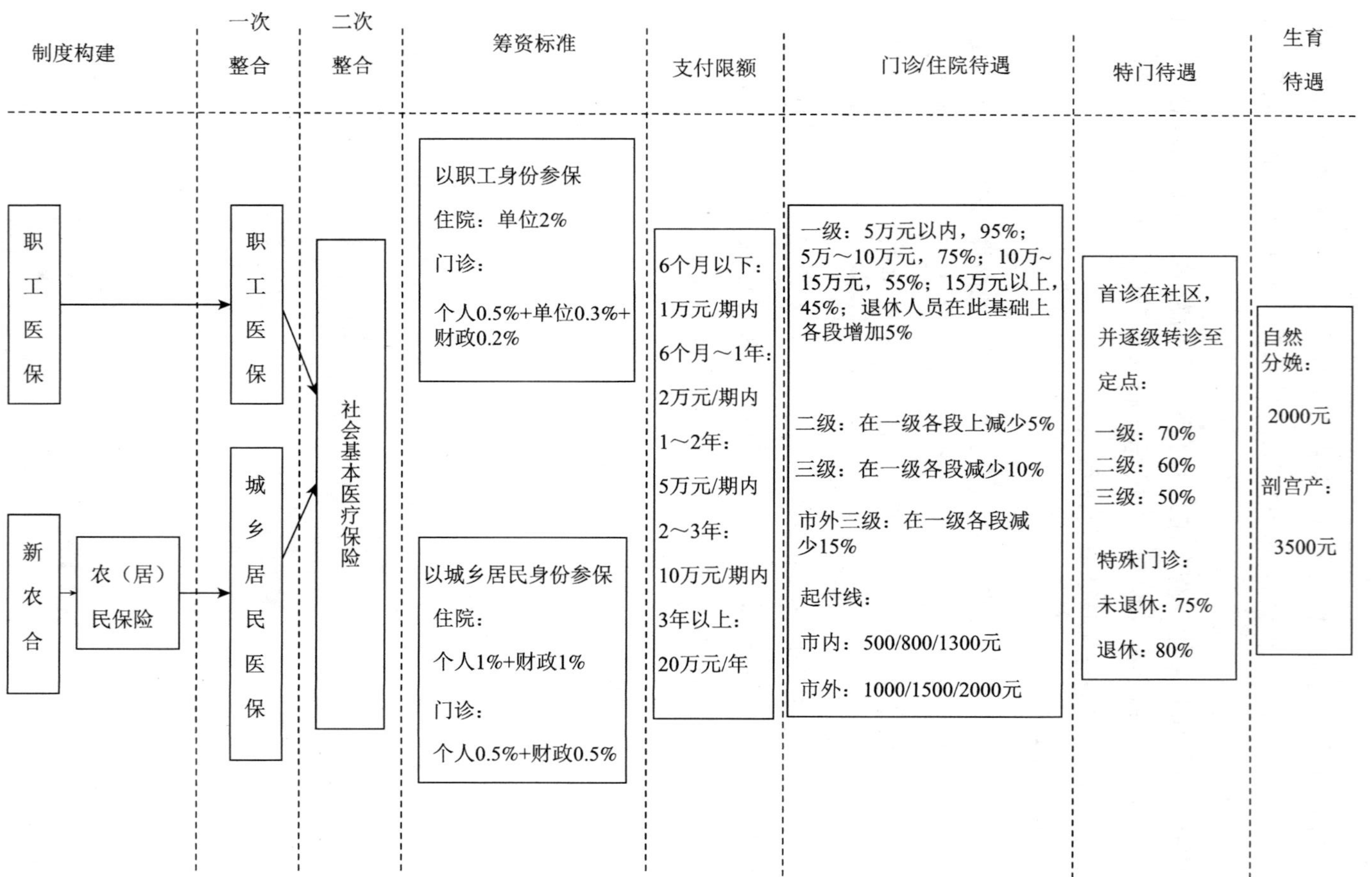

附图3　2016年东莞市社会医疗保险制度演变、筹资及待遇框架

三、苏州模式：先职居后农合，分类缴费，待遇分开

江苏省苏州市通过不断的探索性实践，找到了一条与众不同的整合路径，最终实现了职工医保、居民医保和新农合等制度的融合。

（一）制度整合的路径

苏州市决定从 2000 年 11 月 1 日起实施《苏州市城镇职工基本医疗保险暂行办法》，覆盖对象是城镇职工；2003 年 5 月 10 日发布《苏州市农村合作医疗保险管理办法》，将全体农村居民纳入医保范畴；在 2007 年全国大部分地区开始试行城镇居民基本医疗保险时，苏州市没有直接颁布专门的城镇居民基本医疗保险法律，而是于 2007 年 10 月 17 日由苏州市人民政府发布了《苏州市社会基本医疗保险管理办法》（苏州市人民政府令第 102 号）。该办法规定，社会医疗保险是强制性保险，包括职工医保、居民医保和大学生医保。至此，苏州市社会基本医疗保险将职工医保、居民医保纳入一个新的体系进行管理，基本实现"制度统一、经办统一、基金统一、信息统一"。

2009 年 12 月 15 日，江苏省人力资源和社会保障厅联合省编办、财政、卫生、民政、保监等部门发布《关于加快推进基本医疗保障制度建设的意见》（苏人社〔2009〕126 号），要求"做好职工医保、居民医保、新农合和医疗救助制度之间的协调和衔接"。2012 年 3 月 20 日，苏州市人民政府颁布《关于加快推进苏州市城乡养老保险和居民医疗保险并轨的指导意见》（苏府〔2012〕63 号），要求加快推进居民医保与新农合的融合。该意见指出：将新型农村合作医疗保险整合纳入居民医疗保险，并统筹建立城乡居民医疗保障体系，基本实现"政策制度一体化、待遇水平一体化、经办管理一体化以及医疗救助一体化"。具体整合的政策演变如附图 4 所示。

由此可见，苏州市"三大基本医疗保险"最终走向融合，形成一体化管理，大体经过了两个比较重要的发展阶段：第一个阶段，由职工医保与居民医保先行融合，构建起苏州市社会基本医疗保险制度，并要求各级推进城乡居民医疗保险工作；第二个阶段，将新型农村合作医疗制度并入居民医疗保险制度之内，形成了新的居民医保制度，原有的体制机制不变。

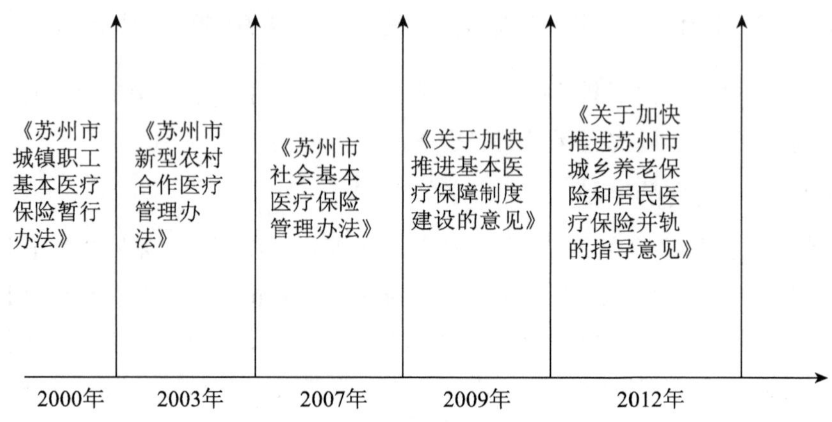

附图4　苏州市基本医疗保险整合政策路径

（二）基本做法

政策制度统一。将三大基本医疗保险制度纳入同一个框架进行管理，是打破城乡“割裂”的医疗保障格局的重要手段。在现行的制度体系内，城乡居民只有缴费类别之分，再无身份差别。三大基本医疗保险的整合，实现了制度公平。

待遇水平统一。待遇水平统一，不是绝对的统一，而是相对的统一。即在同一个缴费水平上，享有相同的待遇给付水平。如无论是城镇居民还是农村居民，选择年缴费550元，即可在住院、普通门诊等方面享有相同的待遇。

经办管理统一。经办管理统一是三大基本医疗保险整合的标志性工作之一。如果经办管理无法统一到一个经办机构，制度的整合是毫无意义的。因此，按照规定，新整合的社会基本医疗保险经办机构为人社部门主管。

医疗救助统一。医疗救助作为苏州市社会基本医疗保险的一部分，通过医保统筹基金划拨、财政补贴的方式筹集资金，保证了资金来源渠道的稳定，而参保人无须额外缴纳费用，因此，医疗救助在待遇给付上，不再有城乡差别，而是采用同一给付标准，最大限度实现医保最后一道防线的公平。

（三）基本经验

搁置争议，先易后难。苏州市在整合三大基本医疗保险时，首先选择整合阻力小、容易达成共识的制度，因此，在2007年10月，以发布政府令第102号的方式，实现了职工医保、居民医保、大学生医保三项制度统一。2009年，江苏省人社厅等五部门要求做好“三险合一”的工作，2012年，苏州市人民政府才要求将新农合并入居民医保，实现了真正的“三险合一”。

由此可见，在制度整合方面，苏州市先将由人社部门管理并经办的两大基本医疗保险制度进行整合，纳入同一个体制内，即社会基本医疗保险体系，这时的整合不涉及经办机构的调整，无部门利益，可以平稳地整合。由于新农合属卫生部门经办，因此，整合起来相对要耗时、费力。在整个制度整合过程中，新农合是最后纳入社会基本医疗保险制度中来的保险制度。

制度整合，求同存异。整合而成的新的社会基本医疗保险制度，既体现了整个制度的公平性，也保留了原有制度的特征。如在住院待遇给付上，城乡居民同享一条起付线；在医疗救助上，共用一个标准；而在缴费选择上，城乡居民可按自己实际情况，自由选择不同的缴费层次，享受不同的待遇。这样既保证制度整合后，一段时间的稳定性，又保证制度整合后，最大限度保证城乡居民医疗保障水平不降低。

（四）制度评价

在医保制度整合难度较大时，苏州市直接将城镇居民、大学生医保纳入社会基本医疗保险管理范畴，新的制度增加了社会基本医疗保险的覆盖面和参保人数，同时医保基金、管理效率也有极大的提升。通过5年的探索与实践，在社会基本医疗保险管理发展到较高水平时，倒逼新农合与社会基本医疗保险制度的整合，最终实现一体化管理。但是制度在保费缴费、待遇享受等方面因存在差异而有所不同，虽然体现了“缴费与待遇关联”的基本原则，同时也让制度本身的“公平性”受到一定程度的影响。2016年苏州市社会基本医疗保险演变、筹资及待遇框架如附图5所示。

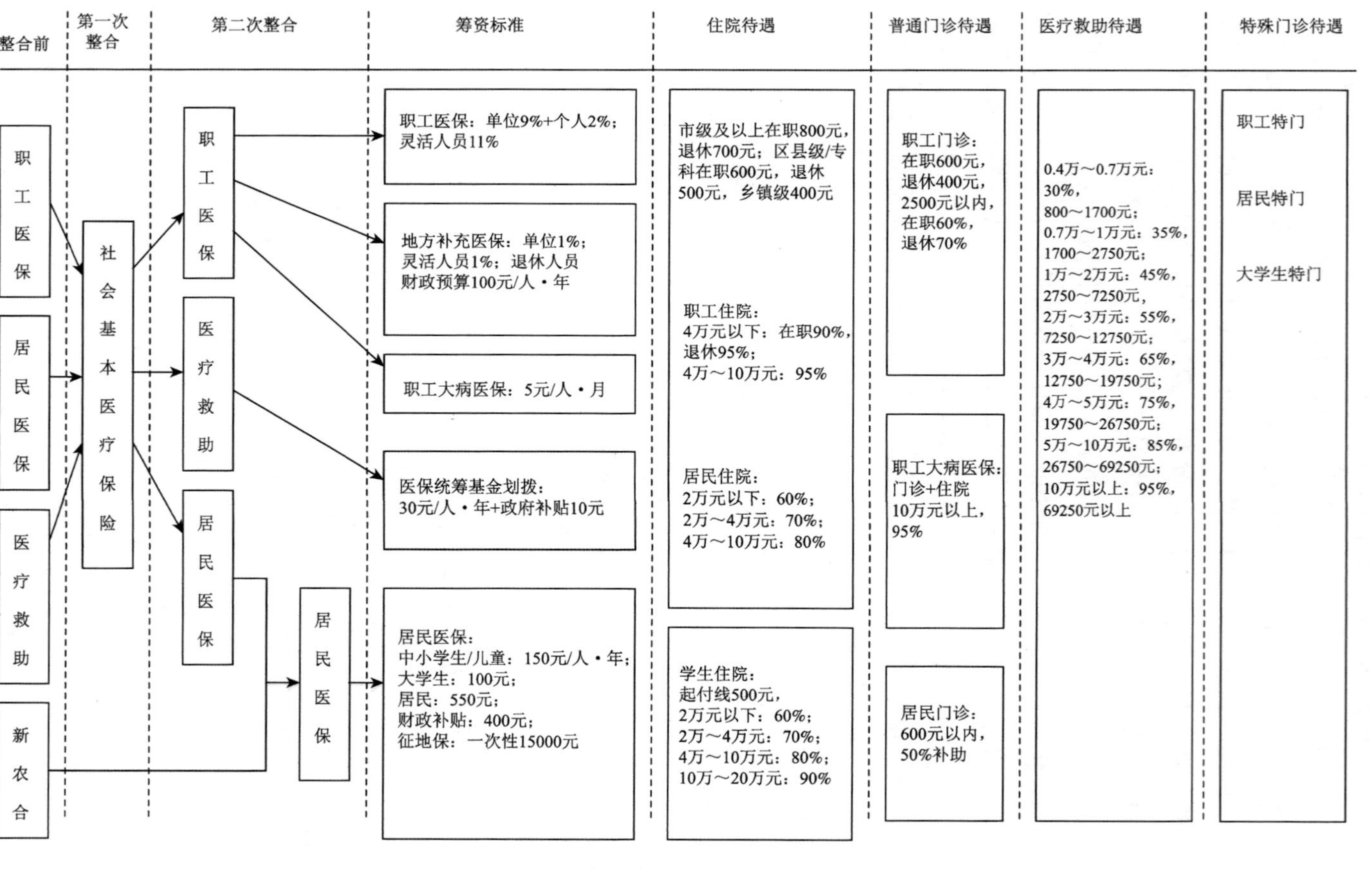

附图 5　2016 年苏州市社会基本医疗保险演变、筹资及待遇框架

注：城乡居民大病医疗保险，由统筹基金按 15 元/人·年交由商业保险公司运营，待遇由保险公司支付，故未纳入社会基本医疗保险范畴。

四、整合海南省三项基本医疗保险制度的建议

党的十九大报告要求“完善统一的城乡居民基本医疗保险制度”，将有利于城乡居民公共服务均等化，实现政策公平。习近平总书记视察海南时提出：“海南省最有条件搞好基本公共服务均等化”，刘赐贵书记曾指出：“海南省最具备建立全省城乡统一的均等公共服务的条件”。通过不断的努力，海南省基本实现公共卫生服务、基本教育服务、基本公共文化服务、基本就业服务等多领域的均等化。然而，作为基本公共服务之一的基本医疗保险制度，在海南省却是长期呈现制度分设、管理分割、资源分散的“三分格局”。由此造成了海南省城乡居民重复参保，医保信息混乱；城乡医保重复补贴，财政资金流失；软硬件重复建设，资源浪费严重；医保待遇差异，制度有失公平；经办管理各自为政，制度合力难以形成等弊端。

因此，整合职工医保、居民医保、新农合三项基本医疗保险制度，是建设美好新海南的重大举措，是推进民生领域体制机制创新的重要手段，是实现城乡医保公共服务均等化的前提条件，是构建更加可靠社会保障的重要内容，是落实医保扶贫、实现健康海南岛的重要保证。同时，实现海南省“三项医保制度整合”，将开创全国省级基本医疗保险制度整合之先河，可为全国推广基本医疗保险制度省级整合提供可供借鉴的实践视角。

（一）已具备整合三项基本医疗保险制度的 5 个条件

1. 三项基本医疗保险制度运行平稳

自 2007 年海南省实现医保制度全覆盖以来，制度运行总体平稳。主要表现在：①三项基本医保参保率已持续保持在 95% 以上；②统筹基金结余均可支付 9 个月以上；③城乡居民医保政策范围内住院费用报销比例稳定在 75% 左右；④医保基金支出快速增长的势头得到有效遏制；⑤三项基本医保已于 2015 年全部实现省级统筹，城乡居民医疗保险服务可及性明显提升。

2. 城乡居民医保实施“六统一”

2016 年年底，海南省颁布了整合城乡居民医保制度的“六统一”方案，要求居民医保与新农合逐步实现“统一覆盖范围、统一基金筹资、统一保障政策待遇、统一医保目录、统一定点管理、统一基金管理”。这项制度的落地降低了三项制度整合难度，提高了制度整合的效率。

3. 三亚市医保整合的成功经验

2009 年，三亚市在全省率先开展"城乡居民医保一体化管理"，有效地整合了居民医保和新农合资源，提高了制度运行效率和城乡居民对医保制度的满意度。三亚市 9 年的医保管理实践经验证明：在海南省推行三项医保制度整合是可行的，并且有可借鉴的经验。

4. 异地就医结算平台全面推开

海南省于 2009 年 11 月 9 日开展职工医保异地就医结算，截至 2017 年 8 月，海南省职工医保已经实现了全国联网，全国有 5843 家定点医疗机构可以为海南省职工医保参保人提供医疗服务。城乡居民医保、新农合也启动了异地就医结算工作，进一步缩小了三项医保整合后的制度差异。

5. 管理信息系统逐步实现统一

2016 年，人社部门在全省开始推行"核三系统"，有效地解决了全省职工医保、居民医保信息系统分散的问题。到目前为止，海南省管理医保的两大信息管理平台，即"核三系统"和"新农合"系统均已实现全省统一及系统内信息共享。信息系统的高度集中与统一，为整合提供了重要的支撑。

（二）整合三项本基本医疗保险制度带来的 6 大好处

整合后的医保制度，是在以"一个经办管理"为核心平台上全面展开的医保管理服务。三项制度的一体化管理的好处体现在以下几个方面。

（1）缩小保障差距。整合后的医保制度，将有效地解决医保"品目库"的差异，进一步缩小城乡居民保障差距，不断降低自付费比例。

（2）形成制度合力。整合后的制度，形成了制度合力，提高了与医疗、医药之间的谈判"砝码"，遏制医保基金不合理的增长，真正发挥医保在"三医联动"中的基础性作用。

（3）避免重复建设。信息系统、经办管理、定点机构等的重复建设，消耗人力、物力、财力造成资源的极大浪费，整合后的制度避免了以上弊端。

（4）优化资源配置。基于 900 多万名参保人的大数据，一体化的医保制度将不断提升医保服务的品质，优化医疗服务、促进分级诊疗、推进医联体建设等，实现医疗服务资源的最优配置，不断深化海南省医改。

（5）推动服务转型。避免制度间的攀比，整合后的制度将强化"保基本"的设计理念，推动"医疗保障"向"健康保障"转型，服务内容涵盖从疾病预防、治疗、康复到健康促进等全生命周期的保障项目，不断提高全省人民的健康水平和质量。

（6）制度更加可靠。制度整合可实现更加可持续的筹资机制和待遇调整机制，互助共济能力加强、基金抗风险能力提高，健康保障制度变得更加可靠。

（三）整合三项基本医疗保险制度的 6 条建议

整合海南省三项基本医疗保险制度要深入贯彻党的十九大精神，以马克思列宁主义、毛泽东思想、邓小平理论、“三个代表”重要思想、科学发展观、习近平新时代中国特色社会主义思想为指导，进一步深化医药卫生体制改革，加快推进基本医疗保险制度整合，谱写美好中国海南新篇章。当前海南省要牢牢抓住医保制度整合的大趋势，以建设美好新海南为契机，创新医保管理的体制机制，构建更加可靠的健康保障制度。

1. 海南省医保管理局

医管服务排头兵。根据琼编 2017〔54〕号文件的精神，在省财政厅下设“海南省医疗保险管理局”（以下简称医管局），独立运作。要加快省医管局落地组建，发挥医管服务排头兵的作用，将有效解决分散的医保制度、经办机构、信息系统、政策资源等，促使医保管理上新台阶。此外，医管局可按照党的十九大报告提出的“兜底线、织密网、建机制”完善海南省医疗保险体制，加快完善城乡大病医疗保险制度、医疗救助制度、生育及工伤保险部分业务并入医疗保险、长期照护保险建设等工作，最大限度地为“美好新海南建设”服好务、护好航。

2. 整合路径选择

直接将三项医保整合。目前，青岛市、东莞市、苏州市等地开展了三项基本医疗保险整合的探索，海南省可借鉴兄弟省市的整合经验，直接整合三项基本医疗保险制度，避免多次整合造成的体制机制弊端，建立相对统一的社会医疗保险体系，即全省实现“一项医保制度、一个医保体系、一个医保经办管理机构、一套医保管理信息系统”。

3. 医保筹资模式

实行分档缴费。打破参保人身份和政策限制，保留两个缴费档次。一档为职工医保缴费档，继续保持现有筹资标准、模式、范围不变，并允许城乡居民自由参加缴费，享受现有职工医保待遇；二档为城乡居民缴费档，按城乡居民筹资模式缴费，享受城乡居民医保待遇。而针对贫困人口，可通过财政补贴个人缴费较高档次从而获得较高待遇的方式，最大限度地发挥医保在健康扶贫方面的“靶向”作用，不断缓解“因病致贫”的现象。

4. 定点机构管理

医疗机构全覆盖。将现有定点机构全部纳入社会医疗保险定点机构管理。定点范围延伸至村卫生室、社区卫生服务中心（站）等，也可覆盖社会资本兴办的多种形式的医疗机构。定点医疗机构统一挂“海南省社会医疗保险定点医疗机构”，便于参保人识别，并享受社会医疗保险待遇。在省外就医的参保人，通过异地就医平台核准的医疗机构，享受异地就医待遇。

5. 品目库建设

求同存异。将现行制度中的药品目录、耗材目录、病种目录、社会医疗保险医师库等进行有效整合，发挥“品目库”在确保制度公平、遏制医疗费用不合理增长等方面的作用，真正体现医保制度整合，给参保人带来实惠，让参保人共享海南省经济社会发展成果。

6. 协调监督机制

医保联席会制度。为了确保新制度的平稳运行，提高新制度的运行效率，建立在省委、省政府统一领导下的，由多部门组成的联席会制度。联席会主要成员单位应包括：医保、发改、财政、人社、卫计、民政、公安、检察、法院、审计、工商、新闻、工信等部门。联席会设专门办公室，指定牵头部门，对社会医疗保险中的政策制定、违法处理等问题进行集体讨论，并报海南省委省政府批准后执行。

附录 2　海南省社会保险主要政策文件

一、养老保险类

1. 《海南省城镇从业人员基本养老保险条例》（海南省人民代表大会常务委员会公告第 3 号）

2. 《海南省城镇从业人员基本养老保险条例实施细则》（海南省人民政府令第 276 号）

3. 《关于实行城镇从业人员基本养老保险省级统筹的通知》（琼府〔2008〕60 号）

4. 《关于进一步完善海南省城镇从业人员基本养老保险省级统筹制度的通知》（琼府〔2013〕24 号）

5. 《海南省城镇从业人员基本养老保险关系转移接续实施暂行办法》（琼府〔2010〕51 号）

6. 《海南省城乡居民基本养老保险暂行办法》（琼府〔2014〕33 号）

7. 《海南省被征地农民参加社会养老保险办法》（琼府〔2013〕21 号）

8. 《关于阶段性降低我省城镇从业人员基本养老保险和失业保险费率的通知》（琼人社发〔2016〕167 号）

二、基本医疗保险类

1. 《海南省城镇从业人员基本医疗保险条例》（海南省人民代表大会常务委员会公告第 42 号）

2. 《海南省城镇从业人员基本医疗保险条例实施细则》（海南省人民政府令 224 号）

3. 《海南省城镇从业人员基本医疗保险省级统筹实施办法》（琼府〔2012〕28 号）

4. 《海南省城镇从业人员基本医疗保险省级统筹调剂金管理使用暂行办法》（琼府办〔2012〕58 号）

5.《关于开展基本医疗保险实行按病种付费工作的通知》(琼人社发〔2017〕359 号)

6.《海南省城镇从业人员基本医疗保险门诊特殊疾病管理办法》(琼人社发〔2015〕3 号)

7.《海南省城镇居民基本医疗保险省级统筹实施办法》(琼府办〔2014〕146 号)

8.《海南省城镇居民基本医疗保险门诊特殊疾病管理办法》(琼人社发〔2015〕123 号)

9.《关于开展城乡居民大病保险工作的实施意见》(琼府〔2014〕44 号)

10.《海南省新型农村合作医疗省级统筹实施办法》《海南省新型农村合作医疗省级统筹调剂金管理使用暂行办法》(琼农合〔2012〕15 号)

11.《海南省新型农村合作医疗跨省异地就医联网结报实施方案》(琼卫基层〔2016〕16 号)

12.《海南省新型农村合作医疗统筹补偿方案(2013 年版)》(琼农合〔2013〕1 号)

三、失业保险类

1.《海南省城镇从业人员失业保险条例》

2.《海南省城镇从业人员失业保险条例实施细则》(海南省人民政府令第 238 号)

3.《海南省城镇从业人员失业保险省级统筹实施办法》(琼府〔2012〕51 号)

4.《关于失业保险支持参保职工提升职业技能有关问题》(琼人社发〔2017〕202 号)

四、工伤保险类

1.《海南经济特区工伤保险实施办法》(海南省人民政府令第 239 号)

2.《海南省工伤保险省级统筹实施办法》(琼府〔2012〕52 号)

3.《海南省工伤保险浮动费率管理办法》(琼人社发〔2017〕128 号)

4.《关于进一步做好建筑业工伤保险工作》(琼人社发〔2015〕105 号)

5.《海南省劳动能力鉴定管理办法》(琼府办〔2007〕66 号)

五、生育保险类

1.《海南省人民代表大会常务委员会关于修改〈海南省城镇从业人员生育保险条例〉的决定》(海南省人民代表大会常务委员会公告第 80 号)

2.《海南省城镇从业人员生育保险条例实施细则》(海南省人民政府令第 240 号)

3.《海南省城镇从业人员生育保险省级统筹实施办法》(琼府〔2012〕56 号)

4.《海南省生育保险医疗费用结算暂行办法》(琼人社发〔2018〕8 号)

六、职业年金类

1.《海南省机关事业单位职业年金实施办法》(琼人社发〔2017〕346 号)

2.《职业年金基金管理暂行办法》(人社部发〔2016〕92 号)

附录3　海南省历年在岗职工月平均工资

1992—2016年海南省各市县区在岗职工月平均工资　　单位：元

年份	1992	1993	1994	1995	1996	1997	1998	1999	2000	2001	2002	2003
全省	226	292	374	445	456	472	520	572	617	693	790	866
海口市	371	483	638	684	680	705	799	869	972	1110	1148	1235
三亚市	284	393	530	648	594	615	689	790	822	948	1008	1122
五指山市	253	303	369	439	442	487	544	589	620	721	770	787
文昌市	221	279	357	455	491	464	529	575	587	633	811	855
琼海市	270	293	423	594	501	529	568	719	854	874	958	987
万宁市	214	277	308	341	373	409	416	524	517	567	642	722
定安县	216	267	371	361	317	379	424	468	466	535	616	722
屯昌县	196	299	342	378	403	379	433	466	494	544	623	679
澄迈县	179	241	363	429	478	557	568	577	522	704	811	811
临高县	236	255	310	365	332	326	392	437	502	541	655	760
儋州市	241	304	429	501	563	527	575	594	694	731	831	855
东方市	271	204	394	474	488	479	555	614	653	761	921	981
乐东县	225	258	312	396	426	428	429	442	473	660	697	752
琼中县	226	244	297	340	381	353	460	482	433	559	665	728
保亭县	240	320	330	393	416	447	468	495	539	645	741	791
陵水县	220	289	329	293	363	340	407	409	476	584	641	720
白沙县	243	336	394	440	478	414	439	476	527	595	657	691
昌江县	302	413	493	591	608	617	662	669	755	716	791	856
洋浦经济开发区	—	—	726	1027	733	788	921	1042	1040	1100	1273	1458
农垦	145	174	182	253	267	261	274	296	300	313	362	425
三沙市	—	—	—	—	—	—	—	—	—	—	—	—

续 表

年份	2004	2005	2006	2007	2008	2009	2010	2011	2012	2013	2014	2015	2016
全省	1054	1201	1324	1613	1822	2078	2585	3060	3338	3798	4216	4867	5214
海口市	1468	1685	1818	2144	2280	2554	2849	3435	3400	3848	4217	4788	5169
三亚市	1254	1377	1539	1958	2178	2366	2786	3084	3330	3944	4553	5125	5419
五指山市	1084	1154	1316	1727	1753	2130	2538	2999	3237	3650	4262	4997	5387
文昌市	1042	1103	1261	1566	1828	2108	2768	2993	3059	3425	4368	5380	5656
琼海市	1034	1168	1251	1582	1783	2189	2843	3274	3484	3692	3980	4495	4821
万宁市	842	1031	1287	1487	1860	2090	2581	3287	3645	3681	3935	4454	4803
定安县	796	1064	1185	1422	1673	1887	2512	2843	3013	3387	3525	4048	4604
屯昌县	861	904	1039	1155	1748	1792	2246	2680	3010	3458	3689	4516	4772
澄迈县	843	888	1124	1365	1635	1772	2761	3309	3331	4155	4374	5889	5886
临高县	938	1080	1073	1307	1491	1794	2283	2948	3220	3166	3761	4398	4674
儋州市	963	1059	1125	1323	1587	1791	2731	2936	3095	3910	4201	4904	5392
东方市	1264	1386	1501	1894	2093	2320	3052	3203	3201	3352	4078	4973	5179
乐东县	844	983	1125	1409	1584	1989	2567	2803	3033	3340	4027	4896	5481
琼中县	896	1021	1177	1386	1775	1999	2590	2734	3120	3231	3636	4351	4631
保亭县	921	1050	1190	1290	1433	1891	2420	2770	3333	3689	3945	4627	4967
陵水县	841	1170	1287	1456	1906	2098	2692	3155	3545	4243	4337	4984	5424
白沙县	873	1034	1139	1385	1582	1783	2259	2545	2587	3229	3411	3920	4411
昌江县	1065	1332	1472	1841	2268	2897	2866	3375	3421	4181	4456	5433	5530
洋浦经济开发区	1625	2483	2294	2467	2528	2533	2742	2867	3441	4376	4963	5529	5641
农垦	569	576	635	824	972	1006	1626	1987	—	—	—	—	—
三沙市	—	—	—	—	—	—	—	4319	—	—	4420	5485	5805

注：2011 年三沙市实为西沙数据；2011 年月工资为年工资除以 12 换算而成；“—”代表数据缺失。

附录4　海南省历年人口数

海南省历年人口数及构成　　单位：万人

年份	总户数（万户）	总人口	按性别分		按城乡分	
			男	女	乡村人口	城镇人口
1952	66.06	259.40	126.84	132.56	239.28	20.12
1957	69.51	290.81	145.39	145.42	253.99	36.82
1962	76.20	335.18	184.21	150.97	287.91	47.27
1965	83.65	365.79	186.21	179.58	313.57	52.22
1970	98.81	428.89	218.11	210.78	374.84	54.05
1971	108.14	454.50	323.38	131.12	393.92	60.58
1973	100.96	479.49	245.30	234.19	414.69	64.80
1974	101.83	487.77	249.40	238.37	420.88	66.89
1975	103.34	496.82	253.73	243.09	427.36	69.46
1976	106.75	505.15	259.14	246.01	433.91	71.24
1977	110.33	516.36	264.32	252.04	442.38	73.98
1978	114.13	528.45	270.42	258.03	451.08	77.37
1979	115.76	540.30	276.53	263.77	458.86	81.44
1980	117.81	552.53	280.36	272.17	466.24	86.29
1981	117.68	560.77	287.09	273.68	469.76	91.01
1982	116.90	571.38	293.26	278.12	477.11	94.27
1983	120.09	580.66	298.83	281.83	482.79	97.87
1984	124.98	589.31	303.58	285.73	485.35	103.96
1985	127.26	597.51	313.08	284.43	485.50	112.01
1986	132.33	605.63	313.08	292.55	489.30	116.33
1987	136.87	615.08	318.23	296.85	493.49	121.59
1988	143.95	627.49	325.03	302.46	500.82	126.67

续 表

年份	总户数（万户）	总人口	按性别分		按城乡分	
			男	女	乡村人口	城镇人口
1989	147.73	638.79	331.63	307.16	506.20	132.59
1990	150.39	651.23	338.40	312.83	514.62	136.61
1991	155.39	661.50	344.38	317.12	520.68	140.82
1992	158.22	671.32	350.05	321.27	524.83	146.49
1993	161.01	681.78	355.70	326.08	530.36	151.42
1994	163.27	691.39	360.66	330.73	533.26	158.13
1995	166.62	702.42	367.78	334.64	537.36	165.06
1996	170.76	714.06	373.20	340.86	540.25	173.81
1997	174.84	724.53	379.36	345.17	543.07	181.46
1998	178.21	733.31	384.91	348.40	547.19	186.12
1999	181.39	743.21	390.07	353.14	554.09	189.12
2000	182.61	760.94	399.54	361.40	564.07	196.87
2001	185.67	769.50	403.71	365.79	567.19	202.31
2002	188.52	778.89	409.16	369.73	570.43	208.46
2003	191.29	790.26	415.21	375.05	574.90	215.36
2004	197.70	805.88	422.70	383.18	501.15	304.53
2005	202.79	819.03	428.67	390.37	505.30	313.73
2006	215.57	833.44	435.59	397.85	512.07	321.36
2007	222.77	849.26	443.20	406.05	521.39	327.87
2008	233.49	864.73	451.80	412.93	529.76	334.96
2009	241.38	879.56	458.44	421.12	539.31	340.01
2010	253.55	896.09	467.72	428.37	552.47	343.46
2011	259.85	907.82	474.22	433.60	561.61	346.13
2012	257.91	901.93	471.74	430.19	559.67	342.26
2013	262.65	908.91	474.98	433.93	565.03	343.82
2014	265.39	916.34	478.68	437.66	571.29	345.01
2015	263.42	907.67	475.48	432.19	570.99	336.68
2016	262.73	902.18	472.21	429.97	553.77	348.41

注：数据来自《海南统计年鉴（2017）》。

后　记

本书的写作缘起2017年5月一次学术交流会间歇，海南省人力资源和社会保障厅党组成员、副厅长林存斌对我说："明年恰逢海南建省办经济特区30周年，梳理海南省社会保险发展30年意义很大呀，你可以尝试一下。"林存斌副厅长的这一席话激发了一直埋藏在我心底的想法——写一本关于海南社会保险的书。

时光荏苒，十年瞬间掠过。怀着对美好海岛生活的向往，2008年7月，我进入海南医学院工作，拥抱了最美海岸线的同时，也拥抱了我最喜爱的研究——社会保障领域。2008年8月我受学校委托，要给原海南省卫生系统做一场新型农村合作医疗的讲座，在我查阅数据、整理资料时，发现国内两大数据库（中国知网、重庆维普）收录有关海南新型农村合作医疗制度的研究甚少；2008年10月我又受邀参加海南省社会保障研究会组织的"海南省城镇从业人员基本医疗保险省级统筹研究"课题组，在资料收集整理过程中，我进一步感觉到海南省社会保险研究资料的匮乏，这更加坚定了我耕植这片沃土的决心。

在近十年的社会保险领域课题研究中，我先后主持和参与了社会保险类研究课题十多项，比如，参与海南省人才工作协调小组办公室委托的"海南省高层次人才医疗保障政策专项调研报告"；负责海南省人力资源和社会保障厅委托的"海南省'三险合一'研究"；负责海南省农村合作医疗领导小组办公室委托的"海南省新型农村合作医疗省级统筹研究"；参与海口市总工会委托的"海口市建筑业农民工享受工伤保险待遇状况调查"；负责海口市合管办委托的"海口市医疗费用控制研究"；负责海南省社会保障研究会委托的"海南省城乡居民基本医疗保险城乡一体化研究""海南城镇居民基本医疗保险省级统筹研究"等课题；主持和参与海南省社会科学界联合会课题"社会保险基本养老金测算研究""海南省城镇职工基本养老保险基金预算编制模型研究""海南省基本医疗保险制度整合及运行机制研究"等课题；主持海南省高等学校教学研究课题"海南省社会医疗保险费用控制机制研究"。此外，还参与了董登新教授主持的教育部社会保险类研究课题、张琪教授主持的北京市关于社会保险类的研究课题。

正是基于这十年的学习与积累，我欣然接受了这次挑战。从 2017 年 5 月起，我开始草拟提纲，整理前期研究成果，组建团队开始收集资料，从海南省年鉴、统计年鉴、统计公报、政策法律汇编等可能出现海南省社会保险的资料中寻找所需材料。写作提纲经过反复修订后，最终将本书定位为既作为史料描述海南社会保险发展历程和成就，又作为学术论著探讨海南社会保险发展趋势。

本书在写作过程中得到了海南省人力资源和社会保障厅、海南省社会保险事业局、海南省人力资源开发局、海南省社会保障研究会等有关部门领导和朋友的支持，潘婉晶、熊亚、刘梦飞、陈辰、杨银霜、张莎莎、周阳、孙镐洋、胡学萍、黄步云、董冰玉、谢丹妮为本书的资料收集做了大量的辅助工作；王大红副教授提供了本书第五章、第七章的初稿，在此一并表示感谢。

本书得以顺利出版，要特别感谢海南省人力资源和社会保障厅林存斌副厅长、海南省社会保险事业局张霄峰局长、海南医学院管理学院常务副院长黑启明博士、武汉科技大学董登新教授、海南省社会保障研究会常务副会长刘家邦、海南省社会保障研究会秘书长云天侦的鼓励和支持。感谢海南医学院重点学科——劳动与社会保障专业建设项目、海南省哲学社会科学规划课题［HNSK（YB）16－29］提供的出版资助。感谢中国财富出版社为本书出版提供的帮助。

本书在写作过程中力求将引用的资料和参考文献一一列举，但仍有疏漏之处，敬请谅解。由于作者水平有限，书中难免会有不足之处，还请读者批评指正。

陈　林

2018 年 7 月 9 日